구약,
다소
의외의
메시지

믿음이란 한 알의 밀알이 땅에 떨어져 죽음으로 많은 열매를 맺음과 같이 진리의 열매를 위하여 스스로 죽는 것을 뜻합니다. 눈으로 볼 수는 없으나 영원히 살아 있는 진리와 목숨을 맞바꾸는 자들을 우리는 믿는 이라고 부릅니다. 「믿음의 글들」은 평생, 혹은 가장 귀한 순간에 진리를 위하여 죽거나 죽기를 결단하는 참 믿는 이들의, 참 믿는 이들을 위한, 참 믿음의 글들입니다.

구약,

**통념을
바꾸는
성경
읽기**

다소
의외의

김구원
지음

메시지

홍성사

일러두기
성경 본문은 개역개정을 기본으로 인용했고, 필요에 따라 저자가 수정하였습니다.

저자 서문 6

1. 창세기 1장에 대한 인문학적 읽기 9
2. 에덴 동산에서 뱀이 말을 할 수 있었던 이유 33
3. 가인과 에서의 인생극장 55
4. 당신이 몰랐던 청년 사울 71
5. 소돔과 고모라는 왜 멸망했을까? 87
6. 흑인은 저주받은 인종인가? 105
7. 요셉은 선한 청지기인가? 119
8. 위로받기를 거부하는 사람들 145
9. 슬로브핫의 딸들은 여성 인권 운동의 선구자인가? 161
10. 창의적 행동가 십보라 181
11. 생육하고 번성하라!? 195
12. 성골 사사 옷니엘 211
13. 천민 사사 삼갈 223
14. 사울의 잘 알려지지 않은 일화 237
15. 사울이 버림받은 이유 255
16. 다윗은 왜 벌거벗고 춤을 추었을까? 275
17. 하나님이 성전 건축을 좋아하시지 않는 이유 291
18. 유다 왕 다윗의 딜레마: 정의와 번영 사이 307
19. 히엘, 최초의 부동산 디벨로퍼 이야기 321
20. 우상 숭배란 무엇인가: 제1-2계명 다시 읽기 329
21. 요나서 뒤집어 읽기 357
22. 요나서 다시 뒤집어 읽기 371

저자 서문

코로나19 시기를 거치며 한국 교회는 다양한 변화를 경험했다. 그중 가장 큰 변화는 교회의 공공성에 대한 성찰이다. 즉, 교회가 세상과 소통하지 않으면 존립 자체가 어렵다는 인식이 자라기 시작한 것이다. 코로나 이후, 교회는 복음의 순전함을 지키면서도 인간 보편의 가치에 기여해야 한다는 숙제를 안게 되었다. 이러한 변화는 위기 속에서 강요된 측면이 있다. 펜데믹 기간 동안 교인의 수는 눈에 띄게 감소했고, 이로 인해 교회는 변화의 길로 내몰렸다. 하지만 이유가 무엇이든 간에, 이와 같은 변화는 한국 교회에 분명한 기회가 될 수 있다.

과거에는 기관이나 단체가 권력과 이권을 위해 성경 해석과 신학을 통제하는 것이 가능했지만, ChatGPT와 같은 AI나 유튜브 시대에 접어든 지금은 더 이상 그런 통제가 가능하지도, 바람직하지도 않게 되었다. 이제 교회는 생존을 위해 변화해야 하는 시대를 맞이했다. 위기를 기회로 만들기 위해서는 변화의 중심에 성경을 두어야 한다.

성경은 하나님이 특정 개인이 아니라 '우리'에게 주신 말씀이다. 그 말씀을 하나님의 호흡으로 믿는 공동체를 위해 주신 것이다. 이는 성경의 진리도 '우리'가 함께 읽을 때 드러남을 의미한다. 한 명의 재능 있는 신학자나 유튜브 성경 일타 강사들이 세상을 변화시키는 게 아니라, 그 말씀에 순종하려는 적은 무리의 사람들이 성경을 함께 읽고 공부하고 실천할 때 진리가 생명의 원리로 역사한다.

이 책에 모인 글들은 대부분 여러 해 전 〈복음과상황〉에 연재되었던 글을 수정한 것이다. 당시 편집자가 '거꾸로 읽는 구약 성경'이라는 개념을 제안했고, 그에 응답하여 쓴 글들이다. 또한 몇몇 글들은 필자의 설교문을 다듬어서 실었다. 이 책은 한국 독자들에게 익숙하면서도 다소 의외의 메시지를 담고 있는 구약 성서 본문을 중심으로 구성되어 있다. 이처럼 하나의 편집 의도로 묶인 글이지만, 모두 같은 느낌으로 읽히는 것은 아니다. 어떤 글은 설교처럼, 어떤 글은 주석처럼 읽힐 수도 있다. 그러나 모든 글은 목회자나 신학생보다는 일반 성도들을 염두에 두고 집필되었다.

필자가 소개하는 해석들이 성서의 보편적 가치에 대한 관심을 불러일으키고, 성경을 하나님의 말씀으로 믿는 사람들 사이에서 건설적 토론을 촉진할 수 있기를 바란다. 또한 말씀을 진지하게 공부하는 작은 모임들이 늘어나 한국 교회 변화를 이끄는 봇물이 되기를 희망한다.

2025년 9월 김주원

1. 창세기 1장에 대한 인문학적 읽기

인문학적 읽기?

성경을 하나님의 말씀이라고 고백하는 방식은 사람마다 다를 수 있다. 어떤 사람들은 성경이 문자 그대로 사실이라는 의미로 받아들인다. 이들은 주로 기독교 근본주의자들인데, 아이러니하게도 그들의 진리관이 근대 계몽주의에서 비롯되었다는 사실을 인지하지 못한다. 쉽게 말해, 진리를 '언어와 현실의 1:1 대응'으로 보는 실증주의적 관점에서 성경을 해석하는 것이다. 반면 같은 고백이 조금 다르게 이해될 수도 있다. 예를 들어, 전통적 유대인들은 그 고백을 하나님의 말씀이 어떤 상황에서도 변함없고 신뢰할 수 있다는 의미로 이해한다. 이런 성경관에서 중요한 것은 성경에 대한 해석이다. '해석된 성경'이 보편적 가치를 가지며 다양한 시대, 다양한 장소의 사람들에게 권위 있는 말씀이 된다는 생각이다. 기독교 근본주의적 성경관이 진리의 일방성에 방점을 둔다면, 유대인들의 성경관은 진리의 소통적 쌍방성에 방점을 둔다. 즉 진리는 하늘에서 인간에게 일방적으로 주어진 것이 아니라, 하나님과 인간이 소통하는 과정에서 형성된 것이다. 또한 성경의 진리는 성경에 주문(magic spells)처럼 기록된 것이 아니라, 공동체 속에서 성경이 읽히고 끊임없이 해석될 때 살아 움직이는 진리로 기능하게 된다.

두말할 것도 없이 성경에 대한 인문학적 읽기의 전통은 유대인들의 성경 해석 전통에서 나온다. 최근에 성경에 대한 인문학적 읽기가 많이 시도되는데, 대부분이 기독교 교리를 철학적 사상과 병치해 제시하는 정도다. 그러나 이것은 성경에 대한 진정한 인문학적 읽기라고 말할 수 없다. 성경에 대한 인문학적 읽기는 성경 본문에 대한 심도 있는 주해로부터 시작해야 한다. 그리고 그것이 인간 행동, 인간 사회, 인간 인식, 인간 존재 등에 대해 열어 주는 다양한 의미 지평들을 살피는 데까지 나아가야 한다. 그것이 기존의 철학 사상과 어떤 점에서 유사하고 다른지를 비교하는 것은 부차적인 문제이다. 성경에 대한 인문학적 읽기에 반드시 인문 사상가들의 이름이 거론될 필요도 없다. 윤리학, 인식론, 존재론 등과 같은 철학적 문제에 대해 성경이 제시하는 대답들이 그 자체로 합리적이며 타당한 가치를 가질 수 있으면 그것으로 족하다.

본 글에서는 창세기 1장에 대한 유대인 철학자 레온 카스(Leon R. Kass)의 해석을 통해 성경에 대한 인문학적 읽기의 가능성을 탐색하려 한다. 레온 카스는 본래 의학박사였다. 시카고 대학 의대를 졸업하고 하버드 대학에서 생화학으로 박사를 받았다. 그러나 그의 유대교 배경과 생명 윤리에 대한 관심이 그를 의사가 아닌 인문학자로 더 유명하게 만들었다. 1976년부터 시카고 대학에서 교편을 잡으면서, '명저 교육' 프로그램을 통해, 아리스토텔레스의 〈니코마코스 윤리학〉, 〈영혼에 관하여〉, 다윈의 〈종의 기원〉, 플라톤의 〈심포지움〉, 데카르트의 〈방법서설〉, 루소의 〈인간 불평등의 기원에 관하여〉, 성경의 〈창세기〉, 〈출애굽기〉 등 다양한 인문학 강좌를 열었다.

레온 카스는 창세기를 지혜 문학으로 이해한다. 그에게 창세기 1장에 대한 인문학적 독해는 인간의 존재론적 본성과 올바르고 선한 삶에 대한 통찰을 얻어 내는 것을 목적으로 한다. 이 목적을 위해 그는 창세기 1장을 다음의 세 단계로 해설해 간다. (1) 역사적 독해 (2) 존재론적 독해 (3) 윤리학적 독해. 먼저, '역사적 독해'는 창세기 1장이 하나님의 창조에 관한 역사적 서술이라는 전제에서 행해지는 것이다. 이때 역사적 서술이라는 말은 창세기 1장의 내용이 문자 그대로 발생했다는 뜻이 아니라, 특정 시대에 특정 세계관을 가진 독자를 위해 의도된 글이라는 뜻이다. 그의 '존재론적 독해'와 '윤리학적 독해'는 창세기 1장에 대한 문학적 분석을 통해 6일 창조에 숨어 있는 철학적 원리를 찾아냄으로써 피조 세계에 대한 존재론적 통찰과 인간의 삶에 대한 윤리적 통찰을 얻는 것을 목표로 한다. 지금부터는 창세기 1장에 대한 레온 카스의 인문학적 독해를 따라가 보자.[1]

---

[1] 여기에 소개되는 해석의 보다 자세한 내용은 Leon R. Kass, *The Beginning of Wisdom: Reading Genesis*(New York: Simon and Schuster, 2003)에서 찾을 수 있다.

(1) 역사적 독해: 태양신 비판

창 1:1, 유일신교 선언

창세기의 첫 문장은 이렇게 시작한다.

태초에 하나님이 하늘과 땅을 창조하셨다

이 구절은 단순한 창조 선언이 아니다. 당시의 다신교적 세계관을 뒤집는 도발적인 선언이다. 고대인들에게 하늘과 땅은 신적인 영역이었다. 하늘은 해, 달, 별들이 자리하는 신들의 세계였고, 땅은 인간과 생명체를 내는 신성한 존재였다. 하지만 창세기는 하늘도, 땅도, 그리고 그 안에 있는 모든 것들도 하나님의 피조물이라고 단언한다. 즉, 그 어떤 것도 신이 아니다. 필자가 보기에, 창세기 1장의 저자는 '땅'의 신성에 대해서는 덜 비판적이다. 셋째 날과 여섯째 날의 창조 명령은 땅에게 내려지는데, 땅이 식물과 들짐승을 창조하는 주체가 된다. 레온 카스도 '땅'보다는 '하늘'이 가지는 의미를 강조한다. 고대 세계에서 태양과 달, 별들은 신으로 여겨졌고, 자연의 질서는 그 신들의 움직임에 의해 결정된다고 믿겨졌다. 하지만 창세기 1장 1절은 단호히 선언한다. "이 모든 것은 오직 한 분 창조주에 의해 만들어졌다." 태양도, 달도, 별들도 단순한 창조물일 뿐이다. 창세기 1장 1절은 당시의 다신교적 패러다임을 완전히 거부하는 것이다.

창 1:2, 혼돈의 정체?

> 땅이 혼돈하고 공허하며 어둠이 깊은 바다 위에 있고 하나님의 영이 물 위에 운행하시니라 창 1:2

이 구절은 무엇을 말하는 걸까? 우리는 흔히 창세기 1장을 "무(無)로부터의 창조"로 이해하지만, 창세기 1장 2절은 창조가 시작되기 전에도 무언가 존재하고 있었음을 암시한다.[2] 창조 이전에 "깊은 바다"와 "물"이 있었다.[3] 고대인들의 삶의 자리인 "땅"은 아직 혼돈과 공허의 상태이다. 즉 창세기 1장 2절에 묘사된 땅의 상태는 창조 이전의 모습이다. 레온 카스에 따르면, 여기서 핵심은 성경 저자가 창조 이전의 원시적 물의 기원에 대해 어떤 설명도 제공하지 않는다는 점이다. 단지 그것이 존재했다고만 말한다. 그리고 그 이유를 다음과 같이 제안한다. '우리 인간은 세상의 기원에 대해 100퍼센트 이해할 수는 없다.' 이것은 우주와 인간 생명의 기원에 대해 성경과 과학이 협력할 수 있는 여지를 남긴다.

---

[2] 이런 의미에서 레온 카스의 해석은 '무로부터의 창조'라는 전통 교리로부터 벗어난다. 무로부터의 창조를 주장하기 위해서는 창세기 1장 1절을 창조 전체에 대한 요약이 아닌, 최초의 창조 행위로 이해해야 한다. 이것은 2절에 언급된 땅과 바다의 존재를 설명할 수 있지만, 하나님이 가장 먼저 만드신 것이 '빛'이라는 주장을 포기하게 만든다.

[3] 이것은 창조 이전의 상태를 바다로 표현한 이집트나 메소포타미아의 창조 이야기를 연상시킨다. 이집트인들은 창조를 바닷속에서 최초의 언덕이 떠오르는 과정으로 이해했고, 메소포타미아인들도 창조 이전의 상태를 담수와 염수가 통합된 원시 대양으로 묘사했다.

창 1:3-31, 태양신 비판

3절부터는 '6일 창조'가 본격적으로 묘사된다. 다음은 본문이 묘사하는 창조의 순서이다. (1) 빛 (2) 궁창 (3) 마른땅과 식물 (4) 광명체들 (5) 조류와 어류 (6) 땅 짐승들과 사람. 6일 창조의 범위는 우주적이지만, 그 창조 이야기 자체는 고대인들의 시점을 반영한다. 레온 카스에 따르면 창세기 1장에 그려진 것은 고대인들이 관찰하고 경험하는 우주이다. 즉 천지 창조의 파노라마는 땅에 발을 딛고 서서 광활한 하늘과 주변을 경이롭게 바라보는 고대인들의 시점으로 전해진다. 우주의 세 공간(땅, 하늘, 바다)은 그들에게 익숙한 생물들의 거주지이고, 그 공간에 거주하는 생물들은 고대 이스라엘인들이 익히 잘 알고 있는 종류들에[4] 따라 제시된다. 따라서 그곳에 외계인이 나오지 않는 것, 그곳에 공룡이 묘사되지 않는 것은 당연하다.

6일 창조의 역사적 메시지와 관련해서 중요한 것은 창세기 1장에 고대 이스라엘인들의 경험과 일치하지 않은 요소들이 발견된다는 사실이다. 첫째, 창조의 "날"(히브리어 '욤')이 사람들의 경험과 잘 일치하지 않는다. 일반적으로 "날"을 정의하는 것이 지구의 자전으로 인한 태양의 움직임이라면, 넷째 날 태양이 창조되기 전에 저녁이 지나 아침이 되어[5] "날"이 바뀌는 것은 좀 이상하다. 둘째, 광명체가 만들어지기 전에 빛이 있는 것도 고대인들의 경험과 잘 일치하지 않는다. 고대인들에게는 태

---

[4] 창세기 1장에 언급된 "종"(히브리어 '민')을 현대 생물학의 종으로 이해해서는 안 된다. 다윈의 《종의 기원》이 출판되기까지 사람들은 생물학적 종을 신적 창조의 결과로 이해하고, 절대로 불변하지 않는 것으로 여겼다. 다윈은 종이 변할 수 있음을 주장한 가장 유명한 사상가이다.

양이 빛의 원천이었다. 태양이 있어야 빛이 비로소 있는 것이다. 오늘날 우리도 물질에 의해 매개되지 않는 빛을 경험하기란 쉽지 않다. 셋째, 태양이 창조되기 전에 식물이 자라난 것도 고대 이스라엘인들의 경험과 잘 일치하지 않는다. 일반적 상식에 따르면 태양 없이 식물이 자라날 수 없다. 그러나 식물이 창조된 셋째 날은 아직 태양이 창조되기 이전이다.

물론 우리는 이런 특이점들을 어떻게든 설명할 수 있을 것이다. 그리고 그것들이 전혀 특이하지 않다고 주장할 수도 있을 것이다. 하지만 레온 카스는 창세기 저자가 의도적으로 고대 이스라엘인들의 경험과 배치되는 방식으로 창조 순서를 배열했다고 주장한다. 이것은 방금 설명한 특이 요소들—태양 없는 빛, 태양 없는 날, 태양 없는 식물—이 모두 태양을 공통분모로 한다는 점을 생각하면 더욱 그렇다. 창세기 저자는 고대인들의 종교 경험에서 가장 중요했던 것—태양—을 의도적으로 폄하함으로써 그들의 다신교적 세계관을 타파하려 했던 것은 아니었을까? 빛의 근원이요, 시간 주기의 기준이 되며, 땅의 생명

[5] 하나님이 첫째 날 창조하신 것은 빛이다. 빛으로 인해 낮과 밤의 구분이 생겼다. 레온 카스는 첫째 날 하나님이 빛을 만드시고 빛을 낮이라 칭하시고 어둠을 밤이라 칭하셨음에도 불구하고, 저녁과 아침 개념이 갑자기 등장한 것에 주목한다. 그리고 그는 그것을 창세기 전반에 나타나는 창조 명령과 성취 사이의 불일치의 관점에서 이해한다. 첫째 날을 제외하고, 나머지 날에 내려진 창조 명령과 성취 사이에는 정확한 언어적 대응관계가 성립하지 않는다. 예를 들어 셋째 날에 하나님이 땅으로 하여금 '식물을 식물하라'(tdś' dś')고 명령하셨지만(11절), 그 명령을 받은 땅은 '식물을 내었다'(twṣ' dś')(12절). 랍비들은 이 때문에 인간이 불순종하기 전에 땅이 먼저 불순종했다고 말했을 정도다. 명령과 성취 사이의 불일치는 여섯째 날에 더욱 심해진다. 하나님의 창조 명령은 "땅이여 생물을 내라"(24절)는 것이었지만, 이에 대한 성취를 서술하는 구절은 "하나님이 땅의 짐승을 만들었다"(25절)는 것이다. 이를 통해 볼 때, 창세기가 하나님의 창조 행위를 하나님과 피조물 사이의 기계적 순종 관계가 아니라, '소통적 순종' 관계로 제시하는 것은 아닐까?

을 탄생시키는 찬란하고 영원한 태양은 거의 모든 고대 문화에서 신으로 숭배되었다. 그러나 지금 창세기 1장의 저자는 섬세한 문학적 구성을 통해 태양 없는 빛, 태양 없는 시간, 태양 없는 생명이 가능하다고 주장함으로써 태양은 신이 아님을 선언하고 있다. 레온 카스는 이것이 창세기 1장이 고대인들에게 전한 메시지였다고 주장한다.

창조의 순서는 문학적 틀!

지금까지의 논의는 창세기 1장의 창조 순서가 시간적인 것은 아님을 보여 준다. 즉 창세기 1장은 식물과 동물 중 어느 것이 역사적으로 먼저 창조되었는지를 말해 주지 않는다.[6] 창세기 1장이 제시하는 창조의 순서는 특정 메시지를 전하기 위한 문학적 틀(framework)이다.[7] 이런 관찰은 창세기 1장에 대한 레온 카스의 철학적 독해의 출발점이 된다.

---

[6] 많은 해석가들이 지적하는 것처럼 창세기 2장에 묘사된 생물의 창조 순서와 1장의 창조 순서가 다르다.

[7] 창세기 1장의 "날"을 문학적 틀로 이해하는 입장을 보려면 다음의 책을 참조하라. Lee Irons and Meredith G. Kline, "The Framework View" in *The Genesis Debate* (Colorado Springs: Crux Press, 2001), 217-258.

(2) 존재론적 독해: 피조 세계에는 위계가 있다!

창조의 문학적 구조와 원리

창세기 1장의 창조 순서에 숨어 있는 철학적 원리를 찾기 위해 레온 카스는 먼저 '6일 창조'를 전반부와 후반부로 나눈다. 그는 전반부의 세 날이 후반부의 세 날과 짝을 이룬다고 주장한다. 전반부가 공간 혹은 영역에 대한 창조인 반면 후반부는 그 공간과 영역을 채우고 주장하는 것들에 대한 창조다.[8]

전반		후반	
첫째 날	빛	넷째 날	광명체
둘째 날	궁창(윗물과 아랫물의 분리)★	다섯째 날	물고기와 새
셋째 날	(a) 마른땅 (b) 식물	여섯째 날	(a) 땅의 동물 (b) 인간★

★ "하나님이 보시기에 좋았더라"라는 말이 생략됨.[9]

첫째 날에 창조된 빛과 짝이 되는 광명체들이 넷째 날에 만들어진다. 둘째 날에 창조된 궁창으로 인해 원시의 대양 안에

---

[8] 6일 창조의 문학적 구조에서 셋째 날과 여섯째 날에 창조 명령이 각각 두 번 나오는 것을 두고, 어떤 학자들은 본래 창조의 날이 6일이 아니라 8일이었을 가능성을 제기하고, 6일 창조는 안식일을 정당화하기 위해 의도된 것이라고 주장한다. 한편 메레디스 클라인(Meredith Kline)은 셋째 날과 여섯째 날에 창조 명령이 각각 두 번씩 나오는 이유를 다음과 같이 설명한다. 셋째 날과 여섯째 날은 각각 창조 주간의 전반부와 후반부의 클라이맥스를 형성하고, 전반부의 마지막 피조물인 "식물"과 후반부의 마지막 피조물인 "인간"이 이루는 평행법은 창세기 2-3장에서 이어질 에덴 동산의 인간 타락 이야기의 복선이 된다. Lee Irons and Meredith G. Kline, "The Framework View", 217-258 참조.

[9] Leon R. Kass, *The Beginning of Wisdom*, 31.

하늘과 땅의 공간이 생겨나는데, 다섯째 날에는 그 공간들에 사는 생물들이 역순—바다의 물고기가 먼저 창조되고 하늘의 새가 그다음에 창조됨—으로 창조된다. 일종의 교차대구법(a chiastic structure)이 형성된다. 창조 명령이 두 번씩 등장하는 셋째 날과 여섯째 날은 각각 전반부와 후반부의 클라이맥스를 이루고, 셋째 날에는 마른땅과 식물들이, 여섯째 날에는 마른땅에 다니는 동물들과 '식물 문제' 때문에 곤경에 빠질 인간이 창조된다.

6일 창조가 창세기 저자의 문학적 서술임을 보여 주는 이상의 관찰들은 레온 카스의 독창적 기여는 아니다. 그의 독창적 기여는 6일 창조가 '움직임'을 기준으로 전반부와 후반부로 나뉜다는 관찰이다. 즉 전반부에 창조된 피조물들은 모두 한곳에 고정된 존재인 반면, 후반부에 창조된 피조물들은 모두 '움직이는 존재'라는 것이다.[10] 나아가 그는 후반부에 창조된 '움직이는 존재들'이 움직임의 자유가 적은 것에서 큰 것의 순으로 배열되었음을 지적한다. 예를 들어 광명체들은 (지상에서 인간의 눈으로 관찰할 때) 고정된 궤도로만 움직이고, 좀처럼 그 궤도를 벗어나지 않는다. 인간을 제외한 모든 생물들—물고기, 새, 짐승—은 해, 달, 별보다 자유로운 동선을 가지지만 대개 본능이 정한 곳으로만 다닌다. 예를 들어 물고기가 하늘을 날 수는 없다. 반면 인간은 가장 자유롭게 움직이는 존재이다. 특히 현대 기술의 도움으로 인간은 움직임에 있어 (고대인들의 눈에는) 신적

---

[10] 클라인은 식물이 셋째 날에 두 번째 창조 명령에서 창조된 것을 '신학적'으로 해석했지만(각주 6 참조), 레온 카스는 식물이 셋째 날에 창조된 것이 그것이 땅으로부터 자유롭지 못한 점, 즉 움직일 수 없는 존재라는 점과 관계한다고 주장한다.

인 경지에 이르렀다. 옛날에 신들이 구름을 타고 다녔듯이 오늘 날 인간은 비행기로 구름 위를 다닐 뿐 아니라, 우주선으로 이 별에서 저 별로 이동한다.

창조의 철학적 원리: 분리, 움직임, 의식

움직임의 여부와 자유에 따른 피조물들의 배열은 창세기 1장의 창조 원리인 '분리'와 잘 조화된다. 이미 많은 학자들이 6일 창조가 '분리'의 과정으로 묘사됨을 지적했다. 창세기 1장에 "나누다"를 의미하는 히브리어(bdl)가 다섯 번이나 등장하고, 분리의 개념을 포함한 "각기 종류대로"라는 말도 열 번이나 반복된다. 만약에 '움직임'의 개념을 다른 것으로부터 분리된 개체가 공간으로부터 다시 '분리'되는 현상으로 파악한다면, 창세기 1장의 창조는 분리라는 추상적 원리를 통해 태곳적 혼돈에 질서를 가져오는 행위로 파악할 수 있다.

레온 카스는 하나님이 말씀으로 세상을 창조했다는 주장도 이 분리의 원리와 관계있다고 주장한다. 언어라는 것은 근본적으로 분리와 구분의 원리에 근거한다. 즉 어떤 사물이나 동작에 이름을 붙이는 것은 그것을 다른 사물이나 동작들과 구분하는 것이다. 나아가 그 분리된 개체들 사이의 일정한 관계인 문장이 세계를 묘사하고 설명한다는 점에서 분리와 구분은 언어의 원리일 뿐 아니라 세계에 대한 인간 이해의 원리이기도 하다. 따라서 창세기 1장에서 말씀으로 창조된 세계가 분리와 구분의 원리에 근거한 것으로 제시되었다는 것은 매우 의미가 깊다. 어떤 의미에서 그 창세기 1장을 읽고 그것의 의미를 '분별'

하는 인간도 바로 그 창조의 과정에 동참하는 것이다.

다음의 도표는 유대인 주석가 스트라우스가 창조 순서를 분리와 구별의 원리를 통해 도식화한 것을 레온 카스가 인용한 것이다.[11]

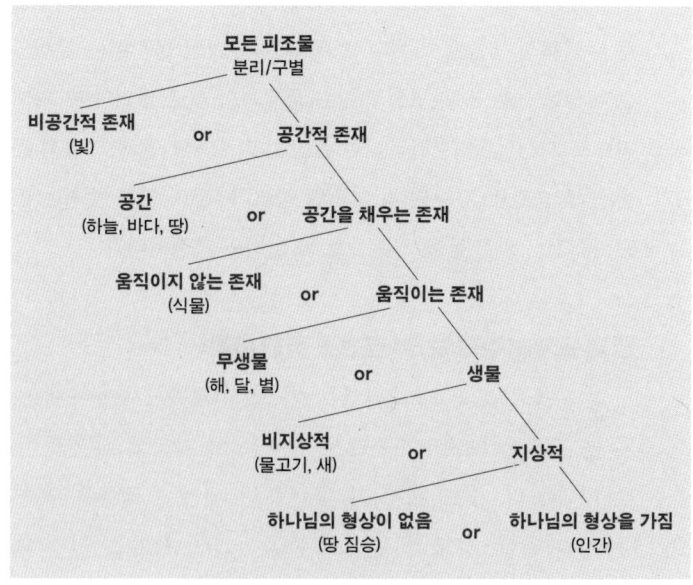

스트라우스의 '창조 순서' 도식 ⓒ복음과상황

다음은 도표에 대한 스트라우스의 설명이다.

첫째 날, 아무런 공간을 필요로 하지 않은 빛이 태곳적 어둠으로부터 분리된다. 그 이후에 창조될 모든 피조물들은 공간적 존재

---

[11]   Leon R. Kass, *The Beginning of Wisdom*, 34.

이다. 그리고 공간적 존재들은 하늘, 바다, 땅과 같은 공간과 그 공간에 거하는 존재들로 구별된다. 또한 공간을 채우는 존재들은 움직임의 여부에 따라, 움직이지 않는 존재(식물, 여기까지 창조 주간의 전반)와 움직이는 존재(창조 주간의 후반에 창조된 존재들)로 분리된다. 움직이는 존재들은 생명의 유무에 따라 해, 달, 별들과 같은 무생물과 생물로 나뉜다. 또한 생명을 가진 움직이는 존재들은 지상을 기는 것과 그렇지 않는 물고기와 새로 분리되고, 마지막으로 지상 생물은 하나님의 형상을 가진 인간들과 그렇지 못한 땅 짐승으로 구분된다. 이처럼 창세기 1장의 창조 순서는 공간, 움직임, 생명 등을 기준으로 한 분리의 과정이다.[12]

창조 질서에 대한 교훈: 인간을 위한 세계!

그렇다면 창조의 철학적 원리가 '분리'라는 사실이 우리에게 주는 교훈은 무엇일까? 레온 카스는 이 질문에 다음의 두 가지로 대답한다. 첫째, 우리가 경험하는 세계는 맹목적 우연의 산물이 아니다. 창조가 우연의 산물이라면 세계는 인간 지성에 의해 절대로 이해될 수 없을 것이다. 그러나 세계가 인간에 의해 분석되고 언어화될 수 있다는 사실은 창세기 1장이 말하는 것처럼 세계가 '분리'라는 지성적 원리에 의해 창조되었음을 방증한다. 우주와 자연에 대한 과학적 탐구가 의미가 있는 이유도 바로 여기에 있다.

둘째, 창세기 1장에서 '분리'가 피조물의 움직임과 의식

---

[12] Leon R. Kass, *The Beginning of Wisdom*, 34.

(consciousness)의 정도에 따라 순차적으로 발생한다는 사실은 피조물들 사이에 위계적 질서가 존재함을 보여 준다. 다섯째 날과 여섯째 날에 창조된 생물들은 해, 달, 별보다 우월하다. 왜냐하면 전자는 후자보다 더 많은 움직임의 자유를 가지기 때문이다. 또한 동물들은 천체와 달리 생식의 능력도 지닌다. 그들은 각기 종류대로 번식한다. 그리고 무엇보다도 천체와 달리 동물들에게는 기초적인 의식이 있다. 이것은 그들이 하나님 명령(창 1:22)의 수혜자라는 사실에서 드러난다. 마찬가지의 관점에서 인간은 그 어떤 생물보다도 우월하다. 그는 어떤 생물보다도 움직임에서 자유롭고, 가장 고차원적인 의식 능력을 가졌기 때문이다. 여기서의 핵심은 피조물 사이의 위계가 자의적인 것이 아니라 창조의 원리라는 사실이다. 즉 인간의 가치는 인간 중심적인 사고의 산물이 아닌 우주론적 진리라는 것이다. 인간이 동물보다 우월하다는 점에 동의하지 않는 사람이 있겠지만, 자연 세계가 인간을 위해 존재한다는 것은 창세기 1장이 가르치는 교훈이다.

(3) 윤리적 독해: 인간이란 어떤 존재인가

하나님의 형상

창세기 1장의 질서 세계에서 인간이 가장 높은 위치를 차지하는 이유는 단순히 그의 움직임의 자유나 지능의 정도 때문만은 아니다. 그것은 인간이 하나님의 형상을 가지고 있기 때문이다. 창세기 1장은 인간만이 하나님의 형상으로 창조되었음을 강조한다. 여기서 "형상"으로 번역된 히브리어 '쩰렘'(ṣelem)은 원래 "정으로 깎고 다듬은 신상"을 의미하며, 파생적으로 원본을 반영하는 사본이라는 뜻도 가진다. 즉, 인간이 하나님의 형상이라는 말은 신을 닮은 존재, 다시 말해 신과 유사한 존재라는 의미다. 하지만 레온 카스에 따르면 "하나님의 형상" 개념에서 중요한 점은, 인간은 신이 아니라는 것이다. 그는 하나님의 형상이지만, 어디까지나 피조물이며 여섯째 날 땅의 동물들과 함께 창조된 존재일 뿐이다. 인간은 하나님을 닮은 부분에서만 동물을 넘어선다.[13]

[13] 그러면 인간은 어떤 점에서 하나님을 닮았을까? 레온 카스는 그 답을 창세기 1장에 증거되는 하나님의 활동에서 찾는다. 하나님의 형상은 이성과 자유다. 물론 하나님이 이성적이고 자유로운 존재라는 것은 성경의 권위에 근거한 주장이다. 따라서 성경의 권위를 인정하지 않는 회의론자들은 이에 대해 동의하지 않을 수도 있다. 하지만 그들이 부정할 수 없는 사실이 하나 있다. 그것은 바로 인간이 이성과 자유를 가진 존재라는 것이다. 인간의 높은 지성과 무한에 가까운 자유는 그를 동물들과 확실히 구별하는 특징들이다. 동물들과 달리 인간은 말하고, 생각하고, 판단할 수 있다. 그리고 말하고 생각한 것을 현실로 만들어 낼 능력도 있다. 예를 들어, 인간은 머릿속에서 상상한 개념을 언어로 표현하고, 그것을 바탕으로 과학을 발전시키며, 문명을 창조한다. 이러한 사실은 성경을 모르더라도 누구나 인정할 수 있는 인간의 본질이다. 오히려 창세기 1장은 그러한 인간의 본질을 신학적으로 설명하며, 인간이 단순히 우연한 산물이 아니라 신의 형상을 반영하는 존재임을 확인시켜 줄 뿐이다. 바로 이런 이유에서 인간이 하나님의 형상을 가졌다는 선언은 단순한 신학적 개념이 아니라, 인간 본성에 대한 깊은 통찰을 담고 있는 진실이라고 할 수 있다. 이처럼, 레온 카스는 하나님의 형상을 '일반 은총적'으로 이해한다. 즉 신앙인과 비신앙인이 공유하는 자연 능력—예, 자유와 이성—으로 이해한다.

문제적 존재인 인간!

창세기 1장은 인간을 매우 특별한 피조물로 묘사하지만, 인간을 지나치게 미화하지도 않는다. 인간은 하나님의 형상을 가진 존재라는 점에서 신에 가장 가까운 존재이지만, 창세기 1장을 면밀히 살펴보면, 인간이 피조물 중 가장 문제적인 존재임이 드러난다. 육체를 가진 인간이 하나님의 형상자라는 사실은 그가 신과 동물 사이의 경계에 있는 존재임을 뜻한다. 그는 어떤 면에서 세계를 다스리는 신과 같지만, 여전히 동물 세계의 일부이기도 하다. 레온 카스는 바로 이 경계적 성격이 인간을 문제적 존재로 만든다고 주장한다.

인간이 문제적 존재임을 보여 주는 가장 명확한 증거는 창세기 1장에서 하나님께 "좋다"라는 평가를 받지 못했다는 사실이다. 하나님은 피조물을 창조하실 때마다 "보시기에 좋았더라"라고 평가하신다. 그러나 예외가 있다. 하나는 둘째 날 창조된 궁창(하늘)이고, 다른 하나는 여섯째 날 창조된 인간이다. 하늘이 "좋다"는 평가를 받지 않은 이유는 일월성신을 숭배하는 다신교 신앙에 대한 비판으로 이해할 수 있을 것이다. 그렇다면 인간이 "좋다"는 평가를 받지 않은 이유는 무엇일까?

어떤 사람들은 인간이 부여받은 하나님의 형상 안에 신의 긍정적 평가가 포함되었다고 주장한다. 또 어떤 이들은 하나님이 인간을 창조하신 후, 모든 피조물에 대해 "매우 좋다"라고 평가하셨으므로(창1:31), 인간도 그 종합적 평가에 자동적으로 포함된다고 해석한다. 그러나 이런 의견들은 창세기 저자가 인간 창조 자체에 대해 "보시기에 좋았더라"라는 표현을 일부러 누락했을 가능성을 충분히 고려하지 않은 것이다. 그것은 인간이 본성상 문제적 존재임을 암시하기 위함이다. 그렇다면, 왜 하나님은 인간을 문제적 존재로 만드셨을까?

자유의 역설

이 질문에 답하기 위해 먼저 창세기 1장에서 "보시기에 좋았더라"라는 말이 무엇을 의미하는지 생각해 볼 필요가 있다. 레온 카스에 따르면, 이 표현은 도덕적 의미에서의 선(善)을 뜻하는 것이 아니다. 하나님께서 태양이나 바다를 향해 좋았다고 평가할 때, 그것들의 도덕성을 평가하는 것은 아니었을 것이다. 카스는 창세기 1장에서 "좋았더라"라는 표현이 '하나님의 창조 목적에 부합하는 존재'라는 의미를 가진다고 주장한다. 그리고 이것은 대부분의 학자들의 견해와도 일치한다.

"좋다"는 평가가 하나님의 창조 목적에 따라 활동하고 있다는 뜻이라면, 인간은 창조된 순간, 아직 "좋다"는 평가를 받을 수 있는 존재는 아니었을 것이다. 그는 하나님의 형상자로서 하나님처럼 자유로운 존재였기 때문이다. 그가 하나님의 창조 목적에 부합한 존재가 될지는 아직 확정되지 않은 것이다. 인간이 어떤 존재가 될지는 오직 그의 자유 의지에 달려 있다. 그리고 자유 의지가 바로 하나님의 형상의 일부를 구성한다는 점을 생각하면, "좋다"라는 평가가 보류된 것은 오히려 당연한 일이다.

인간은 도덕적으로 애매한 존재

인간이 자유로운 존재라는 것은 단순한 철학적 선언이 아니다. 이것은 인간이 도덕적으로도 불확정적인 존재임을 뜻한다. 우리는 일반적으로 자유는 축복이라고 생각한다. 하지만 자유가 제공하는 무한한 가능성은 긍정적일 수도 있지만, 부정적인 요인이 되기도 한다. 즉, 인간은 선과 악, 번영과 몰락, 창조와 파괴의 가능성을 동시에 지닌 존재다. 이 때문에 인간은 그가 어떤 선택을 하는가에 따라 완전히 다른 존재가 될 수 있는 피조물이다. 인간에게는 하나님의 뜻을 따르는 길과 그 길에서 벗어나는 길이 동시에 열려 있다.

우리는 인간이 '문제적 존재'라는 사실을 보통 창세기 3장의 선악과 사건에서 처음 확인한다고 생각한다. 하지만 창세기 1장에서도 이미 인간이 문제적 존재임을 암시하는 요소들이 있다. 성경의 나머지 이야기들은 이러한 인간의 도덕적 불확정성을 실증하며, 하나님이 그것을 어떻게 교정해 가시는지를 보여 준다.

인간은 어떻게 살아야 하는가?: 하늘을 보지 말라!

그렇다면, 인간은 어떻게 살아야 하는가? 창세기 1장의 창조 이야기는 이에 대해 어떤 교훈을 줄까? 이 질문에 답하기 위해 먼저 창세기 1장의 핵심 메시지를 떠올려 볼 필요가 있다.

앞서 살펴본 것처럼, 창세기 1장은 특히 하늘과 관련된 모든 것 즉, 태양, 달, 별들이 신이 아님을 분명히 선언한다. 이들은 영원한 존재가 아니라 단순한 피조물일 뿐이다. 그것도 생명이 없는 피조물이다. 하지만 이들보다 앞서고, 더 우월한 존재가 있다! 고대 근동 사람들은 태양을 신으로 여겼지만, 창세기 1장은 태양을 철저히 신화에서 분리한다. 창세기 1장에서는 빛이 태양 없이 존재하고, '날'로 대표되는 시간 개념도 태양과 무관하게 사용된다. 심지어 식물조차 태양 없이 땅에서 자라난다. 이는 태양이 빛의 근원이고, 시간의 기준이며, 생명을 준다는 당시 사람들의 믿음을 정면으로 뒤집는 것이다.

또한, 하나님이 궁창을 만드시고 다른 창조물처럼 "보시기에 좋았더라"라고 말씀하지 않으신 것도 같은 맥락에서 이해할 수 있다. 고대인들은 해, 달, 별들이 규칙적으로 원을 그리며 움직이는 모습을 보며 경외와 두려움을 느꼈을 것이다. 그러나 창세기 1장은 이러한 천체들이 인간이 두려워하거나 숭배할 대상이 될 수 없음을 분명히 한다.

현대인들은 고대인들이 태양에 대해 가졌던 경외심을 잘 이해할 수 없다. 오늘날 과학의 시대를 사는 우리는 하늘을 신으로 여기지 않는다. 전구의 발달과 같은 기술의 발달로 밤하늘이 주는 경외심은 많이 줄어들게 되었다. 보름달을 두려워하는 대신 우리는 달에 우주선을 쏘아 보낸다. 그러나 전기가 없고, 우주에 대한 지식도 없던 과학 혁명 이전의 사람들은 달랐다. 그들에게는 자연을 숭배하는 것이 너무도 자연스러운 일이었다. 밤하늘을 보면 수많은 별들이 일정한 궤도를 따라 움직이고, 달이 주기적으로 모양을 바꾸는 모습을 볼 수 있다. 옛사람들은 이를 신비롭게 여겼고, 경외심을 가졌다. 특히 태양은 빛의 근원이자, 땅의 곡물을 자라게 하는 힘이었기 때문에 거의 모든 시대와 민족에서 신으로 숭배되었다.

이는 반드시 옛사람들이 미개하거나 무지했기 때문이 아

니다. 사람들이 자연을 신으로 숭배한 것은 매우 현실적인 이유에서였다. 농경 사회에서 태양과 비는 생존에 필수적이었고, 사람들은 자연의 힘을 달래고 통제하려는 방법으로 해와 달을 숭배했다. 레온 카스에 따르면, 성경에서 최초로 하나님께 제사를 드린 사람이 농부 가인이었다는 점도 이러한 맥락에서 이해할 수 있다. 비에 의존하는 농부는 누구보다도 하늘을 숭배할 필요성을 강하게 느꼈을 것이다.[14] 그러나 성경은 이러한 인간의 본성을 우상 숭배로 규정한다. 창세기 1장은 처음부터 하늘이 인간의 예배 대상이 될 수 없음을 분명히 밝히고 있다.

레온 카스는 창세기 1장의 선언—즉, 하늘은 숭배의 대상이 될 수 없다는 가르침—이 인간의 올바른 삶에 대해 어떤 교훈을 주는가라는 질문에 다음과 같이 답한다.

인간은 어떻게 살아야 할지를 알기 위해 하늘을 바라보아서는 안 된다!

여기서 레온 카스는 '하늘'을 자연 세계에 대한 환유법으로 사용한다. 즉 그에 따르면 자연 세계는 도덕적으로 중립적이다. 자연 세계로부터 옳고 그름을 배울 수 없다. 근친상간이나

---

[14] 신명기 역시 하늘 숭배가 인간의 자연스러운 성향임을 보여 준다. "또한 너는 하늘을 향하여 눈을 들어 해와 달과 별들 하늘 위의 모든 천체, 곧 너희의 하나님 여호와께서 천하 만민을 위하여 배정하신 것을 보고 미혹받아 그것을 경배하지 않도록 조심하라"(신명기 4:15-19). 이 말씀은, 특별한 계시가 없으면 인간은 자연스럽게 하늘을 숭배하게 된다는 점을 보여 준다. 만약 하나님의 말씀이 없었다면, 인간은 하늘을 바라보며 천체들을 섬기는 방식으로 생존의 길을 찾았을 것이다.

살인이 나쁘다는 도덕적 진리를 인간은 자연 세계에서 유추할 수 없다. 자연은 우리의 도덕 선생이 될 수 없다!

그렇다면, 무엇이 인간에게 올바른 삶을 가르쳐 줄 수 있을까? 레온 카스는 옳고 그름의 도덕적 원리를 자연이 아니라, 하나님의 말씀에서 찾아야 한다고 주장한다. 이런 메시지를 가진 창세기 1장은 올바른 삶에 대한 교훈서인 성경 전체의 서론이다. 즉 하나님 보시기에 아직 "좋다"는 평가를 받지 못한 인간이 마침내 "좋다"는 평가를 받을 수 있도록 도와주는 책이다.

나가는 말

지금까지 우리는 창세기 1장에 대한 인문학적 해석의 일환으로 레온 카스의 입장을 살펴보았다. 창세기 1장은 단순한 창조 이야기가 아니라, 인간이 어떻게 살아야 하는지를 성찰하도록 이끄는 텍스트이다. 이 글을 마무리하며 창조와 진화에 대한 레온 카스의 견해를 언급하는 것은 크게 나쁘지 않을 것이다. 레온 카스에 따르면, 창세기와 특정 부류의 진화론은 서로 조화될 수 있다. 창세기와 진화론 사이의 대립을 조장하는 것은 창세기에 대한 잘못된 해석과 진화론에 대한 맹신에서 비롯된다. 예를 들어, '젊은 지구론' 계열의 창조론은 창세기 1장 본문을 잘못 해석한 결과이며, 이는 과학과 신앙을 불필요하게 대립시키는 원인이 된다. 동시에, 카스는 진화론의 모든 측면을 무조건적으로 받아들이는 것에도 신중한 태도를 취한다. 그러나 그는 창세기 1장에 대한 진지한 독해와 진화론의 기본 원리—즉, 오랜 과정에 걸친 생명의 분화—가 충분히 조화될 수 있음을 강조한다. 이를 위해서는 두 가지 오해가 교정될 필요가 있다. 첫째, 창세기의 창조를 '무로부터의 창조'로만 이해하는 것에서 벗어나야 한다. 둘째, 하나님의 창조 세계가 '고정적이고 불변하는 것'이라는 고정관념도 재고해야 한다.

토론과 나눔을 위한 질문들

1. 성경은 해석을 통해 시대와 문화를 초월한 살아 있는 진리가 된다고 말하는 사람들이 있습니다. 이들은 성경의 권위가 문자 그대로의 사실 여부보다, 그 해석을 통해 공동체가 얻는 의미와 성찰에 있다고 봅니다. 반면 어떤 이들은 성경의 진리는 해석의 다양성보다도 그 자체의 객관성과 불변성에서 나온다고 주장합니다. 그렇다면 우리는 성경을 해석함으로써 더 풍성한 진리에 접근할 수 있다고 볼 수 있을까요, 아니면 해석의 자유가 오히려 진리의 일관성을 해칠 위험이 있을까요?

2. 창세기 1장에서는 태양과 달, 별들이 신이 아니며 인간이 숭배할 대상이 될 수 없다고 선언하면서, 자연은 인간의 도덕적 길잡이가 될 수 없다는 입장을 취합니다. 이에 대해 일부는 자연에서 배울 수 있는 윤리적 직관이나 질서, 생명의 존엄성 등을 강조하며 반론을 제기하기도 합니다. 그렇다면 인간은 도덕적 기준을 오직 초월적 계시, 즉 하나님의 말씀에서만 찾아야 할까요? 아니면 자연 역시 인간의 삶에 일정한 윤리적 통찰을 제공할 수 있는 기반이

될 수 있을까요?

3. 창세기 1장은 인간을 하나님의 형상대로 지어진 고귀한 존재로 소개하지만, 동시에 하나님으로부터 "좋다"는 평가를 받지 못한 유일한 피조물로 남깁니다. 이는 인간이 본질적으로 문제적 존재임을 암시하는 해석도 가능합니다. 인간은 다른 피조물보다 높은 자유와 의식을 지닌 존재이지만, 그 자유 때문에 선과 악 사이에서 방황하기도 합니다. 이런 인간의 조건이 축복일까요, 아니면 저주일까요? 우리는 인간의 어떤 면에서 이러한 양면성을 가장 분명하게 느낄 수 있을까요?

2. 에덴 동산에서 뱀이 말을 할 수 있었던 이유

에덴 동산의 뱀은 말하는 능력을 가졌다. 이 때문에 성서 해석사에서 그 뱀은 단순한 동물로 여겨지지 않았다. 기독교 해석가들은 인간의 타락에 상당한 역할을 한 뱀을 일찍부터 영적인 존재 즉 사탄으로 이해했다. 이들에 따르면 뱀이 사탄의 모양으로 나타났거나, 뱀에게 접신했거나, 뱀이 곧 사탄이었다. 이렇게 뱀을 사탄으로 보는 해석은 신구약 중간기에 발달한 개념이다. 많은 학자들이 주전 3세기부터 뱀이 사탄으로 이해되기 시작했다고 생각하는데, 이것은 당시 유행했던 성서에 대한 알레고리 해석과 궤를 같이한다.

하지만 현대적 성서학의 발전과 함께 선악과 이야기에 대한 대안적 해석이 시도되었다. 고대 서아시아 신화를 바탕으로 선악과 이야기를 인간의 타락이 아닌 상승과 성장의 이야기로 읽는 시도들이 생겨났다. 금단의 열매 선악과를 먹고 에덴에서 나와 농사를 짓기 시작하는 이야기가 인간의 신석기 혁명에 대한 기억을 보존한 신화라는 생각이 퍼지기 시작했다. 철학자들은 여기에 가세하여 최초의 인류가 선악과 명령을 어긴 것을 자유롭고 책임 있는 존재로 살아가기로 결단한 위대한 순간으로 여긴다. 샤르트르가 인간은 자유로운 존재가 되도록 저주받았다고 한 것도 이와 무관하지 않을 것이다.

　죄인으로의 타락과 자유롭고 책임 있는 존재로의 상승 사이의 제3의 해석은 없을까? 지나치게 인간을 비하하거나 찬양하지 않으면서 인간의 현재 모습을 정확하게 진단하고 이상적인 인간상까지 말해 줄 수 있는 해석은 없을까? 이런 제3의 해석으로 필자는 랍비 포먼의 해석을 소개하려 한다. 랍비 포먼은 《출애굽 게임》(홍성사)을 통해 한국 독자들에게 소개된 바 있다. 그는 뱀을 사탄과 연결하는 해석을 거부하는 동시에 선악과 이야기를 인간의 상승 이야기로도 보지 않는다. 랍비 포먼은 선악과 이야기를 통해 인간이 다른 동물들과 근본적으로 다른 점이 무엇인지 탐구한다. 랍비 포먼의 해석을 따라가다 보면, 레온 카스가 시도한 성경에 대한 인문학적 접근과는 조금 다른 결의 인문적 해석을 만난다. 전자가 철학적이었다면, 랍비 포먼의 접근은 보다 문학적이다. 하지만 창세기 본문을 통해 그 둘이 파악한 인간관은 신비롭게 비슷하다.[15]

지혜로운 뱀

그런데 뱀은 하나님이 지으신 들짐승 중 가장 간교하니라 창 3:1

---

[15]　여기서 소개하는 창세기 2-3장에 대한 보다 자세한 해석은 랍비 포먼의 책을 참조하라. Rabbi Fohrman, *The Beast That Crouches at the Door*(HFBS publishing, 2007).

창세기 3장 1절은 뱀에 대한 성경 저자의 유일한 평가이다. 여기서 "간교하다"라는 히브리어 '아룸'은 반드시 부정적 의미로 사용되지는 않는다. 예를 들어, 잠언에서는 그것이 지혜와 동의어처럼 사용된다. "무릇 슬기로운 자(아룸)는 지식으로 행하거니와 미련한 자는 자기 미련한 것을 나타내느니라"(잠 14:8). 랍비 포면에 따르면, 창세기의 뱀은 슬기로운 존재이며, 모든 슬기로운 존재처럼 그는 충동적으로 행동하는 것이 아니라, 목적을 이루기 위해 세운 계획을 치밀히 행동으로 옮기고 있다. 그렇다면, 지혜로운 뱀은 왜 아담과 하와를 유혹하려 했을까? 그들을 유혹함으로써 무엇을 이루려 했을까? 뱀이 인간을 유혹한 이유를 이해하기 위해서는, 그 일이 갑작스럽게 일어난 사건이 아니라는 점을 인식해야 한다. 뱀과 인간은 이미 구면일 수 있다!

아담의 배필 찾기

일반적으로 뱀이 창세기 3장에서 처음 등장한다고 여겨진다. 하지만 랍비 포면은 뱀이 그 이전에 사람과 대면했을 가능성을 주장한다. 이것을 이해하기 위해서는 선악과 이야기의 시작이 뱀이 처음 언급되는 창세기 3장 1절이 아니라, 선악과 금지 명령이 처음 언급된 창세기 2장 16-17절임을 인식해야 한다. 아니 좀 더 정확하게 말하자면, 창세기 2장 4절에서 시작되는 소위 '제2의 창조 이야기'가 선악과 이야기의 시작일 수 있다.

> 여호와 하나님이 그 사람에게 명하여 이르시되 동산 각종 나무의 열매는 네가 임의로 먹되 선악을 알게 하는 나무의 열매는 먹지 말라 네가 먹는 날에는 반드시 죽으리라 하시니라 창 2:16-17

위에 인용된 선악과 금지 명령이 3장에서 본격적으로 전개되는 이야기의 진짜 시작임을 종종 간과하는 이유는, 이 명령이 주어진 직후 본문의 초점이 다른 이야기로 전환되기 때문이다. 창세기 2장 18절부터는 아담이 배필을 얻는 과정이 전개되며, 그것은 선악과 금지 명령과는 별개의 이야기처럼 보인다.

> 여호와 하나님이 이르시되 사람이 혼자 사는 것이 좋지 아니하니 내가 그를 위하여 돕는 배필을 지으리라 하시니라 창 2:18

이처럼 창조주 하나님은 아담이 홀로 있는 것이 좋지 않다고 여기시고, 그를 위해 돕는 배필을 마련하겠다고 선언하신다. 선악과 이야기에서 하와의 역할이 중요하기 때문에, 선악과 금지 명령 후에 아담의 배필 찾는 이야기가 이어지는 것이 일견 자연스러워 보인다. 그러나 이상한 것은 "내가 그를 위하여 돕는 배필을 지으리라"고 말씀하신 하나님이 곧바로 여자를 창조하지 않았다는 것이다. 하나님은 먼저 들짐승과 새들을 창조하시고 그들을 아담 앞에 지나가게 하신다(2:19). 어떤 사람들은 아담이 암수 짝을 이룬 동물과 새들을 보고 자신에게도 짝이 있어야 할 것이라 생각했을 것이라고 추정한다. 하지만 이 추정의 문제는 성경 본문에 하나님이 동물을 암수 짝으로 지으시고 그들을 아담에게 데려갔다는 말이 없다는 것이다. 그렇다면, 왜 하나님은 아담의 배필을 창조하겠다고 말씀하신 직후, 동물을 창조하고 그들을 곧바로 아담에게 데려갔을까? 랍비 포먼은 그 이유를 아담이 동물 가운데서 자신의 짝을 찾도록 하기 위함이라고 주장한다. 이때 하나님이 아담에게 모든 동물들의 이름을 짓도록 명령한 것은 그들이 자신의 짝이 될지 세밀히 관찰하라는 의도이다. 이름을 짓기 위해서는 대상의 개성이나 특징을 잘 관찰하고 포착해야 하기 때문이다. 아담이 모든 동물들을 관찰한 후의 결론이 창세기 2장 20절의 끝에 기록되어 있다. "아담이 돕는 배필이 없으므로". 랍비 포먼에 따르면, 이 말의 의미는 아담이 자기 앞에 지나간 동물들 가운데 자신의 짝을 발견하지 못했다는 것이다.[16]

이런 랍비 포먼의 해석은 일견 무리가 있어 보인다. 하나님은 하마나 코끼리가 인간의 배우자가 될 수 없다는 사실을 모른다는 말인가? 인간이 동물을 배우자로 삼는다는 것이 말이 되는가 하는 마음의 저항이 생길 수 있다. 하지만 이 이야기가 제2 창조를 배경으로 한다는 사실을 고려하면, 그런 마음의 저항이 조금은 누그러질 수 있다. 창세기 1장의 창조에서는 인간과 동물은 분명 다른 '종'의 존재로 그려진다. 동물은 '네피쉬 하야'(생물)로 불리고 인간은 그들과 달리 하나님의 형상으로 된 '아담'(사람)이다. 창세기 1장에서는 인간과 동물의 종적

---

[16] 개역개정역의 "아담이 돕는 배필이 없으므로"는 그 문장이 2장 19-20절의 결론보다는 21절부터 묘사되는 하와의 창조에 대한 서론임을 암시한다. 즉 동물들이 아담의 배필 후보자로 창조되었다는 해석을 원천 봉쇄한다.

차이를 창조의 날을 구분하거나(공중의 새는 5일, 인간은 6일), 창조 명령을 구분함으로 표현한다(제6일에 들짐승과 인간은 각각 다른 창조 명령으로 만들어짐). 나아가 하나님은 인간을 가장 마지막에, 그것도 신의 형상으로 창조하시어, 그를 다른 모든 생물들과 구분하셨다. 하지만 창세기 2장의 창조에서는 인간과 동물 간의 종의 차이가 없어 보인다. 인간과 동물 모두 '네피쉬 하야'로 불리고, 그 둘 모두 '흙으로' 창조되었다. 또한 창조 순서도 인간과 동물의 종의 차이를 그다지 부각시키지 않는다. 아담을 제일 먼저, 그다음에 들짐승과 공중의 새를 만들고, 가장 마지막에 하와를 만드셨다. 이 모든 것은 창세기 2장에서는 인간과 동물 사이에 분명한 종의 차이가 없음을 보여 준다. 즉 창세기 2장의 세계관에서는 동물이 아담의 배필이 되는 것이 자연스러운 일이었을 것이다.

그럼에도 불구하고, 아담은 동물 가운데 자신의 배필을 발견하지 못한다. 어떻게 보면 하나님의 중매가 실패한 것이다. 그렇다면 왜 하나님은 이런 과정을 거치셨을까? 전지전능하신 창조주께서 애초부터 들짐승들이 아담의 배필이 될 수 없다는 사실을 모르셨을 리 없다. 그렇다면 하나님께서 이러한 '시행착오'를 허락하신 이유는 무엇일까? 하나님께서 하와보다 먼저 짐승들을 아담의 배필로 제시하신 것은 단순한 실수나 착오가 아니었다. 그 안에는 특별한 이유가 있으며, 이를 깊이 생각해 보면 선악과 이야기의 핵심과 맞닿게 된다.

뱀이 인간을 유혹한 이유

앞서 우리는 뱀이 지혜롭다는 사실에 주목했다. 그것은 뱀이 충동적으로 행동하는 존재가 아니라, 목적을 위해 치밀한 계획을 수립하여 움직이는 존재라는 의미다. 뱀이 인간을 유혹했다면 분명 이루고자 하는 목적이 있었을 것이다. 그 목적은 무엇일까? 이제 우리는 이 질문에 답할 준비가 되었다. 그 해답은 아담의 배필 찾는 이야기 속에 숨어 있다.

랍비 포먼에 따르면, 하나님이 아담의 배필로 만드신 들짐승들 중에 뱀도 있었다. 이를 암시하는 단서가 바로 하야트 하사데(ḥayat haśśādeh) "들짐승"이라는 표현이다. 흥미롭게도, 이 표현은 성경 전체에서 오직 두 군데에서만 등장한다. 하나는 아담이 배필을 찾는 이야기(창 2장)에서, 다른 하나는 선악과 이야기(창 3장)에서다. 후자에서 뱀이 들짐승으로, 전자에서는 아담 앞을 지나갔던 동물들이 들짐승으로 표현되었다. 따라서 우리는 아담이 거절했던 들짐승 중 하나가 뱀이었음을 짐작할 수 있다. 거절당한 연인이 자신을 거절한 연인에게 자신의 가치를 증명해 보이길 원하는 것처럼, 뱀은 하와를 유혹함으로 자신의 가치를 증명하려 한다. 하지만 뱀의 유혹은 개인적 복수가 아니다. 들짐승들 중 가장 지혜로운 존재였던 뱀은 지금 다른 동물들을 대표해 하와를 유혹하고 있다. 그리고 동물도 인간의 파트너가 될 수 있음을 증명하려 한다. 고대 유대인들은 뱀이 아담을 죽이고 하와를 차지하려고 했다고 주장한다. 다소 황당한 이런 유대인의 해석의 배경에는 뱀의 행동이 아담이 들짐승들을 모두

거부한 일에 대한 반작용이라는 이해가 있다.[17]

아담에게 거절당한 들짐승들의 대표인 뱀이 인간을 유혹한 것이라면, 그 유혹의 본질은 무엇인가? 유대인들의 미드라쉬가 말하는 것처럼 뱀이 정말 하와와 결혼하려 했던 것은 아닐 것이다. 선악과 유혹을 통해 뱀이 인간에게 던지는 궁극적인 질문은 다음과 같다.

사람아, 네가 무엇이 그리 특별한가? 사람아, 네가 우리 짐승과 다른 것이 무엇인가?

그리고 이것은 성경 저자가 선악과 이야기를 통해 던지는 질문이기도 하다. 인간과 동물의 다른 점은 무엇인가? 이 질문을 이해하기 위해서는 창세기에 묘사된 뱀에 대해 좀 더 자세히 살펴보아야 한다.[18]

뱀은 어떤 존재인가?

창세기 3장의 뱀은 인간과 대화한다. 이는 언어와 사유 능력을 가졌음을 의미한다. 또한, 창세기 3장 14절에서 하나님이 뱀에

---

[17] 이 은유를 기독교적으로 적용 가능하다. 초대 교부들(이레니우스와 어거스틴)은 아담이 예수 그리스도, 하와는 교회, 뱀은 사탄이라는 견해를 표명했다. 하나님이신 예수와 교회가 신비한 연합을 이루는 일을 사탄이 방해한다. 사탄은 예수 그리스도를 죽이고 교회를 자신의 배필로 삼기 위해 인간을 유혹하는 것이다.

게 "배로 다니라"고 저주한 것을 보면, 원래 뱀은 두 발로 걸을 수 있었음을 암시한다. 두 발로 걷는다는 것은 손이 자유롭다는 것이며, 이는 궁극적으로 도구를 다루고 기술 문명을 발전시킬 가능성과 연결된다. 또한 저주받기 전 뱀은 인간과 같은 음식을 먹었을 가능성이 있다. 고대 신화에서 인간 문명을 가장 단적으로 상징하는 것이 맥주와 빵이다. 즉 인간이 가공하고 요리하는 음식이다. 길가메시 이야기에서 야생인 엔키두가 야생의 삶을 벗고 문명의 삶을 시작할 때, 가장 먼저 배운 것이 인간의 음식이다. 이상의 내용을 종합하면 에덴 동산의 뱀은 단순한 동물이 아니라, 인간처럼 말하고, 인간처럼 생각하고 추론하고, 설득하고, 인간처럼 걷고, 도구를 사용하여 일을 하고, 인간처럼 문화 창조의 능력을 가졌다. 만약 어떤 존재가 인간의 언어를 사용하고, 인간처럼 생각하고, 인간처럼 문명과 문화를 창조한다

[18] 하나님의 형상을 가진 인간은 하나님과 짐승(자연) 사이의 중간자적 존재이다. 많은 면에서 짐승과 비슷하지만 짐승과 엄밀히 구분되는 면도 있다. 즉 그는 자연(짐승)을 다스리는 통치자이다. 중간자 인간은 광대한 우주에서 본질적으로 외로운 존재다. 그리고 외로운 인간은 자신과 많은 것을 공유하고 있는 짐승들에게서 위로를 구할 수 있다. 물론 방금 말한 것은 비유적 어법이다. 즉, 하나님과 자연 사이의 위치를 버리고 짐승의 일부가 되고 싶은 유혹이 인간에게 끊임없이 존재한다는 것이다. 유대인의 미드라쉬에서 하와가 뱀과 결혼하고 싶어 하는 유혹을 느꼈다고 묘사하는 것도 이러한 관점을 반영한다. 그런 결합으로 태어나는 후손들은 짐승의 수준으로 타락해 버린 인간 존재를 상징한다.
그러나 하나님은 인간이 뱀의 유혹에 쉽게 넘어가지 않도록 사전에 예방 조치를 취하신다. 그분은 모든 들짐승들을 아담에게 보이시고, 그가 그것들을 자세히 관찰하도록 하심으로써 인간이 짐승들과 본질적으로 다름을 스스로 깨닫게 하신다. 물론 하나님은 이미 인간과 짐승이 다르다는 사실을 알고 계신다. 하지만 중요한 것은 아담 스스로 그것을 인식하는 것이다. 이 깨달음은 인간이 뱀의 유혹에 저항할 수 있는 내적 힘이 된다. 또한, 뱀과의 대결에 앞서 아담은 하와와 함께함으로써 하나님 형상을 지닌 존재들 사이의 연대를 경험하게 된다. 그는 이제 단순히 중간자로서 고독한 존재가 아니라, 같은 본질을 지닌 존재와 함께 살아가는 존재가 된다. 이러한 준비 과정을 거쳐, 인간은 창세기 3장에서 뱀의 결정적 도전을 맞이할 준비가 된다. 즉, 뱀이 "아담, 너도 나와 다를 것이 없지 않은가?"라고 도전할 때, 아담은 단호하게 "아니다"라고 말할 수 있는 것이다. 하나님은 인간이 자신의 정체성을 확립한 후에 뱀의 유혹과 맞설 수 있도록 하셨다.

면, 그 존재는 인간이 아니고 무엇인가? 하지만 선악과 이야기에서 그런 존재가 뱀이었다.

성경 저자가 뱀을 이렇게 묘사한 이유는, 인간과 짐승의 본질적 차이에 대한 질문을 제기하기 위함이다. 뱀의 입장에서 말하자면, '왜 짐승은 인간의 배필이 될 수 없는가?'이다. 일반적으로 인간과 짐승의 차이를 논할 때 핵심적으로 거론되는 것은 언어와 사유 능력, 도구 사용, 문화 창달의 능력이다. 하지만 성경 저자는 뱀조차도 이러한 능력을 가진 존재로 묘사한다. 이는 인간과 짐승의 근본적 차이가 이런 능력들에 있지 않다는 것을 암시한다.

요즘 인공 지능의 발달과 로봇 기술의 발전으로 창세기 저자의 이런 문제 제기가 더욱 절실한 것이 되었다. ChatGPT 5.0 수준의 지능을 장착한 휴머노이드는 인간처럼 말하고, 생각하고, 움직인다. 심지어 인간의 감정도 '흉내'낸다. 동일한 인공 지능과 감정 지능을 동물 형태의 로봇에 장착했다고 생각해 보라. 인간처럼 말하고, 생각하고, 움직이고, 느끼는 '동물'이 생겨나는 것이다. 이런 존재들이 인간과 다른 것은 무엇인가? 창세기 3장에서 뱀이 인간을 유혹하는 이야기는 어떤 점에서 이런 질문을 수천 년 전에 이미 던지는 셈이다.

그렇다면, 선악과 이야기가 전하려는 인간과 짐승의 본질적 차이는 무엇인가? 이 질문에 답하기 위해 지금부터는 창세기 3장에 대한 랍비 포먼의 해석을 좀 더 자세히 살펴보자.

인간이 짐승과 근본적으로 다른 점은?

다음은 창세기 3장에 기록된 뱀의 첫 번째 말이다. 보통 성경 내러티브에서 첫 대사는 그 말을 한 주인공의 특징을 요약하기 때문에 우리는 뱀의 첫 번째 말을 세심히 살필 필요가 있다.

> **하나님이 참으로 너희에게 동산 모든 나무의 열매를 먹지 말라 하더냐?** 창 3:1

위 인용처럼 보통 뱀의 첫 대사는 의문문으로 번역되지만, 히브리어 원문은 의문문이 아닐 가능성이 높다. 원문의 첫 두 단어 '아프 키'는 일반적으로 "~임에도 불구하고"로 번역되는 종속 접속사이기 때문에, 뱀은 질문하는 것이 아니라 다음과 같이 자신의 입장을 선언하고 있는 것일지 모른다.

> **하나님이** 너희에게 동산 모든 나무의 열매를 먹지 말라 **말씀했다 하더라도**(아프 키 아마르 엘로힘)… 아무 상관없다! 창 3:1

뱀의 말에서 강조되는 것은 아프 키 아마르 엘로힘 즉 "하나님이 말씀했다 하더라도"이다. 즉 뱀은 하나님이 어떤 말씀을 내렸다 하더라도 그것은 중요하지 않다고 도발한다. 하지만 이런 도발의 핵심을 이해하지 못한 하와는 뱀이 인용한 하나님의 말씀 중 자신이 생각할 때 사실과 다른 부분("동산 열매의 어떤 것도 먹어서는 안 된다")을 바로잡으려 한다.

동산 나무의 열매들은 먹을 수 있어요!

하지만 뱀의 선언의 핵심은 그것이 아니다. 하나님의 명령의 내용이 무엇이든지 그것에 신경 쓸 필요가 없다는 것이다. 하와가 말을 끊지 않았더라면 뱀은 "하나님이 뭐라고 말했더라도 중요한 것이 아니야. 중요한 것은 너의 내면의 목소리야"라고 말했을 것이다. 랍비 포먼은 뱀의 주장을 다음과 같이 풀어 설명한다.

> 하와야, 너는 그 열매를 먹고 싶지 않은가? 네 안에 선악과를 먹고 싶은 욕망이 있다면, 그 욕망은 어디로부터 오는가? 누가 그 욕망을 네 속에 넣어 두었을까? 그것은 창조자이다. 창조주 하나님이 그 욕망을 네 마음에 심어 넣은 것이다. 즉 너의 내면의 목소리가 하나님의 뜻이다.

뱀의 말이 옳다면, 하와는 지금 엄청난 모순에 처해 있다. 한편으로, 그녀 밖에 존재하는 목소리가 그 열매를 금하고 있다. 하지만 그녀 속에 있는 또 하나의 목소리는 그 열매를 먹으라고 말한다. 사람은 어떤 목소리에 귀를 기울여야 하는가? 어떤 것이 진짜 '하나님의 말씀'일까? 그리고 이에 대한 뱀의 조언은 다음과 같다.

'하나님의 말씀'은 외부의 목소리가 아니라 네 안에서 들리는 목소리야!

이런 뱀의 제안은 악의적 속임수가 아니라 매우 솔직한 조언이었을 수 있다. 실제로 하나님은 뱀을 포함한 모든 짐승들에게 그분의 뜻을 내면의 목소리 즉 본능적 욕망을 통해 알리신다. 짐승들은 외부의 목소리를 통해 신의 명령을 받지 않는다. 뱀의 경우 먹고 싶은 것을 누군가가 먹지 말라고 말한다면, 그 누군가가 자신을 신으로 주장하더라도, 그것보다 내면에서 들리는 목소리를 진짜 '하나님의 명령'으로 따를 것이다.

　　이것이 뱀의 유혹의 본질이며 짐승들로부터 인간을 구분하는 결정적인 차이다. 인간과 동물이 다른 점은, 생각하고 말하는 능력, 도구 사용 능력, 기타 다른 신체적 능력에 있는 것이 아니라, (이 모든 것은 창세기 3장의 뱀도 가지고 있었음) 하나님의 뜻을 분별하는 방식과 관련 있다. 동물은 자신의 본능적 욕구를 하나님의 뜻과 동일시하지만, 인간에게 더 중요한 하나님의 뜻의 통로는 그의 '밖'에서 들려오는 말씀이다. 인간도 동물인지라 때로는 본능이 하나님의 뜻일 때도 있다. 하지만 인간에게는 욕망이 곧 하나님의 뜻은 아니다. 외부에서 들려오는 하나님의 말씀에 반응하여 욕망과 본능을 넘어설 수 있을 때 인간은 짐승과 구분되는 하나님의 형상자가 되는 것이다.

욕망의 화신, 선악과

이런 메시지는 유혹의 수단인 '선악과' 열매를 통해서도 확인된다. 다음은 선악과에 대한 성경 저자의 설명이다.

먹음직도 하고 보암직도 하고 지혜롭게 할 만큼 탐스럽기도 한 나무 창 3:6

랍비 포먼에 따르면, 선악과는 인간 욕망의 화신이다. 모든 종류의 인간 욕망이 선악과 열매 속에 들어 있다. 먼저 "먹기에 좋다"(토브 레마아칼)는 가장 기초적인 욕망 즉 육체적 욕구를 상징한다. "보기에 좋다"(타아바 하에나임)는 것은 예술적 욕구를 가리킨다. 마지막 "지혜롭게 할 만큼 탐스럽다"는 것은 지식에 대한 욕구를 의미한다. 이 세 가지는 저차원적 욕구에서 매우 고차원적 욕구까지 모든 인간 욕구를 대표한다. 예를 들어, 여섯 살짜리 아이도 사탕을 '먹고' 좋아할 수 있다. 하지만 아름다운 장미나 잘 지어진 건축물을 '감상할' 수 있게 되는 데는 많은 시간이 걸린다. 나아가 문학, 철학, 과학 등의 '학문'을 즐기는 것은 더 많은 시간이 걸린다. 먹음직하고 보암직하며 지혜롭게 할 만큼 탐스러운 선악과는 인간 욕망의 모든 단계를 가리킨다.

그렇다면 인간 욕구의 화신인 나무가 왜 "선악과"라는 이름으로 불릴까? 선악과라는 이름을 어떻게 이해해야 할까? 선악과의 정식 명칭은 "선악을 알게 하는 나무의 열매"(창 2:17)이다. 그 명칭을 문자 그대로 이해하면, 선악과는 인간에게 도덕적 분별력을 주는 좋은 나무처럼 보인다. 하지만 그 이름을 잘 분석해 보면 선악과를 먹는 것이 나쁜 이유, 그것을 먹으면 죽는다는 말의 의미, 나아가 선악과를 먹었을 때 선악을 아는 일에 하나님처럼 된다는 말의 참 의미가 무엇인지를 알게 된다.

선악과의 숨겨진 의미

선악과의 열매가 어떻게 특별했을까? 어떤 사람들은 선악을 알게 하는 나무의 열매에 어떤 마술적 힘이 있어 그것을 먹으면 선악을 아는 능력이 마술처럼 생겨난다고 추정한다.[19] 다른 사람들은 선악과 자체가 특별한 것이 아니라, 선악과를 금지한 명령이 그 나무를 특별하게 만든다고 주장한다. 하지만 랍비 포면에 따르면 선악과는 마법 걸린 나무도 아니며, 에덴 동산의 여느 다른 과실 중 하나도 아니다. 선악과의 명칭 속에 그 나무의 비밀이 숨어 있다. 랍비 포면은 선악과의 의미와 기능을 설명하기 위해 '선'과 '악'으로 번역되는 히브리어 단어들의 이중적 의미를 분석한다.

히브리어 '토브'는 "좋다"는 뜻과 "옳다"는 뜻을 모두 가진다. 히브리어 '라'도 "싫다"는 뜻과 "악하다"는 뜻을 가진다. 즉 선악은 때로는 옳고 그름, 때로는 좋고 싫음을 뜻한다. 하나님이 시험으로 금하신 나무의 이름이 '선악과'인 이유가 바로 여기에 있다. '선악을 알게 하는 나무'라는 이름 속에는 선악을 아는 방법이 포함되어 있다. 그 열매를 먹는 아담과 하와에게는 옳고 그름의 문제가 그들의 선호의 문제가 되어 버린다.

타락 이전에는 옳고 그름의 문제가 진리와 비진리의 문제

---

[19] 《하나님 나라의 서막》의 저자 메리데스 클라인에 따르면 아담과 하와는 선악과를 먹기 전에도 선악을 분별하는 능력을 가졌다고 주장하는데, 가만히 생각해 보면 그의 말이 참으로 옳다. 왜냐하면 아담과 하와는 선악과를 먹기 전에도 하나님의 명령을 어기는 것이 나쁘다는 것을 알고 있었기 때문이다. 선악과를 먹은 후에 선악을 분별하는 능력이 마법처럼 발생하는 것이 아니다.

였다. 즉 진리가 옳은 것이다. 진리가 아닌 것은 그릇된 것이다. 하지만 선악과를 먹은 인류에게는 옳고 그름의 문제가 개인의 선호의 문제가 되어 버렸다. 그렇다면 옳고 그름의 문제가 진리의 문제라는 말은 어떤 의미인가?

진리는 객관적인 것이다. 나의 주관적 세계 '밖'에 있는 것이다. 내가 좋아하든 싫어하든 진리는 진리다. 만약 옳고 그름이 진리와 비진리의 문제라면, 옳은 판단을 내리는 일은 무엇이 진리인지를 객관적으로 파악하는 일을 수반한다. 창세기 저자는 그 객관적 진리가 에덴 동산에서 울려 퍼지는 목소리, 우리는 하나님의 말씀이라고 말한다. 따라서 타락 이전에는 창조주가 내린 명령이 옳고 그름의 기준이었다. 아담과 하와는 그 명령에 대한 나의 선호 여부와 관계없이 순종하면 옳은 일을 한 것이다.

한편, 옳고 그름이 진리가 아닌 개인의 선호 문제로 환원되면 어떻게 되는가? 그것은 내 욕망이나 본능이 옳고 그름의 기준이 된다는 뜻이다. 타락 전에는 하나님의 뜻이 무엇인지 객관적으로 분명히 알 수 있었다. 내 욕망이 하나님의 뜻을 가리지 않았기 때문이다. 그래서 인간은 무엇이 진리인지 알고 그것을 선택할 수 있었다. 만약 그럼에도 불구하고 악을 선택한다면 그것은 의도적인 행위일 것이다. 하지만 타락 후에는 하나님의 진리가 무엇인지에 대한 선명함이 사라졌다. 자기가 원하는 것을 옳다고 판단하기 시작한 인간은 더 이상 욕망 밖에 존재하는 하나님의 진리를 볼 수 없다. 나아가 자기에게 좋은 것을 진리라고 생각한다.

선악을 알게 하는 나무라는 말 자체에 바로 변화된 진리관이 숨어 있다. 옳고 그름이 하나님의 진리의 문제에서 나의 선호의 문제가 된 것이다. 하나님의 말씀이 아니라 내가 원하는 것이 옳고 그름의 기준이 되었다. 선악을 알게 하는 나무가 인간에게 한 일은 인간이 옳고 그름을 판단할 때, 자기의 욕망을 기준으로 삼도록 만든 것이다. 즉 자기에게 선한 것이 옳은 것이고, 자기에게 나쁜 것은 옳지 않은 것이 되었다. 선악과를 먹기 전에는 인간이 욕망을 다스렸지만, 선악과 이후에는 인간은 그 욕망이 되어 버렸다. 즉 인간이 하나님의 뜻을 아는 일에 짐승과 똑같이 되어 버린 것이다.[20]

선악과 이야기를 통해 성경 저자가 던지는 화두는 '인간과 짐승의 차이가 무엇인가?'이다. 이에 대해 성경 저자는 인간은 동물과 달리 주관적 선호가 아니라 하나님의 말씀 혹은 객관적 사실에 근거해 옳고 그름을 판단하는 존재라고 대답한다. 인간에게 옳고 그름은 진리와 팩트의 문제이지, 개인의 선호에 근거한 진영의 문제가 아니다. 이것이 선악과 이야기가 들려주는 인문학적 교훈이다.

---

[20] 창세기 3장 22절에서 "이 사람이 선악을 아는 일에 우리 중 하나같이 되었다"라는 하나님의 말씀도 이런 맥락에서 이해할 수 있다. 하나님에게 선악의 문제는 선호의 문제이다. 하나님이 좋아하는 것이 선이고, 하나님이 싫어하는 것은 악이다. 하지만 인간이 선악을 아는 데에 하나님과 같이 되는 것은 결코 좋지 않다. 인간은 자신의 선호가 아니라 하나님의 말씀(=객관적 진리)에 근거해 옳고 그름을 판단해야 한다.

욕망은 버려야 하나?

지금까지 우리는 선악과 이야기에 대한 랍비 포먼의 해석을 살폈다. 선악과 이야기는 인간이 내면의 욕망보다 이성, 팩트, 하나님의 말씀을 우선시해야 하는 존재임을 가르친다. 그렇다면 성경은 욕망을 나쁜 것으로만 간주할까? 내 내면의 목소리, 특히 나의 욕구, 열정을 추구하는 것은 언제나 나쁜 것인가? 선악과 이야기를 잘 보면, 그렇지 않음을 알 수 있다. 선악과 금지 명령을 다시 보자.

> 여호와 하나님이 그 사람에게 명하여 이르시되 동산 **각종 나무의 열매는 네가 임의로 먹되** 선악을 알게 하는 나무의 열매는 먹지 말라 네가 먹는 날에는 반드시 죽으리라 하시니라 창 2:16-17

위에 인용된 구절에서, 선악과 금지 명령 전에 동산 모든 나무를 마음껏 즐기라는 명령이 나옴에 주목하라! 하나님도 인간의 욕구, 욕망, 열정을 인정한다. 인간의 욕구를 충분히 아시고 그것의 선기능을 인정한다. 열정 없는 인생은 생각하기만 해도 끔찍할 것이다. 열정, 욕구, 욕망이 인간 역사를 발전시킨 엔진이었다. 다만 성경은 그 욕구와 열정이 올바른 방향을 향해야 함을 말하고 있다. 즉 욕망이 이성과 말씀의 통제를 받아야 한다는 것이다. 이런 통제를 상징하는 것이 선악과 금지 명령이다. 따라서 이상적 인간은 욕망과 열정이 거세당한 채, 명령에만 순종하는 것이 아니라, 뜨거운 열정으로 말씀과 진리를 따라 사는 사람이다. 열정이 자동차의 엔진이라면, 진리와 말씀은 자동차의 조향장치라고 할 수 있다.

하나님이 아담과 하와를 에덴 동산에서 내쫓으실 때 마련해 주신 은혜의 방편에서도 '말씀'을 따라 사는 삶이 얼마나 중요한지 나타난다. 인간이 에덴 동산에서 나갈 때 하나님께 가죽 옷을 선물 받았다는 점은 유명하다. 이것은 신학자들에 의해 그리스도의 대속적 죽음에 대한 상징으로 이해된다. 하지만 가죽 옷 이외에도 또 하나의 선물이 있다. 그것은 생명 나무이다. 이 선물은 후대에 주기 위해 잘 보존되었다. 하나님은 에덴 동산 동쪽에 그룹들과 두루 도는 불 칼을 두어 생명 나무의 길을 지키게 한다. 여기에 언급된 이미지, 즉 그룹들이 지키는 생명 나무는 이후 그룹이 지키는 언약궤와 연결된다. 그리고 그 언약궤에 십계명의 두 석판이 들어 있었음을 생각하면, 생명 나무는 하나님의 말씀을 상징함을 알 수 있다. 하나님은 에덴 밖에서 살아야 할 인간들을 위해 예수 그리스도의 십자가 외에도 성경 말씀을 준비하신 것이다.

토론과 나눔을 위한 질문들

1. 에덴 동산 이야기에서 뱀은 인간처럼 말하고, 생각하고, 설득하며, 도구를 사용할 수 있는 존재로 묘사됩니다. 이런 뱀의 모습은 인간과 짐승의

경계를 흐리게 만들고, 인간만이 특별하다는 관념에 도전합니다. 오늘날에는 인공지능이나 정교한 로봇도 인간의 말과 행동을 모방할 수 있게 되었는데, 이런 존재들과 인간을 구별 짓는 결정적인 기준은 과연 무엇일까요? 인간다움이란 무엇이며, 그것은 단순히 기능이나 능력의 문제가 아니라면 어디에서 비롯되는 것일까요?

2. 창세기 3장에서 뱀은 하와에게 "하나님이 뭐라고 말씀하셨든 중요한 것은 너의 마음"이라는 메시지를 전달합니다. 이는 외부의 객관적 진리보다 내면의 욕망이나 감정이 더 중요한 기준이 될 수 있다는 주장으로 해석될 수 있습니다. 오늘날에도 '내가 느끼는 것이 진짜다', '나는 내 욕망대로 살 권리가 있다'는 식의 생각이 널리 퍼져 있는데, 여러분은 개인이나 사회적 이슈에 있어서 옳고 그름을 어떻게 판단하고 있는지 나누어 봅시다. 여러분의 판단에 영향을 미치는 요소들은 무엇인지 생각해 봅시다.

3. 선악과는 단순한 금지의 상징이 아니라, 인간의 욕망을 대표하는 상징물로 읽힐 수 있습니다. 성경은 욕망을 억제하고 제거해야 할 대상으로만 보지 않으며, 오히려 그것이 진리와 말씀에 의해 바르게 조절될 때 생명을 낳는 힘이 될 수 있다고 말합니다. 그렇다면 우리가 가지고 있는 욕망과 열정은 어떻게 다루어야 할까요? 모든 욕망을 억누르거나 무조건 따르는 것이 아니라면, 어떻게 인간의 욕망을 의미 있고 바람직한 삶을 위한 에너지로 전환할 수 있을까요?

3. 가인과 에서의 인생극장

우리 사회의 많은 사람들이 마음속에 분노를 품고 살아간다. 이 분노가 때때로 불특정 다수에게 폭력적으로 표출된다. 얼마 전 부산의 한 40대 남자는 사회가 자신을 받아주지 않는다고 분노하며 택시를 갈취하여 도심 한가운데서 광란의 질주를 벌여 여러 사람을 다치게 했다. 또한 울산에서는 한 20대 남자가 길 가는 여고생을 칼로 찔러 살해했다. 그 둘은 일면식도 없는 사이였다. 우리 사회에서 이런 뉴스는 더 이상 새로운 것이 아니다. 이런 불특정 다수에 대한 '묻지마 범죄'로 이어지는 분노는 왜 생기는 것일까? 개인의 병리적 일탈로 보기에는 우리 사회에 분노를 마음에 담고 사는 사람들이 너무 많다. 이 글에서는 가인과 에서의 상반된 이야기를 통해 분노의 문제에 대해 생각해 보려 한다.

가인의 불운: 하나님의 편애?

가인의 이야기를 읽을 때 가장 먼저 드는 질문은 하나님이 가인의 제사는 받으시고 아벨의 제사는 받지 않으신 이유일 것이다. 전통적으로 많은 설교가들과 학자들은 그 이유를 가인 개인이나 그의 제물에서 찾아 왔다. 즉 가인 자신이 문제적 인물이거나, 가인이 드린 제물 혹은 제사에 문제가 있다고 주장하는 접근법이다. 요한1서 3장 12절은 하나님이 가인의 제사를 받지 않은 원인을 가인에게서 찾는 듯하다.

가인 같이 하지 말라 그는 악한 자에게 속하여 그 아우를 죽였으니 어떤 이유로 죽였느냐 자기의 행위는 악하고 그 아우 행위는 의로움이라

한편, 가인의 제물에서 그 원인을 찾으려는 시도들도 흔하다. 예를 들어, 양의 첫 새끼의 가장 좋은 부분을 드렸던 아벨의 제사에 비해, 가인의 제물은 질이 떨어지는 것이었다는 주장, 혹은 가인의 제물이 저주받은 땅에서 나온 소산이기 때문에 하나님이 받지 않았다는 주장, 또는 가인의 제사에는 피 흘림이 없었기 때문에 하나님이 받지 않았다는 주장 등이 사람들 사이에 회자된다.

이 모든 해석들, 즉 가인이나 가인의 제사에서 그 원인을 찾는 것은 모두 하나님의 선택을 '정당화' 혹은 '합리화'하려는 변증적 동기에서 나온 것이다. 하나님이 가인의 제사를 받고 아벨의 제사를 받지 않았다면, 분명히 그 선택에 대한 정당한 이유가 있었을 것이며, 선택받지 못한 인간에게 그 책임이 있을 것이라는 생각이다. 그러나 만약 하나님의 선택을 정당화하지 않는 해석을 택하면 어떠할까? 즉 가인의 제사를 받지 않은 이유를 가인 개인의 결함이나 그 제물의 문제에서 찾는 것이 아니라 하나님의 편애―좀 더 경건히 표현하면 '신비적 섭리'―로 돌리는 것이다. 하나님이 어떤 공로적 행위에 근거해 아벨과 그 제사를 선택하시고, 가인과 그 제사는 선택하지 않은 것은 아니라는 접근법이다. 이런 입장을 취한 학자 중 하나가 영국더럼대학교 구약학 교수인 모벌리(R. W. L. Moberly)이다. 그는 "특별한 이유 없는 편애"(Motiveless favoritism), 이것이 가인과 아벨의 이야기를 푸는 열쇠라고 주장한다.[21]

모벌리에 따르면 하나님이 가인의 제사를 받지 않은 이유를 알 수 없다. 적어도 성경 저자는 그 이유를 우리에게 명시적으로 말해 주지 않기 때문인데, 그 의도는 무엇일까? 그것은 하나님이 가인의 제물을 받으시지 않은 특별한 이유가 없음을 말하기 위한 것이다. 이것을 가인의 입장에서 말하면, <u>하나님은 정당한 이유 없이 가인의 제물을 받지 않으신 것이다.</u> 즉 가인은 불공평의 피해자이다.

가인을 피해자를 넘어 영웅으로 이해하는 해석은 헤르만 헤세의 소설 《데미안》에서 가장 대중적인 형태를 가진다. 데미안은 그의 친구 싱클레어에게 가인 이야기를 죄와 벌의 틀로 설명하는 대신, 선악에 대한 전통적 이해를 넘어 주체적으로 결정하고 행동한 영웅 이야기로 해석한다. 이를 위해 그가 저

---

[21] 이 글에 사용된 모벌리 교수의 해석을 자세히 읽기 원하는 독자는 다음을 참고하라. R. W. L. Moberly, *The Theology of the Book of Genesis* (Cambridge: Cambridge University Press, 2009), 제4장.

지른 형제 살인을 은유적으로 이해한다. 즉 살인의 은유는 가인이 기성의 도덕을 거부하고 자신만의 삶의 방식을 택한 행위를 가리킨다. 가인이 받은 표지는 수치와 형벌이 아니라 힘과 개성의 상징이 된다. 데미안은 "가인이 그를 죽였기 때문에 표지를 받은 것이 아니라, 그는 이미 표지를 가지고 있기 때문에 사람들이 그를 두려워한 것이다"라고 말한다. 이런 해석이 많은 사람들의 공감을 받은 것은 가인이 애초에 신의 불평등의 피해자라는 느낌과 연관된다. 나아가 신에게 버림받은 상태는 많은 사람들의 인생 경험과 일치한다. 가인 이야기에 대한 모벌리의 해석도 가인이 불공평의 피해자라는 사실에서 출발한다.

가인과 에서: 신의 편애의 피해자들

하나님이 정당한 이유 없이 가인의 제물을 거절했다는 모벌리의 해석은 결코 불경건한 것이 아니다. 야곱 이야기에서도 우리는 불공평한 신의 선택(=신의 편애)이 중요한 모티브로 사용됨을 확인할 수 있다. 야곱이 도덕적으로 문제 있는 방식으로 에서로부터 축복을 빼앗았음에도 불구하고 야곱의 인생이 정당화되는 것은 하나님의 편애적 선택 때문이다. 야곱에 대한 하나님의 선택이 편애적이라는 사실은 야곱이 선택된 시점을 확인할 때 확실해진다. 창세기 25장 23절에 따르면 그것은 야곱과 에서가 아직 어머니의 태 속에 있을 때 발생했다.

여호와께서 그에게 이르시되 두 국민이 네 태중에 있구나 두 민족이 네 복중에서부터 나누이리라 이 족속이 저 족속보다 강하겠고 큰 자가 어린 자를 섬기리라 하셨더라

하나님의 선택이 그들이 태어나기 전에 이루어졌다는 말은 그 선택이 야곱이나 에서의 행위와 전혀 관계없다는 뜻이다. 즉 야곱이 무엇인가를 잘해서 선택된 것도, 에서가 무엇인가 잘못해서 선택받지 못한 것도 아니다. 그 선택은 하나님의 '모를 뜻'에 의한 것이고, 에서의 입장에서는 정당하지 못한 선택이다. 에서의 마음에 당연히 분노가 일어났을 것이다. 이 분노는 불공평에 대한 분노이다. 가인도 그가 특별히 악한 사람이었기 때문이 아니라, 그의 제사가 정당한 이유 없이 거절되고, 자신의 노력이 정당한 이유 없이 인정받지 못했다고 느꼈기 때문에 분노한 것일 수 있다.

모벌리는 이런 해석이 인간 실존의 경험과도 잘 일치함을 지적한다. 사람들이 모두 똑같은 출발점에서 인생을 시작하는 것은 아니다. 태어날 때부터 어떤 사람은 신의 선택을 받은 것 같고, 어떤 사람은 신의 선택을 받지 못한 듯하다. 예를 들어, 어떤 사람은 좋은 머리를 가지고 태어나고, 어떤 사람은 아무리 노력해도 안되는 머리를 가지고 태어난다. 어떤 여자는 예쁜 외모를 가지고 태어나고, 어떤 여자는 그렇지 못한 외모를 타고난다. 어떤 사람은 전쟁 중인 나라의 가난한 가정에서 태어나고, 어떤 사람은 평화로운 나라에서 부잣집 아들딸로 태어난다. 어떤 사람은 사랑하는 사람과 사랑에 빠지고, 어떤 사람은 늘 짝

사랑만 하게 된다. 어떤 사람은 평생 암에 걸리지 않는 체질로 태어나고, 어떤 사람은 아무리 노력해도 몹쓸 병에 걸리게 된다. 이처럼 어떤 사람은 다른 사람보다 인생에 있어 더 운이 좋아 보인다. 즉 신에게 선택받은 자처럼 보인다.

신의 선택을 받지 못한 사람들은 본능적으로 그 상황에 대한 답을 얻으려 한다. "왜, 내가 무슨 일을 했길래 그런 일을 당하지요?" 그러나 이런 불공평한 출발점들은 우리가 태어날 때 이미 결정되어 버리는 것이 많다. 즉 우리의 노력에 관계없이, 정당한 이유 없이 주어지거나 주어지지 않는 것이다. '신의 선택'을 받지 못한 사람들은 이유 없는 불공평에 대해 때로는 분노하고 때로는 좌절한다. "왜 나는 가난하게 태어났는가? 왜 나는 이런 외모를 가지고 태어났는가? 왜 나는 이렇게 일찍 몹쓸 병에 걸리는가?"

모벌리에 따르면 가인 이야기를 제대로 이해하기 위한 출발점이 하나님의 선택이 불공평한 것임을 인정하는 것이다. 그리고 그 이야기의 핵심은 그런 불공평에 대한 하나님의 처방과 가인의 반응과 관련 있다. 창세기 4장 5절은 불공평에 대한 가인의 일차적 반응을 이렇게 기록한다.

가인이 몹시 분하여 안색이 변하니…

이 구절이 기록하는 가인의 반응은 분노와 좌절이다. "안색이 변하니"로 번역된 히브리어 구절(바이펠루 파나브)은 "얼굴을 떨어뜨리다"로 직역될 수 있다. 이것은 좌절이나 실망을 표현하는 숙어이다. 개역개정의 번역 "안색이 변하니"는 이런 숙어적 의미를 오해한 번역인 듯하다. 5절에 기록된 가인의 감정인 분노와 좌절은 불공평한 대우를 받는다고 느끼는 사람들이 공통적으로 가지는 감정일 것이다.

하나님이 가르쳐 준 분노 대처법

그렇다면, 이렇게 분노하고 좌절하는 가인에게 하나님은 무엇이라고 말씀하시는가? 창세기 4장 7절에 하나님이 가인에게 가르쳐 준 분노 대처법이 기록되어 있다.

> **네가 선을 행하면** 어찌 얼굴을 들지 못하겠느냐 **선을 행하지 아니하면** 죄가 문에 엎드려 있느니라 죄가 너를 원하나 너는 죄를 다스릴지니라

하나님이 가인이나 그 제물의 결함 때문에 가인과 그 제물을 받지 않았다는 해석을 취하는 학자들은 7절의 두 조건문을 모두 과거로 해석한다. 다음의 표준 새번역은 바로 이런 경향을 반영한 것이다.

> **네가 올바른 일을 하였다면**, 어찌하여 얼굴 빛이 달라지느냐? **네가 올바르지 못한 일을 하였으니**, 죄가 너의 문에 도사리고 앉아서, 너를 지배하려고 한다. 너는 그 죄를 잘 다스려야 한다.

이런 번역은 가인이 "얼굴 빛"을 바꾸며 분노한 것이 "올바르지 못한 일"을 행했기 때문이라는 뉘앙스를 전한다. 그러나 개역개정의 번역이 암시하는 것처럼 히브리어 원문은 과거보다 현재나 미래의 상황을 지칭한다. 즉 하나님은 가인의 잘못을 꾸짖고 있는 것이 아니다. 오히려 불공평한 선택에 좌절하고 분노하는 가인이 나아갈 방향에 대한 조언을 주고 있는 것이다.

개역개정역에서 "네가 선을 행하면"이라고 번역된 히브리어 '임-테티브'(ʾim-tēyṭîb)는 "네가 (앞으로) 잘 하면"이라고 번역될 수 있다. 미국 복음주의표준역(ESV)은 그 구절을 바로 그렇게 번역한다. If you do well. "얼굴을 들다"라는 말은 앞서 설명한 "얼굴을 떨어뜨리다"와 반대되는 의미의 숙어이다. 후자가 실망과 좌절과 관련 있다면, 전자는 삶에 대한 의지와 관련 있다. 이것을 염두에 두고 7절의 첫 구절을 다시 번역하면 다음과 같다.

네가 (앞으로) 잘 하면 너에게도 반드시 얼굴 들 일이 생길 것이다!

하나님의 선택을 받지 못한 가인일지라도, 앞으로 가인이 어떻게 하는가에 따라 그의 인생이 결정될 것이라는 뜻이다. 가인이 "잘 하면", 지금은 푹 숙여진 얼굴이 곧 들려질 일이 있을 것이라는 권면이다. 하나님은 곧바로 반대의 경우에 대해 경고하신다.

네가 잘 하지 못하면, 죄가 네 주변에 매복하여 (틈만 나면) 너를 지배하려 할 것이다. 그러나 너는 그것을 다스려야 한다.

개역개정역에서 "문"이라고 번역된 히브리어 페타흐(petaḥ)는 사람이 지나다니는 '통로'라는 의미에 가깝다. 개역개정역에서 "엎드려 있다"로 번역된 히브리어 로베츠(rōbēṣ)는 먹잇감을 공격하기 위해 맹수가 매복하는 모양을 가리키는 단어다. 즉 "죄가 문에 엎드려 있다"는 말은 죄의 맹수가 가인을 집어삼키기 위해 그가 잘 다니는 길에 매복하고 있다는 뜻이다. 모벌리에 따르면, 그 죄의 맹수가 다름 아닌 분노이다. 가인이 "잘 하지 못하면" 그는 언제든지 분노라는 맹수의 먹잇감이 될 수 있다. 그러나 그 분노의 짐승이 매복지에서 나와 그 앞에 출현했다고 해서 희망이 없는 것은 아니다. 즉 모든 것이 끝난 것은 아니다. 왜냐하면 가인에게는 여전히 그 맹수와 싸워 이길 힘이 있기 때문이다. 그 맹수는 가인을 지배하려 하지만, 하나님은 가인에게 그 맹수를 다스리라고 권면하신다. 이 일은 매우 힘든 일이지만 불가능한 것은 아니다.

괴물이 되어 버린 가인

그러나 이후의 이야기가 보여 주듯이 가인은 그 분노의 맹수를 다스리지 못하고, 오히려 그 맹수가 자신을 삼키도록 허락해 버린다. 그리고 스스로 맹수가 된 가인은 그의 동생 아벨을 살해한다. 가인은 하나님의 불공평한 선택(편애)에 대해 분노하며, 무고한 사람을 살해함으로 세상에 더 큰 불공평을 만들어 버린다. 그가 느낀 불공평함이 정당화될 수 있는 것이라 해도, 그의 분노의 맹수가 만들어 낸 또 하나의 큰 불공평함은 절대로 정당화될 수 없다. 그는 아벨을 살해함으로써 공동체 내에 더 큰 불공평을 만들어 버렸다. 성경 저자는 가인이 만든 불공평의 크기를 땅에 떨어진 '아벨의 피 소리가 하늘에까지 닿았다'는 말로 표현한다. 그러나 신의 선택을 받지 못한 사람들이 모두 가인처럼 반응해야 하는 것은 아니다. 에서는 가인과 전혀 다른 길을 간 '불택자'이다.

에서의 인생: 선택받지 못해도 잘 살 수 있다!

에서는 태 속에서부터 선택받지 못했다. 분명 그가 선택받지 못한 것은 그가 무엇을 잘못해서가 아니다. 하나님의 신비한 섭리 외에는 그것을 정당화할 수 있는 것은 없다. 에서의 입장에서는 분명 억울한 일이다. 뿐만 아니라, 동생 야곱은 부도덕한 방법, 즉 속임수로 자신에게서 하나뿐인 장자의 축복을 빼앗아 갔다. 에서가 뒤늦게 "내 아버지여 아버지가 빌 복이 왜 하나밖에 없지요?"라고 울며 물어보지만, 대답은 고사하고 여전히 모를 이유로 저주까지 듣게 된다. 가인과 달리, 에서는 야곱을 미워할 정당한 이유를 가진 듯하다. 성경은 에서에게 야곱을 죽일 마음까지 생겼다고 보고한다(창 27:41). 즉 분노의 맹수가 에서 앞에 출현한 것이다. 이것을 눈치챈 야곱은 어머니 리브가의 조언대로 하란으로 도망가 버린다.

성경 저자는 이때부터 택자 야곱의 인생을 추적하여 우리에게 들려주지만, 우리는 신에게 버림받은 에서가 그 후 어떤 삶을 살았는지 몇 가지 단서를 통해 추측할 수 있다. 야곱이 하란의 생활을 정리하고 다시 가나안 땅으로 돌아왔을 때 에서는 400명의 수행원을 이끌고 그를 맞아준다. 누군가가 사랑하는 가족을 맞이하기 위해 400명의 수행원을 동원할 수 있었다면 그는 매우 큰 부자이거나 한 지역의 왕이었을 것이다. 이에 근거해 일부 학자들은 당시 에서가 에돔 지역에서 왕국을 이루었다고 주장한다.

하나님과 아버지 이삭에 의한 불공평한 처우에 대한 분노나 좌절에 사로잡혀 살았더라면 에서는 그렇게 성공할 수 없었을 것이다. 에서는 "네가 잘 하면 얼굴 들 날이 올 것이다"라는 하나님의 말씀을 진지하게 받았던 것 같다. 에서는 축복을 빼앗긴 후의 인생을 잘 가꾼 것 같다. 에서와 야곱의 감동적인 조우 장면에서 우리는 에서가 불공평에 대한 분노와 좌절, 동생에 대한 미움도 이미 오래전에 떨쳐 버렸음을 알 수 있다.

에서가 달려와서 그를 맞이하고 안고 목을 어긋맞추어 그와 입맞추고 서로 우니라 창 33:4

에서는 그의 앞에 나타났던 분노의 맹수를 잘 다스렸다. 한편 이전의 감정에 여전히 매여 있던 쪽은 야곱이었다. 야곱은 에서가 400명의 "사람"을 이끌고 오고 있다는 보고를 받고 크게 두려워한다. 에서가 여전히 자신을 죽이려 한다고 생각한 것이다. 그러나 성경 본문에는 에서와 그와 함께한 400명의 사람이 싸울 의도를 가지고 온다는 힌트가 전혀 없다. 야곱 속의 두려움이 400명의 환영단을 자신을 죽이러 오는 군대로 바꾸어 버린 것이다. 야곱이 얍복 강에서 하나님과 씨름해 얻은 것은 '에서의 변화'가 아니라, '야곱 자신의 변화'이다. 이것은 하나님이 야곱의 이름을 "교활한 자"에서 하나님의 통치를 의미하는 "이스라엘"로 바꾸어 주었다는 사실에서도 분명하다.

이처럼 에서는 한때 그 앞에 출현한 분노의 맹수를 잘 다스렸다. 그리고 선택받지 못했다는 사실에 좌절하지 않고 자신의 인생을 잘 가꾸었다. 비록 신의 선택을 받지 못한 자의 삶이지만, 그는 야곱을 용서하고 그와 화해함으로 '불공평-분노-더 큰 불공평'의 악순환을 끊어 버렸다. 가인과 달리 에서는 하나님의 권면대로 분노라는 짐승을 완벽히 다스린 예라고 말할 수 있다.

불공평한 삶일지라도···

우리가 삶을 살면서 부정할 수 없는 현실은 어떤 사람은 더 운이 좋고, 어떤 사람은 그 운을 타고나지 못했다는 것이다. 달리 말하면 어떤 사람은 신에 의해 선택되었고 다른 사람은 선택받지 못한 듯이 보인다. 인생에서 중요한 것들이 처음부터 불공평하게 분배되어 있다. 우리도 때로는 불공평한 인생에 대해 화가 나고, 좌절감에 얼굴을 떨구어 버리고 싶어진다. 뿐만 아니라 우리의 사회가 여러 면에서 불공평하다고 느껴질 때도 있다. 자신이 특별히 남보다 못한 것이 없음에도 불구하고 '자원의 부족으로' 선택받지 못하는 박탈감이 크다. 언제나 경쟁에서 이겨야 한다는 강박감이 강하다. 우리도 에서처럼 "한국 사회여, 왜 나누어 줄 복이 하나밖에 없나요?"라고 외치고 싶어진다. 기회만 주어지면 그 일을 잘 해낼 능력이 있는 사람일지라도, 경쟁에서 밀렸다는 이유로 그 기회조차 부여받지 못하는 경우가 허다하다. 특정 대학에 못 들어간 청년들, 특정 기업에 취직 못한 청년들, 아무리 일해도 가난할 수밖에 없는 청년들, 모두 불공평한 사회에 대한 분노와 좌절감을 가지고 살아간다.

불공평에 대한 분노를 품고 사는 많은 우리 형제자매들에게 가인과 에서의 이야기가 주는 교훈은 무엇일까?

첫째, 많은 한국인들이 막연히 느끼는 분노가 어느 정도 정당화될 수 있다는 사실이다. 가인이나 에서처럼 많은 한국 사람들이 정당한 이유 없이 신이나 사회의 선택을 받지 못했다고 느낀다. 그리고 앞서 설명한 것처럼 실제로 그런 면을 전혀 부정할 수 없다.

그러나 둘째, 우리가 느끼는 불공평함이 정당화될 수 있는 감정일지라도, 즉 우리의 분노가 사회의 불공평한 구조에 기인한 것일지라도, 그 분노가 내가 속한 공동체에 더 큰 불공평을 만드는 방식으로 표출되어서는 안 된다는 것이다. 가끔 분노의 맹수가 우리 앞에 출현한다 해도, 절대로 그 맹수에 우리를 내어주어서는 안 된다. 불특정 다수에 대한 범죄나 특정 지역, 특정 사람들에 대한 무조건적인 증오는 절대로 정당화될 수 없다.

셋째, 에서처럼 그 분노의 맹수를 잘 다스려, 시기와 분열, 불공평의 악순환을 용서와 나눔의 선순환으로 바꾸어야 한다. 우리는 대개 불공평한 상황 속에서 살아간다. 따라서 분노의 맹수는 늘 우리 곁에 매복하고 있다. 때로는 그 추한 모습을 드러내기도 한다. 그러나 우리는 그 맹수를 다스려야 하고 우리에게는 그럴 능력이 있다.

토론과 나눔을 위한 질문들

1. 가인처럼 우리는 분명한 이유 없이 불공평한 대우를 받는다고 느낍니다. 어떤 사람은 노력보다 운이 좋은 것 같고, 어떤 사람은 태어날 때부터 기회를 갖지 못한 채 살아갑니다. 이런 삶의 불공평함 앞에서 우리는 분노나 좌절에 빠지기 쉽습니다. 각자가 경험하고 있는 불공평한 상황에 대해 나누어 봅시다.

2. 가인과 에서는 모두 신의 선택을 받지 못한 사람으로 묘사되지만, 그 이후의 삶은 매우 다르게 전개됩니다. 가인은 분노에 휘둘려 파괴적인 길을 택했고, 에서는 자신의 삶을 가꾸고 형제와 화해하는 길을 걸었습니다. 똑같이 억울하고 분한 상황에서도 왜 어떤 사람은 증오에 빠지고, 어떤 사람은 그것을 이겨 낼 수 있을까요?

3. 성경은 불공평한 선택이나 결과 자체를 문제 삼기보다, 그런 현실 앞에서

인간이 어떤 선택을 하느냐에 주목합니다. 현대 사회에서도 우리는 경쟁과 비교 속에서 불공정한 구조를 체감하며 살아가지만, 그렇다고 해서 모든 좌절과 분노가 정당한 행동의 근거가 되는 것은 아닙니다. 그렇다면 우리가 공동체 속에서 불공평함을 마주할 때, 그것을 더 큰 불공정으로 확대하지 않으면서도 스스로를 지키고, 의미 있는 삶을 살아가기 위해 어떤 선택을 해야 할까요?

4. 당신이 몰랐던 청년 사울

왕이 되기 전의 사울을 우리는 "청년 사울"로 부를 수 있을 것이다. 왜냐하면 사무엘서 저자는 그를 처음 소개할 때 준수한 "소년"(히브리어 '바후르')이라 칭하기 때문이다(삼상 9:2). 왕이 되기 전 청년 사울에 대한 사료는 많지 않다. 사무엘상 9장과 여기저기 분산된 몇몇 성경 구절들이 청년 사울에 관한 전부이다. 따라서 우리가 할 수 있는 최선은 성경 본문에 대한 정독과 그 배경에 대한 역사적 이해를 통해 청년 사울의 모습을 상상해 가는 것이다. 이를 통해, 우리는 왕이 되기 전의 사울이 어떤 성품의 소유자였으며, 어떤 삶의 고민을 가지고 살아갔는지 등을 알게 될 것이다.

부유한 가정 환경

먼저 사울의 기본적인 인적 사항부터 알아보자. 사무엘상 9장 1-2절에 따르면 그는 베냐민 지파 사람이다. 좀 더 구체적으로 말하면 베냐민 지파의 마드리 가문에 속한 사람이다(삼상 10:21

참조). 마드리 가문은 사울의 가문이라는 점을 제외하면 알려진 바가 전혀 없지만 "마드리"가 우기(rainy season)를 뜻한다는 점은 마드리 가문이 '유력'하게 된 배경을 암시한다는 점에서 흥미롭다. 우기와 농업의 밀접한 상관관계는 차치한다 해도, 당시 농업이 지배적 핵심 산업이었음을 고려하면 마드리 가문의 부는 잉여 농산물에서 생겨났을 것이 분명하다. 사울의 아버지 기스는 소를 가지고 밭을 갈아야 할 정도로(삼상 11:5) 넓은 토지를 소유한 부농이었다. 사울도 생계형 노동에서 벗어나 유복한 환경에서 자랐을 것이다. 이것은 그가 개인의 생존보다 큰 가치의 문제에 관심을 가질 수 있게 했을 것이다. 다음의 내용에서 분명히 알 수 있듯 왕이 되기 전 사울은 이스라엘 공동체의 운명에 문제의식을 가지고 고민하던 청년이었다.

블레셋 치하의 기브아

사울이 기브아에 거주했다는 사실도 청년 사울의 인물 형성에 중요한 역할을 한다. 사울과 관련해 이 사실이 중요한 이유는 당시 기브아에 블레셋 군대가 주둔하고 있었기 때문이다. "그 후에 네가 하나님의 산에 이르리니 그곳에는 블레셋 사람들의 영문이 있느니라"(삼상 10:5). 주요 교역로에 위치한 기브아는 이스라엘의 영토임에도 불구하고 사사 시대 말에 블레셋 군인들이 그곳을 실효 지배하고 있었던 것 같다. 블레셋 군인들은 교역로를 통제하는 동시에 자국에 필요한 자원을 약탈을 통해 조달하였다. 사울은 블레셋 군인들의 약탈과 억압을 자주 목격했을 것이다. 그리고 언약 백성이 약속의 땅에서 고통과 억압 가운데 사는 현실에 대해 고민했을 것이다. 만약 사무엘상 4장 12절에 등장하는 "베냐민 사람"이 사울이었다는 랍비들의 해석이 옳다면,[22] 우리는 사울이 과거 블레셋과의 전쟁에도 참여했음을 추정할 수 있다.

그런 사울이 블레셋 군인들이 자신의 마을 사람들을 위협하는 모습을 바라보았을 때 어떤 심경이 들었을까 상상해 보자. 비유하자면 기브아는 일제강점기에 조선총독부가 있었던 경성부와 같은 곳이라 할 수 있다. 일제 총독부 건물을 바라보면서 민족의 운명을 아파했던 조선의 애국 청년들처럼, 사울도 기브아에 설치된 블레셋의 주둔 기지를 바라보면서 민족의 미래에 대한 가슴 아픈 기도를 이어 가지 않았을까?

준수한 외모와 성품

한편, 사무엘서 저자는 청년 사울의 외모를 비교적 자세히 적는다. "(사울은) 준수한 소년이라 이스라엘 자손 중에 그보다 더 준수한 자가 없고 키는 모든 백성보다 어깨 위만큼 더 컸더라"(삼상 9:2). 오늘날과 마찬가지로 고대 사회에서도 지도자의 외모는 그의 자질을 가리는 중요한 척도였다. 사울의 훤칠한 키

---

[22] P. Kyle McCarter, *1 Samuel: A New Translation with Introduction, Notes, and Commentary* (New Haven: Yale University Press, 1980), 113.

와 준수한 외모는 사울의 리더십에 대한 긍정적 지표로 작용한다.[23] 외모에 대한 묘사를 통해 사무엘서 저자는 당시 이스라엘인들이 품었을 사울에 대한 기대를 암시하는 듯하다.

사울의 잘생긴 외모와 관련된 에피소드도 성경에 기록되어 있다. 사울이 아버지의 도망간 나귀를 찾으러 다니던 중 도착한 숩(라마의 다른 이름)이라는 마을 입구에서 발생한 사건이다. 사울은 그 마을 입구 우물가에서 물을 긷던 여인들에게 말을 걸기 시작한다.

사울 선견자가 어디 있습니까? 삼상 9:11

여인들 있나이다. 보소서 그가 당신보다 앞에 갔으니 서두르소서. 그는 오늘 성에 들어오셨습니다. 오늘 산당에서 마을 제사가 있습니다. 당신들이 성읍으로 들어가면 그가 먹으러 산당에 올라가기 전에 그를 만날 것입니다. 그가 오기 전에 백성들이 먹을 수 없습니다. 그가 제물을 축복한 후에야, 초대받은 자들이 먹을 수 있습니다. 지금 올라가소서, 바로 그를 만날 수 있을 것입니다.
삼상 9:12-13

이 대화에서 재미있는 것은 사울의 간단한 질문에 대한 여인들의 대답이 지나치게 길고 장황하다는 것이다. 어떤 내용들은 TMI(too much information)에 가깝다. 성경의 이야기 장르의 특징은 간결성이다. 즉 불필요한 반복을 피하고, 이야기 전개상

---

[23]   보다 자세한 내용은 필자의 주석을 참조하라. 김구원, 《사무엘상》(서울: 홍성사, 2016).

꼭 필요한 내용만을 전달하는 것이 성경 이야기의 문체적 특징인데, 여인의 긴 대답은 이런 문체적 특징과 잘 조화되지 않는다. 더구나 이 여인들이 이후의 이야기에서는 완전히 사라진다는 점에서 여인들의 장황한 대답은 더욱 이상하다. 어떤 학자에 따르면, 12-13절에 기록된 여인들의 장황한 대답은 한 여인이 아니라 여러 여인들이 경쟁하듯 대답한 내용들을 그대로 기록한 것이다. 만약 이런 해석이 옳다면 다음과 같은 상황을 상상할 수 있다. 지금 크고 잘생긴 청년이 동네 앞에 와 있다. 준수한 외모의 사울은 물을 긷던 아낙네들의 즉각적인 호감을 이끌어 낸다. "선견자가 어디 있습니까"라는 사울의 간단한 질문에 여인들은 선견자에 대해 그들이 알고 있는 것을 모두 경쟁하듯 끄집어 낸다. 이것은 청년 사울의 잘생긴 외모에 대한 재미있는 에피소드가 된다.

사울은 마음도 착한 청년이었다. 그의 선한 마음씨는 아버지에 대한 순종적 태도에서 잘 예증된다. 집에서 키우던 가축들이 '가출'했을 때 기스는 사울에게 "너는 일어나 … 암나귀를 찾으라"(삼상 9:3)고 명령한다. 사울은 아버지 말씀에 두말없이 순종한다. 그리고 베냐민 지역과 에브라임 지역을 두루 다니며 성실히 그 임무를 감당한다(삼상 9:4). 이런 사울의 모습은 당시 지도층 자녀들의 타락과 크게 대조된다. 엘리의 두 아들들은 하나님의 제물을 도적질했을 뿐 아니라(삼상 2:12-16) 성전에서 일하는 여인들을 범했다(삼상 2:22). 사무엘의 두 아들들도 뇌물을 받아 백성들의 원성을 샀다(삼상 8:2-3). 엘리와 사무엘의 아들과 대조적으로 사울은 아버지의 뜻을 받든 순종의 아들이었다. 뿐만 아니라, 자신보다 아버지를 더 염려할 줄 아는 마음도 가졌다. 도망간 암나귀를 찾아 집을 나선 지 3일째 되던 날 다음과 같이 말한다. "돌아가자. 내 아버지께서 암나귀 생각은 고사하고 우리를 위하여 걱정하실까 하노라"(5절). 이것은 자신의 몸을 잘 돌봄으로써 부모의 심려를 끼치지 않는 것이 효라는 효경의 구절을 떠올리게 한다.

사울의 단점

지금까지 우리는 사울에 관한 긍정적인 지표들은 살펴보았다. 하지만 성경 본문에는 사울에 대한 부정적인 면들도 기록되어 있다. 즉 사울의 비극적 결말을 잘 아는 성경 저자는 사울의 미래를 암시하는 힌트들도 본문에 심어 놓았다.

첫째, 성경 저자는 사울의 아버지 기스가 베냐민 지파 사람임을 두 번씩이나 강조한다. "베냐민 지파에 기스라 이름하는 유력한 사람이 있으니 그는 아비엘의 아들이요 스롤의 손자요 베고랏의 증손이요 아비아의 현손이며 베냐민 사람이더라"(삼상 9:1). 사사 시대 말의 베냐민 지파는 이스라엘의 영적 혼돈과 도덕적 타락을 가장 극명하게 보여 주는 예이다. 특히 기브아에 살던 베냐민 사람들은 레위인의 첩을 윤간하고 살해한 자들이었다. 비록 그 때문에 혹독한 대가를 치렀지만 베냐민 사람들의 나쁜 평판은 성경 역사 전체에 이어진다.

둘째, 사울의 준수한 외모는 이후 이야기 전개에서 사울의 비극적 운명을 암시하는 문학적 복선으로 기능한다. 먼저 사울의 큰 키로 번역된 히브리어 '가보아'(gābōaḥ)는 한나의 찬양시(삼상 2:1-10)에서 하나님의 심판을 받는 "교만"과 언어적으로 연결된다(3절). 사울의 잘생긴 외모도 다윗이 기름 부음을 받는 장면에서 잘못된 인간의 선택과 연관되어 언급된다. "여호와께서 사무엘에게 이르시되 … 사람은 외모를 보거니와 나 여호와는 중심을 보느니라 하시더라"(삼상 16:7).

마지막 셋째, 사무엘상 9장 5-10절에 기록된 사울과 사환 사이의 대화도 사울의 리더십에 대한 부정적 평가를 포함한다.

사울 돌아가자. 아버지께서 나귀는 고사하고 우리를 걱정하실 것이다.
사환 마침, 근처 성읍에 선견자가 하나 있습니다. 그에게 물어봅시다.
사울 우리에게는 선견자에게 드릴 것이 없구나!
사환 마침 저에게 은 4분의 1 세겔이 있습니다. 그걸 드리고 "어디로 가야 할지" 물어봅시다.
사울 네 말이 옳다. 그리하자.

성경 이야기에서 등장인물의 첫 대사는 그 인물의 성격을 암시하는 경우가 많다. 사울의 첫 대사는 "돌아가자"이다. 그 말을 통해 추정할 수 있는 사울의 성격은 무엇일까? 사울은 우유부단한 사람처럼 보인다. 추진력도 부족해 보인다. 이런 사울의 성격은 대화의 주도권을 사환이 잡고 있다는 사실에서도 암시된다. 선견자에게 물어보자고 먼저 제안한 것도 사환이고 헌물이 없다고 걱정하는 사울에게 자신이 가진 은 4분의 1 세겔을 헌물로 제공한 것도 사환이다. 나아가 선견자에게 물어야 할 질문도 사환의 입에서 나온다. 사환의 제안을 들은 사울은 단지 "네 말이 옳다"고 대답할 뿐이다.

이런 힌트들이 암시하는 부정적 덕목들은 사울이 왕이 된 후 하나씩 표출된다. 하지만 사울에 대한 부정적 복선들이 청년 사울의 순수성을 상쇄하지는 않는다. 성경 저자는 하나님의 관점에서, 혹은 전지적 관점에서 이야기를 풀어 가기 때문에 미래 일을 복선으로 본문에 남길 수 있지만 그 때문에 우리가 사울의 청년 시절의 인격이나 성품을 부정적으로 볼 필요는 없다. 사무엘상 9장에 묘사된 청년 사울의 모습은 긍정적이다. 다시 청년 사울에 대한 성경 본문으로 돌아가 보자.

사무엘과 청년 사울의 예비된 만남 (삼상 9:11-21)

암나귀를 찾는 데 실패한 사울은 사환의 말대로 사무엘이 머무는 성읍으로 이동한다. 그리고 그 성읍 밖 우물가에서 여인들을 만난다. 그 여인들과의 대화를 통해 사무엘의 행방을 확인한 사울은 서둘러 성문으로 진입하는데, 그때 마침 산당에 가기 위해 성밖으로 나오는 사무엘과 처음으로 대면한다. 며칠 전 계시를 통해 사울이 올 것을 기다리고 있던 사무엘(15-17절)은 "선견자의 집이 어디입니까"(18절)라고 묻는 사울에게 자신이 그 선견자임을 밝힌 후, 다음과 같이 덧붙인다.

너는 내 앞서 산당으로 올라가라 너희가 오늘 나와 함께 먹을 것이요 아침에는 내가 너를 보내되 **네 마음에 있는 것**을 다 말하리라 삼상 9:19

사울이 사무엘을 찾아간 표면적 이유는 도망간 암나귀의 행방을 묻기 위함이다. 이런 관점에서 보면, 여기에서 "네[사울의] 마음에 있는 것을 다 말하리라"는 말은 사무엘이 내일 아침에 암나귀의 행방을 알려 주겠다는 뜻으로 해석된다. 그러나 이런 해석은 곧 잘못된 것으로 밝혀진다. 왜냐하면 20절에서 사무엘은 암나귀의 행방을 사울에게 곧바로 말해 주기 때문이다.

사흘 전에 잃은 네 암나귀들을 염려하지 말라 찾았느니라

이미 사울이 찾던 암나귀들은 아버지의 집으로 돌아간 상태다. 그렇다면 사무엘이 사울에게 말한 "네 마음에 있는 것"은 도대체 무엇을 가리키는가? 도망간 암나귀 이외에 사울의 마음을 차지하고 있던 문제는 무엇이었을까? 이에 대한 답을 이해하려면 다음 날 아침 사무엘이 사울에게 어떤 메시지를 주었는지 살피면 된다. 사무엘상 10장 1절에 따르면 다음 날 아침 사무엘은 사울에게 기름을 부으면서 다음과 같은 내용의 메시지를 전한다. "하나님이 이스라엘 민족의 고통을 보셨고 사울 왕을 통해 그들을 블레셋의 손에서 구원하실 겁니다."[24] 즉 민족의 문제에 대한 하나님의 공감과 해결책이다. 그렇다면 전날 사무엘이 말해 주겠다고 하는 "네(사울의) 마음에 있는 것"도 결국 민족의 문제였음을 짐작할 수 있다.

이것은 청년 사울이 평소 어떤 고민 가운데 살아갔는지를 단적으로 암시한다. 사울은 이스라엘의 마을들을 점령하고 억압하는 블레셋 군인들을 보면서 하나님이 왜 이스라엘의 고통을 돌아보지 않는지 기도하던 자였다. 그런 상황에서도 자기 소견에 옳은 대로 행하는 이스라엘 사람들을 보면서, 어떻게 하면 이스라엘인들이 선민으로서의 자존심과 축복을 회복할 수 있을지 고민했다. 청년 사울은 단순히 착한 효자가 아니라 동족의 고통을 보고 함께 아파한 신앙 깊은 애국자였다.

사무엘과 밀도 있는 교제 (삼상 9:22-25)

사무엘은 계시를 통해 왕이 될 후보자 사울이 방문할 것임을 미리 알고 있었다. 그는 하나님이 택하신 사울(9:16)의 자질을 검증하기 위한 자리를 마련했다. 어떤 분들은 하나님이 민족의 지도자로 계시해 준 사울을 따로 검증할 필요가 있을까라고 궁금해할 수 있다. 하지만 구약 성서에서 하나님의 계시는 대부분의 경우 인간의 합리적 판단과 함께 창발한다는 사실을 기억하자. 어떤 것이 계시로 주어졌다고 해서 이성적 판단을 유보하고 받

---

[24] 이 번역은 칠십인역(Septuagint, LXX)을 참고한 것이다. 다음은 사무엘상 10장 1절에 대한 ESV의 번역이다. "이에 사무엘이 기름 병을 가져다가 그의 머리에 붓고 그에게 입 맞추며 이르되, '여호와께서 그대를 그의 백성 이스라엘 위에 지도자로 기름 부으시지 아니하셨느냐? 그대는 여호와의 백성을 다스릴 것이며, 그들을 둘러싼 원수들의 손에서 구원할 것이니라. 여호와께서 그대를 그의 기업 위에 지도자로 기름 부으셨다는 표적이 이것이니라.'"

아들이는 것은 절대로 성경적이지 않다. 사무엘의 행동이 바로 이 점을 예증한다.

사무엘은 산당 위에서 공동 식사를 준비했다. 사울이 이 연회의 '주빈'이고 30명의 '내빈'도 아울러 초청되었다. 사무엘은 사울을 상석에 앉혔을 뿐 아니라 며칠 전부터 준비한 특별식을 제공함으로, 그를 예비 왕으로서 충분히 예우한다. 또한 식사 자리에 초청받은 손님들의 수 '삼십'은 이후 이스라엘 왕들이 거느린 왕궁 친위대(royal bodyguard)의 숫자와 일치한다. 이런 관점에서 산당 위에서의 공동 식사를 회고하면, 그것은 미래의 왕, 그와 협력할 선지자, 그리고 그의 친위대가 처음 상견례 하는 자리였다고 해도 과언이 아니다. 특히 선지자 사무엘은 그 식사 교제를 통해 왕이 될 사울을 처음으로 자세히 관찰할 기회를 가졌을 것이다. 비록 하나님께서 사울을 왕으로 세우라고 명하셨지만 사무엘도 자신과 평생 동역할 왕의 후보를 직접 보고 그가 어떤 사람인지 알고 싶어 했을 것이다. 나아가 사울이 정말 통치할 자질이 있는지 검증하고 싶었을 것이다.

공동 식사가 끝난 후 사무엘과 사울은 산당에서 내려와 마을에 있는 사무엘의 집으로 간다. 그곳에서 그 둘은 밤늦도록 이야기를 나눈다(25절).

그들이 산당에서 내려 성읍에 들어가서는 사무엘이 사울과 함께 지붕에서 담화하고

산당에서의 교제 후 사울과 더 깊은 대화를 나눌 필요가 있었다고 느낀 사무엘은 사울을 그의 집으로 모신 후 지붕 위에서 밤늦도록 담화한다. 때는 여름이었던 같다. 그들은 여름 밤의 더운 실내를 피해 서늘한 지붕에서 못다 한 이야기를 이어간다. 사울과 사무엘은 오늘 처음 만난 사이다. 그들 사이에 무슨 할 말이 그리 많았을까? 공식 만찬에서 나눈 대화도 모자라, 지붕 위에서 밤늦도록 대화를 나눈 이유는 무엇일까? 긴 대화의 여운이 여전히 남아 있는 다음 날 아침 사무엘은 사울에게 기름 붓고 그에게 왕의 사명을 선포한다. 이것은 그 둘이 전날 밤 심각하게 나눈 대화가 다름 아닌 소위 "나라의 일"(삼상 10:16)에 관한 것임을 보여 준다.

여기서 우리는 사무엘과 밤늦게까지 담화한 청년 사울의 깊은 영적 '내공'을 엿볼 수 있다. 당시 이스라엘은 유례없는 영적, 도덕적 혼란을 겪고 있었다. 레위인들을 포함한 모든 이스라엘 사람들이 말씀이 아닌 자기 소견에 옳은 대로 살았다. 그 중 사울의 고향 기브아에 살던 베냐민 사람들이 가장 악했다(삿 19장 참조). 하나님이 블레셋의 억압을 허락했던 것도 이런 영적 혼란과 관계있었던 것 같다. 하지만 어둠이 가장 깊었던 기브아에서 하나님이 빛을 내셨다. 그곳에 민족의 상황을 아파하는 청년 사울이 있었다. 사울은 블레셋 군인들의 약탈과 억압을 보면서 이 민족 가운데 하나님의 통치가 어떻게 다시 회복될 수 있을까 고민했던 청년이었다. 그때 사울은 동일한 고민을 하는 선지자 사무엘을 만난다. 그 둘은 곧 서로의 영혼이 통함을 느꼈다. 민족을 향한 고민과 기도가 유사함을 깨달았던 것이다. 그리고 지붕 위에서 밤늦도록 그 땅에 하나님의 통치를 회복시키는 방법에 대해 이야기했던 것 같다. 앞으로 이스라엘 민족이 가야 할 길이 무엇인지를 함께 고민했던 것이다.[25]

아프니까 청년이다!

사무엘서 저자는 고민하는 사울을 "청년"(히브리어 '바후르')으로 부른다. 하지만 엄밀히 말하면 사울이 왕이 되었을 때의 나이가 사십 세임을 고려하면(삼상 13:1) 사무엘과 독대할 때의 사울은 이미 청년의 나이를 훌쩍 넘겼을 것으로 추정된다. 이미 결혼하여 장남 요나단이 곧 성년을 맞을 때였다. 그럼에도 불구하고 사무엘서 저자가 그런 사울을 "청년"이라고 부른 이유는 무엇일까? 그것은 "청년"이 육체의 나이가 아니라 시대를 향한 영적인 감수성으로 정의되기 때문은 아닐까? 즉 청년은 시대의 아픔과 공동체의 죄악을 보고 가슴 아파하는 영적 감수성을 가진 자이다. 이런 의미에서 사울은 청년이었다. 나이가 아무리 어려도 자신의 이기적 세계에 갇혀 사는 사람은 청년이 아니다. 그러나 사울처럼 민족을 염려하고, 하나님의 의로운 통치가 자신이 속한 사회에 임하기를 갈구하며 사는 사람은 언제나 청년인 것이다. 왕이 되기 전의 사울은 적어도 이런 의미에서 청년이었던 것이다.

---

[25] 이런 관점에서 사울과 사환의 대화를 다시 읽으면, 새로운 의미를 얻을 수 있다. 6절에서 사환은 선견자에게 가면 그가 "우리가 갈 길"을 가르쳐 줄 것이라고 말하는데, 사환이 의도한 표면적 의미는 '도망간 당나귀의 행방'이지만, 이야기 전개상, '이스라엘 민족이 나아가야 할 길'이라는 은유적 의미도 가질 수 있다.

토론과 나눔을 위한 질문들

1. '청년'이 신체적 나이가 아니라 이웃과 공동체의 고통에 대한 영적 민감성으로 정의된다면, 30대 후반의 사울도 분명 청년이라 할 수 있습니다. 그는 이스라엘 민족의 고통을 가슴 아파했기 때문입니다. 오늘날 청년으로서 우리가 고민해야 할 이웃과 공동체의 아픔은 무엇이라고 생각합니까?

2. 사울은 부유한 환경에서 자라 생계의 부담 없이 공동체와 민족의 문제를 고민할 수 있었습니다. 이는 곧 '고통을 느낄 여유'가 있다는 뜻이기도 합니다. 물질적 여유와 영적인 민감성 사이에는 어떤 관계가 있다고 볼 수 있을까요? 오늘날 청년들도 사울처럼 공동체를 위한 깊은 고민을 하기 위해서는 일정한 경제적 안정이 전제되어야 하는 걸까요, 아니면 오히려 고통과 부족이 더 강한 사회적 감수성을 만들어 낼 수 있을까요?

3. 사무엘과 사울이 밤늦도록 지붕에서 나눈 대화는, 두 사람이 동일한 시대적 고통을 가슴에 품고 있었기에 가능했던 '영혼의 소통'이었습니다. 이들의 만남은 이스라엘의 회복에 대한 희망을 주었습니다. 이렇듯 어둠의 시대일수록, 시대의 고통을 함께 느끼고 고민할 수 있는 사람들 사이의 깊은 공감과 대화가 필요해 보입니다. 교회가 이런 대화의 장이 되는 것이 바람직할까요? 그러기 위해서는 어떤 노력들이 필요할까요?

5. 소돔과 고모라는 왜 멸망했을까?

기독교의 성경 해석 전통에서 소돔 이야기는 동성애에 대한 엄중한 경고로 이해되어 왔다. 이것은 서구에서 "소돔의 행위"(Sodomy)라는 말이 언제부터인가 남성 간의 동성애를 지칭하는 말이 되었다는 점에서도 잘 드러난다. 미국 청교도들은 동성애자들을 마을에서 제거하지 않으면 마을 전체가 소돔처럼 멸망하게 될 것이라고 설교하곤 했다. 한국의 많은 기독교인들도 소돔과 고모라 이야기를 읽으면서 하나님께서 동성애자들을 심판한다고 믿는다. 하지만 최근에 소돔과 고모라의 죄를 사회 약자에 대한 폭력이라 주장하는 사람들이 많이 늘어났다. 지금부터 이 상반된 주장의 근거들을 차례로 살펴보자.

소돔의 죄가 동성애임을 암시하는 힌트

소돔과 고모라 이야기의 어떤 본문이 소돔의 죄를 동성애로 특정하는가? 많은 사람들이 창세기 19장 5절을 동성애에 관한 것으로 이해한다.

롯을 부르고 그에게 이르되 오늘 밤 네게 온 사람들이 어디 있느냐 이끌어 내라 우리가 그들을 **상관하리라**

여기서 "상관하리라"로 번역된 히브리어 '야다'(yādaʻ)는 분명 성적인 뉘앙스를 가지며, 현 문맥에서는 동성에 의한 성폭행을 지칭한다. 그 히브리어에 성적인 뉘앙스가 없다고 주장하는 학자들도 있지만 그런 주장은 이어지는 롯의 말—"내게 남자를 알지(야다) 못한 두 딸이 있노라"(창 19:8)—에서 그 설득력을 잃어버린다. 소돔의 죄를 동성애와 관련된 것으로 볼 수 있는 또 하나의 근거는 소돔 사람들이 롯의 두 딸에는 관심이 없었다는 사실이다. 롯이 자신의 두 딸을 소돔 사람들에게 내어주었으나[26] 그들은 롯의 젊은 딸들을 거부했다. 이것은 그들이 원한 것이 동성애였다는 주장에 설득력을 더한다.

그리고 이런 해석은 온 세상이 홍수로 망하게 된 이유를 설명하는 창세기 6장 1-2절에 의해서 지지받는 듯하다. 물론 창세기 6장 1-2절은 소돔 이야기와 직접 연관이 없을뿐더러 그 구절에 대한 합의된 해석도 없지만, 온 세상을 멸망시킨 죄를 설명하는 창세기 6장 1-2절은 도시 전체를 멸망시킨 죄를 설명하는 창세기 19장과 분명 연결점이 있다.

사람이 땅 위에 번성하기 시작할 때에 그들에게서 딸들이 나니 하나님의 아들들이 사람의 딸들의 아름다움을 보고 자기들이

---

[26] 이런 롯의 행위는 소돔 사람들 사이에 만연한 성적 타락의 또 하나의 단면이다. 즉 롯도 소돔에 살면서 그들처럼 되어 버린 것이다.

좋아하는 모든 여자를 아내로 삼는지라 창 6:1-2

홍수 이야기의 도입에 해당하는 이 구절은 "하나님의 아들들"과 "사람들의 딸들"의 결혼에 대해 이야기한다. 이 두 존재의 결혼이 왜 온 세상을 파괴하는 홍수의 원인이 될까? 이 질문에 답하기 위해 그 구절에 대한 다양한 해석들 중, "하나님의 아들들"을 천사로 이해하고 "사람의 딸들"을 사람으로 이해하는 입장을 택해 보자.

먼저, 성경의 세계관에 따르면 이 둘의 결합은 하나님의 창조 질서를 파괴하는 행위로 인식될 수 있다. 창세기 1장에 묘사된 창조 질서는 하나님이 나눈 '영역들' 간의 엄격한 분리를 그 원칙으로 한다. 예를 들어, 신계와 인간계의 분리, 하늘과 땅과 바다의 분리, 새와 동물과 물고기들의 분리, 하나님의 형상의 유무에 따른 분리, 마지막으로 남자와 여자의 분리가 창세기 1장에 그려진 창조 원리다. 이 분리된 영역을 무너뜨리는 것은 창조의 질서를 위배하는 심각한 죄로 간주된다. 예를 들어, 레위기에서 먹어서는 안 되는 부정한 음식들은 대부분 창세기 1장에 규정된 영역을 넘나들며 활동하는 생물이다.

이런 관점에서 "하나님의 아들"이 "인간의 딸"들과 결혼한 것은 신계와 인간계의 구분을 파괴하는 행위로, 성경 저자의 관점에서 세상 전체를 멸망시킬 정도로 중대한 죄가 될 수 있었을 것이다. 동성애도 여자의 역할을 남자가 혹은 남자의 역할을 여자가 한다는 점에서 하나님이 구분한 영역을 파괴하는 것으로, 온 세계까지는 아니더라도 한 도시를 멸망시킬 만큼의 범죄로 인식될 수 있을 듯하다. 유다서 1장 6-7절에서 소돔과 고모라의 죄를 동성애로 특정하면서, 그것을 자신의 정해진 영역을 이탈한 천사들의 죄와 비교한 것은 바로 이런 관점에서 설명될 수 있다.[27]

소돔의 죄가 약자에 대한 폭력임을 암시하는 힌트

이와 같이 소돔의 죄를 동성애와 연결시키는 힌트들이 분명 존재하지만 그것을 약자에 대한 폭력과 연결시키는 증거들도 적지 않다. 특히 창세기 19장을 전후 문맥(18장과 20장)과 함께 읽으면 이 점이 더욱 분명해진다. 먼저, 창세기 19장의 시작은 18장의 시작 부분을 연상시킨다. 18장에서 세 사람이[28] 마므레의 상수리나무 곁에 앉아 있던 아브라함에게 접근하듯이, 19장도 소돔 성문 곁에 앉아 있던 롯에게 두 사람이 다가오는 장면으로 시작된다.[29] 그리고 성경 저자는 지체 없이 아브라함과 롯이 그 방문객들을 영접하고 대접하는 장면을 상세히 보여 준다. 즉 창세기 18장과 19장은 모두 환대(hospitality)라는 주제를 공유한다.

[27] 창세기 19장 1절은 롯을 방문한 자들을 "천사들"이라고 특정함으로써, 소돔 사람들이 단순히 나그네를 범한 것이 아니라, 천사들을 범했음을 암시한다. 이런 관점에서 볼 때, 소돔인들의 죄악은 창세기 6장 1-2절의 죄보다 더 악하다. 왜냐하면 후자에서는 천사들이 사람의 딸을 취했다고 말했지만 소돔 이야기에서는 사람들이 천사들을 강간하려 했기 때문이다.

[28] 성경 저자의 관점에서는 여호와와 두 천사가 아브라함을 방문한 것이지만 아브라함의 관점에서는 "세 사람"이 그를 방문한 것이다(창 19:2 참조). 롯을 방문한 '두 천사'에 대해서도 비슷한 말을 할 수 있다.

당시에 나그네에 대한 환대는 문명 사회의 가장 기본적 덕목이었다. 아브라함 시대의 나그네는 오늘날의 해외 여행객과 매우 다르다. 당시 타 지역을 여행하는 나그네는 절도, 납치, 강간, 살인 등 온갖 범죄의 쉬운 대상이 되었다. 그 이유는 나그네에 대한 범죄가 특별한 경우를 제외하면 거의 처벌받지 않았기 때문일 것이다. 하지만 사회적 약자에 대한 의도적 범죄는 인간 악의 극치를 보여 주는 예이며, 따라서 그런 악 중의 악을 제어하는 환대 관습은 문명 사회를 떠받치는 기초가 된다. 따라서 나그네에 대한 의도적 폭력은 문명의 기초를 흔드는 행위에 해당한다.

성경 저자는 소돔 이야기의 도입 부분에서 아브라함과 롯의 정성스러운 손대접(hospitality)을 묘사함으로써 소돔의 죄가 자기 마을에 찾아온 나그네, 마땅히 보호하고 도와주어야 할 약자들을 치욕적으로 유린한 데 있음을 보여 준다. 이런 관점에서 소돔 이야기를 다시 읽으면 성경 저자의 관심이 동성애가 아니라 약자에 대한 폭력임을 보여 주는 힌트들이 보이기 시작한다.

먼저, 소돔 사람들이 롯의 집 안에 머물던 나그네들과 "상관"하려 했다는 구절에 다시 주목할 필요가 있다.[30] "우리가 그

---

[29] 성경 저자는 방문객들 모두 신적 존재임을 명확히 밝히지만(18:1; 19:1), 아브라함이나 롯은 그들을 나그네 즉 '지나가는 사람들'로 인식했을 가능성이 높다("자기도 모르는 사이에 천사를 대접한 사람도 있느니라" 히 13:2 참조). 그럼에도 불구하고 아브라함이나 롯이 방문객들에게 갖춘 예우(18:2; 19:1)는 그들을 매우 특별한 손님으로 생각했음을 알 수 있다.

[30] 소돔 사람들이 하나도 빠짐없이 롯의 집에 모였다는 말은 분명히 문학적 과장이다. 이 과장법을 통해 성경 저자가 보여 주려 한 것은 소돔에는 그 도시를 구원할 의인 열 명이 없을 뿐 아니라(창 18:32), 소돔의 죄가 관영하여 심판의 임계점을 이미 넘었음을 보여 주려는 것인 듯하다.

들을 상관하리라"는 말을 통해 저자가 강조하려 한 것이 동성애 자체보다는 폭력적 성관계에 있었을 가능성이 있다. 고대 사회에서 성은 자주 사회적 폭력의 수단이 되었다.[31] 정치, 경제적 힘을 가진 사람들이 보통 타인의 성을 여러 형태로 유린한다. 이런 의미에서 강간의 문제가 이성애가 아닌 폭행인 것처럼, 성경 저자가 지적하는 소돔 사람들의 문제도 단순히 동성애가 아니라 약자에 대한 폭력, 상대를 치욕적으로 굴복시키는 행위, 나아가 누가 갑인지를 보여 주는 행위일 수 있다.

소돔 사람들이 롯의 딸을 거부한 것도 마찬가지의 관점에서 이해할 수 있다. 소돔 사람들이 롯의 딸들을 거절한 이유를 그들의 동성애적 성향에서 찾는 것이 불가능하지는 않지만, 조금 깊이 생각하면 그들이 정말 원한 것은 롯에게 찾아온 나그네들을 유린하는 것이었기 때문에 롯의 딸들을 거절했음을 알 수 있다. 즉 롯의 딸들을 거부한 것이 그들이 여자이기 때문이 아니라, 나그네가 아니기 때문이다. 그들의 목표는 약자 된 나그네들을 모욕하고, 폭행하고, 유린하는 것이었다. 만약 롯의 집에 두 남자가 아니라 나그네 부부가 머물렀고, 롯이 나그네 남편 대신 그의 아내를 내어주었다면 소돔 사람들은 그 아내를 유린하는 데 만족했을 것이다. 그들의 목적은 어차피 남자든 여자

---

[31] 메소포타미아의 징조 문서(COS 1.120, 51)에 따르면 어떤 남자가 동등한 신분의 남자의 뒤로 성관계를 하면 그 사람은 그 형제들과 동료들 가운데 최고가 된다고 한다. 다음은 그 문서의 51번째 징조를 우리말로 번역한 것이다. "만일 한 남자가 동등한 신분의 남자와 항문 성교를 하면, 그 남자는 그의 형제들과 동료들 가운데 가장 으뜸이 될 것이다." William W. Hallo and K. Lawson Younger, *The Context of Scripture*. Vol. One(Leiden; New York: Brill, 1997), 425.

든 약자 된 나그네를 모욕하고, 폭행하고, 죽이려는 것이었기 때문이다. 이것이 바로 사사기 19장에서 발생하는 사건이다.

사사기 19장의 기브아 사람들은 자기 마을에 찾아온 레위인과 "상관"하고자 그 레위인이 머문 집에 모여들었다. 그들도 소돔 사람들처럼 "상관하리라"고 말했지만, 집주인이 나와서 "이런 수치스러운 일은 하지 말게. 보시게 내 처녀 딸과 그 사람의 첩이 있으니 … 그들을 욕보이든지 자네들 좋을 대로 하게"라고 제안했을 때, 기브아 사람들은 집주인의 딸이 아닌 레위인의 아내를 취하여 그녀를 밤새도록 유린하였다. 이것은 기브온 사람들의 목적이 동성애적 쾌락이 아니라 처음부터 나그네를 모욕하고 유린하는 것이었음을 보여 준다.

소돔을 망하게 한 죄가 약자에 대한 폭력이라는 사실은 창세기 18장 20절(19:13 참조)에도 암시되어 있다. "여호와께서 이르시되 소돔과 고모라에 대한 부르짖음(ṣaʻāqāh 19:13)이 크고 그 죄악이 심히 무거웠다." 이 구절은 하나님이 소돔을 직접 방문하게 된 이유를 설명한다. 여기서 부르짖음으로 번역된 히브리어 '짜아카'(ṣaʻāqāh)는 압제당한 자의 고통의 외침, 공정치 못한 대우를 당한 자들의 처절한 간구를 가리킨다.[32] 이 부르짖음은 정의와 공의의 절대적 부재(absense)에서 나온다(사 5:7). 사람들의 많은 눈물과 고통이 들어 있는 이런 부르짖음을 하나님은 무시하지 않으신다. 이집트의 억압에 고통당하는 이스라엘 백성이 '부르짖자' 하나님이 들으셨다(출 3:7). 학대당하는 고아와

---

[32] Nahum M. Sarna, *Genesis*(Philadelphia: JPS, 1989), 131. 본 문단의 주해는 사르나에 의존한다.

과부의 '부르짖음'에 하나님의 진노가 불을 뿜는다(출 22:21-23). 소돔과 고모라에 대한 '부르짖음'이 하늘까지 올라왔다는 말은 그곳의 죄가 기본적 인권에 대한 무시, 타인의 고통에 대한 자조적 무관심, 약자에 대한 억압이었음을 보여 준다.

소돔과 고모라 이야기 다음에 이어지는 창세기 20장도 소돔을 망하게 한 죄에 대한 중요한 힌트를 제공한다. 거기서도 나그네 대접이 중요한 모티브로 사용된다. 가나안 땅의 기근을 피해 그랄(Gerar)로 내려가 나그네로 살면서 아브라함은 아내를 누이라 속였다. 그는 그 이유를 다음과 같이 설명한다. "이곳에서는 하나님을 두려워함이 없으니 내 아내로 말미암아 사람들이 나를 죽일까 생각하였다"(창 20:11). 여기서도 우리는 당시 나그네가 사람들의 착취와 범죄의 대상이 되기 쉬웠음을 확인할 수 있다. 이런 의미에서 그랄 땅에서 아브라함의 처지는 소돔과 고모라 안에서 두 천사의 그것과 유사하다.

그렇다면 아브라함의 피난 이야기가 소돔이 멸망한 이유와 관련해 제공하는 통찰은 무엇일까? 이 질문에 대한 답은 창세기 20장 11절에 암시되어 있다. 이 본문에 따르면 그랄 사람들이 이민자 아브라함을 죽이려 했던 이유는 그들에게 하나님에 대한 두려움이 없었기 때문이다. 여기서 하나님에 대한 두려움은 아브라함이 신앙하는 이스라엘의 신에 대한 두려움을 뜻하는 것이 아니다. 만약 그랬다면 성경 저자는 "여호와에 대한 두려움"이라 말했을 것이다.

월터 모벌리에 따르면 구약 성경에서 "하나님(엘로힘)에 대한 두려움"은[33] "여호와에 대한 두려움"과 조금 다른 뉘앙스를 가지는데, 전자는 약자를 유린하거나 폭행하지 않는 것을 의미한다. 이에 대한 고전적 예가 레위기 19장 14절이다. "너는 귀먹은 자를 저주하지 말며, 소경 앞에 장애물을 놓지 말고 네 하나님을 경외하라." 이 구절에 따르면 하나님을 경외한다는 것은 처벌받지 않고 약자를 유린할 수 있는 상황에서도 그렇게 하지 않는 것이다. 나아가 모벌리에 따르면 이런 의미에서의 하나님에 대한 경외는 모든 사람(이스라엘인+이방인)이 가져야 하는 덕목이다.[34] 그리고 하나님에 대한 경외가 없는 도시나 민족에게 주어질 궁극적 운명은 멸망이다. 이런 관점에서 보면 약자 된 나그네를 유린하고 폭행한 소돔은 하나님을 두려워하지 않는 도시였고, 그런 도시는 멸망하는 것이 하나님의 뜻이다.

지금까지 논의한 것처럼, 소돔과 고모라에 관한 창세기 본문의 많은 요소들은 소돔을 멸망시킨 죄를 나그네 즉 약자에 대한 폭력임을 암시한다. 이것은 소돔의 죄에 대한 선지자들(사 1:10, 17; 겔 16:49)과 예수님의 이해(마 10:14-15; 눅 10:10-12)와도 대체로 일치한다.[35] 특히 에스겔 선지자는 소돔 사람들이 "음식

[33] 엘로힘은 신에 대한 일반명사로 이해될 수 있기 때문에 "하나님에 대한 경외"는 "신에 대한 경외"로 번역될 수 있다.

[34] 모벌리는 이에 대한 예로 욥을 든다. 욥은 우스 땅에 살던 이방인으로 '하나님 경외함'에 탁월한 자였다. Walter Moberly, *The Bible, Theology and Faith: A Study of Abraham and Jesus*(Cambridge: Cambridge University Press, 2004), 93.

[35] 예수님을 포함한 이스라엘 선지자들의 설교에서 소돔은 언제나 죄 때문에 멸망당한 도시로 대표된다. 에돔이 죄 때문에 멸망할 것이라는 예레미야 설교에서 소돔이 인용되고, 예루살렘이 죄 때문에 멸망할 것이라는 이사야의 설교에서도 소돔이 인용되며, 복음을 받아들이지 않은 이스라엘의 마을들이 멸망할 것이라는 예수님의 설교에서도 소돔이 인용된다. 그러나 이 도시들이 멸망한 이유를 '동성애'로 특정하지는 않는다. 오히려 우상 숭배나 탐욕, 약자에 대한 무관심과 폭력이 도시를 멸망시킨 죄로 인용된다.

물의 풍족함과 태평함"에도 불구하고 "가난하고 궁핍한 자를 도와주지 않았기" 때문에 하나님이 "그들을 없이 하였다"고 말한다(겔 16:48-50). 이와 비슷한 내용이 유대인들의 해석 전통에서도 발견된다.

유대인들이 생각한 소돔의 악은 무엇일까

랍비 주석가들은 소돔의 죄를 가난하고 소외된 자들에 대한 멸시, 폭력, 거만함에서 찾았다. 이에 따라 소돔 사람들의 동성애적 강간은 약자와 이방인에 대한 폭력과 증오의 표현으로 이해되었다. 유대인의 전통 문서 토세프타(《소타》 3:11-12)에 따르면, 소돔은 땅에서 "빵"이 나고, 흙이 "금"이었을 정도로 먹을 것과 재화가 풍부한 나라였음에도 불구하고 가난한 이방인들의 유입을 막기 위해 도시를 높은 성벽으로 요새화하였다.

또한 아람어 성경 타르굼에 따르면 거지가 소돔에 들어오면 사람들이 자기 이름이 적힌 동전들을 그에게 주었으나 음식을 주지도 팔지도 않았다고 한다. 며칠 후 거지가 음식이 없어 길에서 굶어 죽으면 자기의 이름이 적힌 동전을 찾아가곤 했다. 한번은 어떤 거지가 며칠이 지나도 죽지 않았다. 이를 이상히 여긴 소돔 사람들이 조사를 해보니 그 거지에게 몰래 음식을 가져다준 소녀가 있었던 것이다. 소돔 사람들은 그녀를 벌거벗기고 온몸에 꿀을 바른 후 성벽 위에 방치하여 벌에 쏘여 죽도록 했다. 그 이야기에 따르면 그 소녀의 부르짖음이 하늘에 상달

되어 천사들이 소돔을 방문하게 된 것이다.[36] 이런 이야기들은 소돔이 하나님의 축복을 많이 받았음에도 불구하고 가난한 이웃을 돌보지 않았기 때문에 멸망했다고 말해 준다.

소돔의 죄와 관련된 또 하나의 이야기는 그리스의 프로쿠르스테스(Procrustes)의 전설을 연상시킨다. 소돔 사람들은 나그네를 침대에 눕혀, 그의 키가 침대보다 크면 그의 다리를 잘라 버렸고, 그의 키가 침대보다 작으면 몸을 늘려 침대 크기에 맞추었다. 나그네에 대한 학대 이야기에 환대의 상징인 '침대'가 소재로 사용되었다는 것이 아이러니다.[37] 이 이야기가 말하려는 것은 소돔 사람들이 모든 사람을 자신들이 생각하는 '바른 기준'에 맞추려 했다는 것이다. 그들은 자신들만의 도시를 만들고, 그 안에서 어떤 '다름'도 용납하지 않았다. 프로쿠르스테스 전설의 소돔 버전은 소돔 사람들의 죄가 '자신들과 같은 류'의 사람들만을 영접하고, 그들과 다른 사람들은 배척한 데 있음을 보여 준다.[38]

중세의 유대 주석가들도 이런 랍비 해석들을 유지했다. 창세기 19장 5절에 대한 람반의 주석에 따르면 소돔 사람들은 부유한 자신들의 도시에 가난한 외국인들이 이민해 오는 것을 두려워해, 롯과 같이 부유한 사람만 선별하여 이주자로 받았다.

---

[36] Florentino García Martínes, "Sodom and Gomorrah in the Talgumim" in *Sodom's Sin: Genesis 18-19 and Its Interpretations*, ed. Noort (Brill: Leiden, 2004), 93-96.

[37] Ibid., 92.

[38] Greenberg, *Wrestling with God and Men: Homosexuality in the Jewish Tradition* (Madison, WI: The Wisconsin University Press, 2004), 67.

그리고 소돔 사람들은 지속적으로 가난하고 소외된 사람들의 돕는 일을 거부했다고 한다.[39] 소돔의 죄를 약자에 대한 무관심과 폭력으로 보는 유대인의 해석 전통은 '소돔의 법'(Middat Sedom)에서 그 절정에 이른다. 이것은 소돔 이야기에서 유래한 유대인들의 율법들 중 하나인데, '소돔의 법'이 금하는 바는 성적인 죄가 아니라 더 가지려는 집착과 이웃에 대한 냉혈적인 무관심이다.[40] 어려움에 처한 사람을 도울 수 있는 처지나 위치에 있으면서 도움을 주지 사람들은 '소돔의 법'을 어기는 것이다. 예를 들어 어떤 건물주가 아무도 쓰지 않는 빈 공간을 가지고 있으면서 거처 없는 유대인을 위해 공짜로 살도록 내어주지 않는다면 그는 '소돔의 법'을 위반한 것이다. 가난한 유대인들은 이 법에 호소하여 자비심 없는 건물주를 고발할 수 있었다고 한다. 이 법의 취지는 유대인 공동체가 소돔과 같이 되어 멸망하지 않도록 하기 위함이라고 하는데, 이 법이 전제하는 소돔의 죄는 동성애가 아니라 연약한 이웃에 대한 무관심과 폭력이다.

물론 유대인의 해석 전통 가운데 소돔의 죄를 성적인 것으로 이해하는 것이 없는 것은 아니다. 소수이지만 소돔의 죄를 성적으로 이해하는 유대인 문서들이 존재한다. 예를 들어 신약성서 유다서, 요세푸스의 〈유대고대사〉(1:200-201), 그리고 필로의 〈아브라함 이야기〉(134-136)에서 소돔의 죄가 동성애와 연결된다. 특히 필로는 소돔의 죄를 성적 방탕으로 보고 동성애를

---

[39]   Ibid., 70-71.
[40]   Ibid., 71.

성적 방탕의 최악의 형태로 간주한다. 그러나 이런 저작들이 소돔의 죄를 동성애적 방탕으로 규정한 것은 당시 로마와 그리스의 방탕한 성 문화에 대한 반작용이었던 것으로 보인다.[41] 로마가 멸망한 후의 유대인의 해석 전통에서는 소돔의 죄를 일관되게 약자에 대한 폭력으로 이해한다.

이 모든 증거를 고려하면 소돔의 죄에 대한 유대인의 주류 해석은 그들의 '디아스포라'의 정체성에 반응하여, 소돔의 죄를 사회적 약자, 나그네에 대한 무관심과 폭력으로 이해했음을 알 수 있다. 다만 성적 방탕이 유대인의 정체성을 위협했던 그리스 로마시대에 작성된 일부 유대 문서들은 소돔의 죄를 동성애로 이해하였다. 그러나 이 경우, 동성애가 언제나 성적 타락의 극악한 형태로 이해된다는 점은 주목할 만하다. "동성애가 성적 방탕과 분리되어 생각될 수 없는가"라는 질문을 가지게 하는 대목이다.

복음과 동성애

지금까지 소돔을 멸망시킨 죄가 무엇인지에 대해 논하였다. 소돔인들 사이에 동성애가 행해졌을 뿐 아니라 동성애가 소돔의

---

[41] Ibid., 68-69. 이런 점에서 미슈나 〈아봇〉에 대한 랍비 나단의 주석서는 특히 주목할 만한데, 그 문서는 바빌로니아판과 팔레스타인판으로 존재한다. 로마의 동성애 문화에 영향을 받지 않은 바빌로니아에서 편집된 주석서에서는 동성애가 소돔의 죄로 언급되지 않지만 로마 문화의 영향권 아래에서 편집된 팔레스타인판에서는 동성애가 소돔의 죄로 특정되어 언급된다.

멸망 원인이라는 해석이 가능하지만, 소돔의 멸망에 관한 창세기 본문의 많은 요소들은 소돔의 악이 동성애 자체보다는 약자에 대한 배척과 폭력임을 보여 준다. 물론 소돔과 고모라의 죄에 대한 주석적 결론과 동성애가 성경적 죄인지의 문제는 별개의 사안이다. 즉 소돔과 고모라가 나그네에 대한 폭력 때문에 멸망했더라도 성경적으로 동성애는 여전히 죄일 수 있고, 소돔과 고모라가 동성애 때문에 망했다 해도 관점에서 따라서는 동성애가 성경적 죄가 아닐 수 있다.

최근 동성애 문제의 논란이 뜨겁지만, 이 문제에 대한 논의는 이 글의 범위를 벗어난다. 확실히 말할 수 있는 것은 동성애가 성경적 죄인지의 문제와 현대 민주 사회에서 동성애자들의 인권 문제는 구분되어야 한다는 점이다. 교회가 동성애를 죄라고 설교할 권리를 가지는 것처럼 동성애자들도 현대 민주 사회에서 행복하게 살 시민적 권리를 주장할 수 있다. 동성애를 죄라고 주장하는 기독교인들에게 '당신들은 틀렸습니다' 혹은 '당신들은 성경을 제대로 이해하지 못하고 있습니다'라고 말하는 것은 자신만이 진리를 소유했다는 또 하나의 오만이다. 하지만 동성애를 죄라고 생각하는 교회도 동생애자들이 세속 사회의 일원으로 함께 살 권리를 인정해 주어야 한다. 그들을 있는 그대로의 모습으로 교회 공동체로 받아들일 의무는 없지만 그들이 아무리 부서진 죄인이라도 이 땅에서 자유롭게 행복을 추구할 권리를 가짐을 인정해야 한다. 이것은 그리스도인들에게 있어 절대로 위선이 아니다. 왜냐하면 동성애자들에게 시민적 권리를 인정하면서도 기독교인들은 동성애를 죄의 결과로 설교하고 가르칠 수 있기 때문이다.[42] 나아가 복음의 진리는 동성애의 문제에 직접 영향을 받는 것이 아니다. 또한 그리스도인들은 하나님의 신비를 인정하고, 즉 하나님에 대한 그들의 지식이 온전한 것이 아님을 인정하고, 우리와 달리 생각하는 사람들에 대해 존중과 겸손의 자세를 취하는 것이 옳기 때문이다.

똑같은 이야기를 타종교에 대해서도 말할 수 있다. 실은 타종교는 동성애에 비해 더 용서될 수 없는 죄이다. 우상 숭배이기 때문이다. 하지만 동성애에 대한 반대의 적극성을 불교나 이슬람과 같은 타종교에 대해서는 잘 찾을 수 없는 것은 아이러니하다. 동성애 집단보다 타종교 집단이 더 힘이 세기 때문이라고 오해될 수도 있다. 그렇다면 한국 교회는 자기보다 약한 자를 괴롭히는 불량배의 이미지도 가질 우려가 있다. 우상 숭배의 죄는 성적인 죄보다 더 무겁기 때문이다. 중요한 것은 현재의 한국 기독교는 이미 타종교와 함께 공유하는 법을 배웠다. 그들과 신앙의 근본에서 대립되지만, 그들이 사회의 일원으로 존재할 권리는 존중해 왔다. 그런데 신앙의 근본에 대한 대립이 아닌 성적 지향에 관해 대립적인 작은 집단을 악마시하는 것은 이해하기 힘들다. 이와 관련하여, 바울이 고린도전서 6장에서 동성애를 하나님 나라를 유업으로 받지 못하게 하는 엄중한 죄로 규정하지만 그런 엄중한 죄에 '탐욕'과 '남을 모욕하는 일'도 포함하고 있음도 기억하자.

---

[42] 교회 내에서 동성애를 죄라고 설교할 자유를 제한할 수 있는 입법은 문제일 수 있다.

토론과 나눔을 위한 질문들

1. 소돔과 고모라 이야기는 오랫동안 동성애에 대한 신적 심판의 사례로 해석되어 왔습니다. 그러나 본문을 보다 면밀히 살펴보면 소돔의 죄가 동성애 그 자체보다 나그네와 사회적 약자에 대한 폭력과 무관심에 있었다는 해석이 가능합니다. 만약 소돔이 멸망한 주요 원인이 약자에 대한 억압과 배척이었다면, 오늘날 우리가 살고 있는 사회에서 소돔과 같은 죄가 반복되고 있는 사례는 무엇이 있을까요? 또한 이러한 문제를 해결하기 위해 우리는 어떤 태도를 가져야 할까요?

2. 성경에서 하나님의 심판을 불러온 죄악 중 하나는 정의와 공의를 무시하고 사회적 약자를 배척하는 태도였습니다. 창세기뿐만 아니라 에스겔 선지자도 소돔의 죄를 "음식물의 풍족함과 태평함에도 불구하고 가난하고 궁핍한 자를 돕지 않은 것"으로 설명합니다. 이러한 관점을 바탕으로 오늘날 교회와 신앙 공동체는 사회적 정의를 실현하는 데 있어 어떤 역할을 해야 할까요? 현대 교회가 소돔의 길을 걷지 않기 위해 가장 먼저 변화해야 할 점은 무엇인가요?

3. 유대 전통에서는 소돔 사람들의 죄를 약자에 대한 폭력과 혐오로 해석하는 경우가 많았습니다. 특히 '소돔의 법'은 더 많이 가지려는 탐욕과 타인의 고통에 대한 무관심을 금지하는 법으로 발전했습니다. 현대 사회에서도 특정 집단이 자신들의 기득권을 유지하려고 사회적 약자들을 배제하거나 차별하는 사례가 많습니다. 그렇다면 우리 사회에서 '소돔의 법'을 위반하는

대표적인 사례는 무엇일까요? 그리고 우리는 그것을 바로잡기 위해 어떤 노력을 기울여야 할까요?

4. 한국 교회에서 동성애에 대한 논쟁이 뜨겁습니다. 진리를 전하는 데 사랑을 잃지 않는 방법에 대해서 말해 봅시다.

# 6.
## 흑인은 저주받은 인종인가?

함은 흑인의 조상이다?

과거 기독교인들 사이에 떠돌던 이야기 중에 인종의 기원에 관한 것이 있었다. 그것은 창세기 9장 24-27절에 기록된 내용에 근거한 것으로, 그 이야기에 따르면 아버지 노아가 술 취해 벌거벗은 몸으로 잠들었을 때 그것을 목격한 함(Ham)은 아버지의 수치를 수다의 소재로 삼았지만, 셈과 야벳은 외투로 아버지의 부끄러움을 가려 주었다. 이 때문에 함은 다른 형제들의 종이 되도록 저주받았는데, 그런 함의 후손이 흑인종이라는 것이다. 아프리카의 흑인들이 유럽과 아메리카에서 한동안 노예로 생활한 것은 물론, 현재도 서구 사회에 경제, 사회, 정치적으로 종속된 것이 바로 그 저주 때문이라는 주장이다. 반면 아버지의 허물을 감추어 준 셈의 후손들은 세계를 다스리는 유대 민족이 되었고, 셈을 도운 야벳의 후손들은 유대-기독교를 받아들여 번영하는 유럽 문명을 이루었다는 주장이다.

　오늘날 이런 주장을 받아들이는 기독교인들은 많지 않겠지만, 일부 기독교인들에게는 이것이 불편하지만 받아들여야 하는 진리처럼 들릴 수 있다. 그러나 정말 창세기 9장 24-27절에 기록된 노아의 저주와 축복이 인종의 기원을 설명하는 본문일까? 정말 하나님은 유색 인종보다 백인이나 유대인을 더 사랑하실까? 결론부터 말하면, 절대 아니다! 노아의 저주와 축복 본문에 근거해 오늘날의 인종적 편견을 정당화하는 것은 그 본문을 곡해하는 것이다. 그 성경 저자의 의도를 무시한 사람들의 견강부회(牽强附會)이다. 왜 그런 것인지 지금부터 알아보자.

올바른 성경 해석의 원리

성경을 올바르게 이해하기 위해서는 바른 신학적 바탕 위에서 성경 저자의 글쓰기 방식에 세심한 주의를 기울여야 한다. 이런 성경 해석의 기본 원칙이 노아의 예언 본문에도 적용된다. 먼저 성경 저자의 글쓰기 방식에 대해 알아보자.

구약 성경은 여러 인간 저자들에 의한 다양한 장르의 글을 포함한다. 특히 창세기의 문학 장르는 "내러티브"로 불리는데, 내러티브는 쉽게 말해 교훈적 이야기다. 창세기 저자는 교훈을 전달하기 위해 다양한 문학적 장치들을 사용하여 이야기를 구성한다. 따라서 창세기 저자의 문학적 장치들을 잘 살펴야 그 속에 담긴 의미에 접근할 수 있다. 저자의 문학적 장치를 간파하는 방법은 본문의 내용을 다양한 각도에서 세밀히 살피는 것이다. 노아 예언의 참된 의미도 그 본문을 다양한 측면에서 세밀히 관찰할 때 획득된다.

성경 본문을 제대로 이해하기 위해 중요한 또 하나는 올바른 신학적 문맥이다. 신학은 성경 전체에 기반한 사상의 체계로, 성경의 한두 구절에 근거해 정립되는 것이 아니다. 따라서 올바른 신학적 틀로 성경 본문을 이해한다는 것은 성경 전체의 맥락에서 부분을 이해해야 한다는 말과 같다. 노아의 예언을 이해하기 위한 신학적 바탕은 구약 성경에 증거되는 두 종류의 언약, 즉 일반 은총 언약과 특별 은총 언약을 구분하는 것이다.

노아의 예언 해석을 위한 신학적 바탕

일반 언약과 특별 언약

신학자들은 언약을 크게 일반 은총 언약과 특별 은총 언약, 두 가지로 나눈다. 전자는 인류 모두에게 적용되는 은총 언약이고, 후자는 특별히 선민에게만 적용되는 은혜 언약이다. 이 때문에 언약과 관련된 구약의 본문을 공부할 때에도 그것이 일반 언약에 관한 것인지 아니면 특별 언약에 관한 것인지 분별해야 한다. 일반 은총과 관련된 본문은 모든 사람들에게 직접 적용되는 반면, 특별 은총과 관련된 본문은 선민과 선민 공동체에게만 적용된다.

성경에서 선민 공동체라 하는 것은 천국이 아니라 하나님이 통치하는 지상적 신정 공동체를 지칭한다. 예를 들어, 에덴동산 공동체, 노아 방주 공동체, 그리고 고대 이스라엘 공동체가 선민 공동체였다. 구약의 선민 공동체는 메시아가 이룰 새로운 선민 공동체 즉 예수님의 나라를 예표(豫表)한다. 선민 공동체의 역사와 관련된 구약 예언은 모든 인류에게 적용되는 것이 아니기 때문에, 그 예언의 성취를 일반 세계사에서 찾으려는 것은 범주의 오류, 즉 금은방에서 고기를 사려는 우를 범하는 것이다.

노아 이야기 속 일반 은총 예언과 특별 은총 예언

지금까지의 이야기를 노아 이야기에 적용해 보자. 노아 이야기에는 두 종류의 예언이 등장한다. 하나는 하나님이 직접 하신 예언으로 무지개 언약으로 불리는 것이고, 또 하나는 노아가 자기 아들들의 미래에 대해 예언한 것이다. 이 예언들을 해석할 때 중요한 것은 전자가 일반 은총과 관련된 것이고 후자는 특별 은총과 관련된 것이라는 점을 인지하는 일이다. 무지개 언약에서 하나님께서 다시는 홍수로 모든 생물을 멸하지 않을 것이며(창 9:10-11), 앞으로는 "심음과 거둠과 추위와 더위와 여름과 겨울과 낮과 밤이 쉬지 않을 것"(창 8:20-22)이라고 예언·약속한다. 이것은 인류가 누리는 자연의 생명 질서가 단절 없이 계속 유지될 것이라는 약속이다. 이 약속은 선택된 이스라엘에게만 주어진 것이 아니라 온 인류에게 적용되는 말씀이다. 하나님도 무지개 언약의 수혜자로 지구 안의 모든 생명체를 언급한다. "내가 나와 땅에 있는 모든 생물 사이에 세운 언약의 증거가 이것이라"(창 9:17).

한편, 노아의 저주는 특별 은총 언약과 관련된 예언이다. 즉 노아의 예언을 담은 창세기 9장 24-27절은 선민 공동체의 구속 역사를 예언하는 내용이다. 이런 의미에서 노아의 예언을 선민 공동체의 구속사가 아닌 일반 세계사에 적용시켜, 함의 후손이 아프리카 흑인종이며, 그들의 노예 역사는 성경에 이미 예언되었다고 주장하는 것은 범주적 오류를 범하는 것이다. 노아의 예언의 성취는 성경의 선민 공동체의 역사, 즉 고대 이스라엘의 구속사에서 찾아야 한다.

노아 예언은 이스라엘의 구속사에 대한 것이다

노아의 예언이 이스라엘의 구속사에서 성취되는 것임을 확인하기 위해 잠시 이야기를 창세기 3장으로 우회시키자. 노아의 예언과 그 예언을 유발시킨 사건, 즉 노아가 포도주에 취해 벌거벗고 잠든 사건을 잘 읽어 보면, 창세기 3장의 타락 이야기가 연상된다. 홍수 이후의 시대에서 노아는 어떤 의미에서 제2의 아담이다. 홍수 후 경작을 시작한 노아는 아담의 별명인 이쉬 하아다마(ʼîš hāʼădāmāh), 즉 "흙의 사람"(개역개정역, "농사를 시작하여")으로 불린다(창 9:20).

이외에도 그 두 이야기 사이에는 구조적 유사점이 있다.

창세기 3장에서 벌거벗은 최초의 인류에 뱀이 접근한 후 죄가 발생하였다. 그에 대한 형벌로 하나님은 뱀을 저주하신다. 창세기 9장에서도 벌거벗은 노아에게 함이 접근하며 죄가 발생한다. 그리고 하나님은 그에 대한 책임을 물어 함(Ham)을, 정확하게는 그의 후손 가나안을 저주하신다. 이런 구조적 유사성 때문에 많은 학자들이 뱀에 대한 저주를 함에 대한 저주와 연결시켜 이해한다. 만약 이런 비교가 옳다면 우리는 다음과 같이 말할 수 있다. <u>뱀에 대한 하나님의 저주가 선민 공동체의 구속사를 예언한 것처럼, 함에 대한 노아의 저주도 선민 공동체의 역사를 예언한 것이다.</u> 창세기 3장 14-15절이 사탄과 그 인간 졸개들에 대한 메시아의 궁극적 승리를 예언하는 반면, 창세기 9장 24-27절의 초점은 그 메시아가 탄생할 이스라엘 민족의 역사에 있다. 즉 노아는 이스라엘 민족의 구속사에서 성취될 어떤 사건들을 예언하고 있다. 그 사건들은 무엇일까? 지금부터는 노아의 예언을 좀 더 자세히 풀어 보자.

함에 대한 저주? 팔레스타인에 대한 저주?

함(Ham)에 대한 저주가 유색 인종에 대한 혐오 본문일 수가 없는 증거가 성경 본문 자체에 있다. 앞서 우리는 내러티브의 특징이 섬세한 문학 기교로 메시지를 간접적으로 전하는 것임을 공부했다. 다음의 증거들은 저자가 함에 대한 비난을 최대한 자제하고 있음을 보여 준다.

첫째, 성경 본문은 함의 악행에 대해 최대한 애매한 언어를 사용한다. 다시 말해, 성경 저자는 함의 잘못이 무엇인지 구체적으로 밝히지 않는다. 개역개정역도 그런 모호함을 유지한다. "함이 그 두 형제들에게 알리니." 함의 행위를 묘사하는 "알리다"(nāgad)는 험담이 아닌 단순한 보고의 의미로 이해될 수 있다. 그렇다면 함의 잘못은 무엇인가? 학자들은 본문에 남겨진 여백을 다양한 추측들로 채우지만 그 여백은 저자에 의해 의도적으로 남겨진 것으로 보인다. 즉 저자는 함의 잘못을 특정하지 않음으로써 함에 대한 혐오적 비난을 방지하려 한다.

둘째, 함이 저주의 당사자가 아님을 기억할 필요가 있다. 노아는 함을 저주한 것이 아니라 그의 아들인 가나안을 저주한다. 즉 엄밀하게 말하면 함은 저주받지 않았다. "노아가 함을 저주했다"는 말 자체가 잘못된 것이다.

셋째, 함의 악행에 대한 저주가 특정한 후손 즉 가나안에게 내려졌다는 사실은 그 저주의 적용 범위가 처음부터 제한적이었음을 암시한다. 노아의 저주는 함 후손들에 대한 일괄적이며 포괄적인 저주가 아니다. 즉 모든 함의 후손들이 저주받은 것은 아니다. 그것은 함의 후손 중 가나안 민족에 대한 저주이다. 그리고 이 논리를 조금 확대하면, 노아의 저주는 심지어 모든 가나안 후손들에게 임하는 것도 아님을 알 수 있다. 구속사의 특정 시대의 가나안 후손들이 저주의 대상이라는 이야기다. 이 때문에 가나안에 대한 저주를 근거로 현재 팔레스타인에 사는 가나안의 후손들을 폄하하는 것도 성경 본문의 의도가 아니다. 이런 예언 해석은 축복의 대상인 셈과 야벳에게도 적용된다. 노아가 내린 축복은 역사상 모든 셈의 후손과 모든 야벳의 후손에 적용되는 것은 아니다.

그러면, 함의 아들 가나안에 대한 노아의 저주는 구속사의 어느 시점에 성취된 것일까? 그것은 여호수아가 가나안 땅을 정복할 때 성취되었다. 이것을 암시하기 위해 성경 저자는 언어유희에 의존한다. 노아의 저주에서 가나안(kĕnā'an)이 형제들의 종('ebed)이 될 것이라는 내용이 세 번 반복되는데, 여기에 언어유희가 사용되었다. '가나안'의 어근인 히브리어 '카나'(kāna')의 의미는 '정복하다'인데, 고대 사회에서는 '정복된 사람들'이 종이나 노예가 되었다. 이스라엘의 구속사에서 가나안의 후손들이 이스라엘에게 정복당해 종이 된 때는 언제인가? 여호수아 때이다. 이런 해석을 증명이라도 하듯이, 히브리어 '카나'는 이스라엘 민족이 여호수아의 지도 아래 가나안인들을 정복하여 종으로 삼았던 사건과 관련하여 자주 사용된다(신 9:3; 삿 4:23; 느 9:24).

성경 저자는 이런 언어유희를 통해 가나안에 대한 노아의 저주가 여호수아의 가나안 정복 사건에서 실현되었음을 암시한다. 이 가나안 정복 사건은 인류사에서 흔히 있었던 정복 전쟁들 중 하나가 아니라 특별 언약이 성취되는 구속사에서 단회적으로 발생한 사건이다. 즉 함의 후손 가나안에 대한 노아의 저주는 3300년 전에 이미 성취된 것으로 오늘날 아프리카인이나 팔레스타인 사람들에게 적용되는 것이 아니다.

셈에 대한 축복

셈에 대한 노아의 예언에서 가나안에 대한 반복된 저주를 제거하면 다음의 축복만이 남는다. "셈의 하나님이 찬송을 받으실지어다"(창 9:26). 일견 이것이 어떻게 셈에 대한 축복이 되는지 의아스럽다. 셈의 이름이 위대하게 된다는 것도 아니고, 셈에게 많은 재물이 생긴다는 것도 아니다. 셈은 축복의 대상조차 아닌 것처럼 보인다. 이 때문에 학자들은 다양한 제안을 한다. 어떤 학자들은 '셈'이라는 이름이 하나님의 이름('하셈', '그 이름'을 의미하지만 유대인들은 여호와를 가리킬 때 '하셈'이라는 표현을 사용함)을 연상시킨다는 점에 착안하여, 셈(의 후손)이 "그 이름의 담지자"(bearers of the name)가 되는 축복을 받았다고 주장한다. 이 말은 셈의 후손이 하나님과 특별한 관계(=언약)를 맺게 될 것이라는 의미이다. 하나님을 아버지로 고백하는 언약 백성은 그분의 "이름으로(하셈)" 불리고, 그 "이름으로(하셈)" 살기 때문이다. 하지만 이런 종류의 해석이 모든 사람들을 만족시키는 것은 아니다. 학자들의 다양한 제안에도 불구하고 노아가 셈을 축복하는 문맥에서 셈이 아닌 그의 하나님을 축복하는 것은 여전히 어색한 일이다. 셈에 대한 노아의 축복이 어떻게 셈에게 축복이 되는지는 확실하지 않아도, 노아의 축복이 언제 성취되는지는 짐작할 수 있다.

먼저 기억해야 할 것은 함에 대한 저주와 마찬가지로 셈에 대한 축복도 이스라엘 역사에 대한 예언이라는 사실이다. 셈의 후손에는 이스라엘인뿐 아니라 바빌로니아인, 아시리아인, 아랍인 등도 포함된다. 하지만 셈에 대한 노아의 축복은 절대로 모든 셈족들에게 적용되는 것이 아니다! 셈에 대한 축복은 셈의 후손 중에서도 에벨(Eber, '히브리' 조상)을 통한 후손, 즉 아브라함의 후손들인 이스라엘 백성에게서 성취된다. 이것은 셈의 축복과 비슷한 언어로 축복받았던 인물이 모두 아브라함과 그의 후손들이라는 사실에서 분명히 드러난다. 여기서도 저자의 의도를 파악하는 데 언어에 대한 세심한 관찰이 매우 중요해진다.

셈에 대한 축복의 뼈대인 "□□□의 하나님이 찬송을 받으실지어다"(bārûk 'ĕlôhê □□□)라는 전형구에서 빈칸 안에 들어가는 내용은 모두 아브라함과 그의 아들들이다. 실제로 구약 성경에서 그 전형구를 채우는 단어들은 다음의 셋뿐이다. 오경에서는 "아브라함의 하나님"(창 24:27, 48; 26:24; cf. 창 49:25), "열조(the fathers)의 하나님"(신 1:11)이 사용되며, 역사서와 시편(삼상 25:32; 왕상 1:48; 시 41:13)에서는 "이스라엘의 하나님"이 그 축복 전형구에 사용된다. 그 외의 사람은 사용되지 않았다. "열조"라는 것은 아브라함, 이삭, 야곱을 지칭하며, "이스라엘"은 야곱의 다른 이름이다. 이처럼 셈에 대한 노아의 축복은 의도적으로 이스라엘의 족장들을 연상시키는 언어로 구성되었다. 셈에 대한 축복의 내용이 무엇이든지 그 축복은 모든 셈의 후손들이 아니라 아브라함을 통한 셈의 후손들에게 적용됨을 알 수 있다. 그리고 그 성취도 이스라엘의 구속 역사 속(아브라함 언약, 시내산 언약, 다윗 언약, 그리스도의 새 언약)에서 찾아야 한다.

야벳에 대한 축복

야벳에 대한 축복도 특정한 구속사의 사건에서 성취되었다. 즉 오늘날 서구 유럽의 번영에 대한 예언이 아니다. 야벳에 대한 축복은 하나님의 언약이 이스라엘 민족을 넘어 열방에게 주어질 것임을 보여 준다. 구약 세계에서 셈의 후손에게만 주어졌던 언약 공동체 회원권이 이제는 야벳의 후손들에게도 주어질 것임을 예언한다. 그리고 이것은 사도행전 시대에 이미 성취되었다.

노아는 야벳을 다음과 같이 축복한다. 다음은 필자의 사역이다. "하나님께서 야벳을 위해 (셈의 장막의 문을) 여실 때, 야벳은 셈의 장막에 거할 것이다." 개역개정의 번역은 필자의 사역과 좀 다르다. "하나님이 야벳을 창대케 하사, 셈의 장막에 거하게 하시고." 개역개정의 번역은 야벳의 후손(유럽인)이 하나님께 축복받은 민족이라는 또 하나의 편견을 조장할 수 있다. 특히 히브리어 '파타'(pātaḥ)를 "(영토나 지경을) 넓히다"의 의미로 해석한 것은 오역이다. 구약 성경에서 '파타'는 한 번도 영토나 지경 확장의 의미로 사용된 적이 없다. 그것은 문자 그대로 "(문이나 커튼 등을) 열다"는 의미다. 그것도 누군가의 입장(entrance)을 위해 문이나 장막의 휘장을 여는 것에 자주 사용된다. 따라서 개역개정처럼 "야벳을 창대케 하사"보다는 "야벳을 위해 (셈의 장막의 문을) 여시사"로 번역하는 것이 더 좋다. 이 번역은 히브리어 운문의 평행법 수사(修辭)에도 맞고 "야벳은 셈의 장막에 거할 것이다"라는 내용과 더 잘 연결된다.

야벳에 대한 노아의 예언은 이방인들이 하나님 나라의 공동체에 들어오는 사건에서 성취되었다. 좀 더 구체적으로는 이방 그리스도인에 대한 바울의 선교 사역에서 성취된 것이다. 사도행전 저자는 이방인의 구원을 표현할 때 "(문이나 장막을) 연다(open door)"는 수사를 자주 사용하였다. 사도행전 14장 27절에서 저자 누가는 사도 바울의 이방인 선교 사역의 성과를 하나님이 "이방인들을 위해 믿음의 문을 여신 것"이라고 표현했다.

나가는 말

지금까지 우리는 창세기 9장 24-27절에 기록된 노아의 저주와 축복이 선민 이스라엘의 구속사에 대한 예언임을 본문 언어에 대한 세심한 관찰을 통해 확인했다. 예를 들어, 함에 대한 저주는 모든 함의 후손이 아니라 가나안 민족에게, 그것도 모든 시대의 가나안 민족이 아니라 성경 시대의 가나안 민족들에게 적용되는 것이었다. 따라서 함에 대한 저주를 인용하며 흑인 노예 제도의 역사적 필연성을 주장하거나 근대 아프리카 국가들의 정치 경제적 예속 상태를 정당화하는 것은 절대 '성경적'이 아니다. 마찬가지로 야벳이나 셈에 대한 노아의 축복을 일반 세계사에 적용해 유대인의 우월성이나 유럽의 식민 역사를 정당화하는 것도 성경 저자의 의도에 반한다. 예수 그리스도 안에서는 유대인도 이방인도 없고, 남자도 여자도 없고, 흑인도 백인도 없다. 그리스도 안에서 모두가 하나다(갈 3:28).

토론과 나눔을 위한 질문들

1. 과거 기독교 사회에서 흑인이 노아의 저주를 받은 함의 후손이라는 해석이 널리 퍼져 있었고, 이를 통해 흑인 노예제와 인종차별이 정당화되었습니다. 그러나 본문은 그러한 해석이 성경의 문학적 구조와 신학적 문맥을 무시한 결과라고 설명합니다. 그렇다면, 오늘날에도 성경의 특정 구절이 사회적, 정치적 이데올로기를 정당화하는 데 사용되는 사례는 무엇이 있을까요? 그리고 우리는 성경을 이러한 방식으로 해석하는 위험을 어떻게 경계해야 할까요?

2. 본문에서는 성경 해석의 중요한 원칙 중 하나로 '일반 은총 언약'과 '특별 은총 언약'을 구분해야 한다고 강조합니다. 즉, 노아의 저주와 축복은 모든 인류의 역사(일반 은총)에 적용되는 것이 아니라, 이스라엘의 구속사(특별 은총)와 관련된 예언이라는 것입니다. 그렇다면, 현대 기독교인들은 성경의 어떤 부분을 보편적 원리로 받아들이고, 어떤 부분을 특정한 역사적·문화적 맥락에서 해석해야 할까요? 이 기준을 설정하는 것이 왜 중요한가요?

3. 본문은 성경이 특정 민족이나 인종을 차별하는 근거가 될 수 없으며, 예수 그리스도 안에서는 모든 인종이 하나라고 강조합니다. 그러나 현실적으로는 인종적, 문화적 차별이 여전히 기독교 사회에서도 존재합니다. 기독교 신앙이 인종적 차별을 완화하는 데 어떤 역할을 할 수 있을까요? 또한, 오늘날 교회와 신앙 공동체는 인종차별을 극복하기 위해 구체적으로 어떤 실천을 해야 할까요?

7.
요셉은 선한 청지기인가?

요셉은 선한 청지기의 모델로 자주 거론된다. '청(廳)지기'는 옛날 양반집에서 잡무를 맡아 보던 종을 이르는 말이었다. 고양이나 개를 키우는 사람들에게는 '집사'라는 말이 더 이해하기 쉬울 듯하다. 요셉은 누구를 주인으로 모시든 주인을 위해 최선을 다했을 뿐 아니라 그가 맡은 일을 늘 성공적으로 완수하였다. 특히 요셉은 자신이 섬긴 주인의 뜻을 거스르거나 그의 이익에 반하는 행동을 한 번도 하지 않았다. 이런 의미에서 요셉은 분명 선한 혹은 유능한 청지기로 불릴 만하다. 이 때문일까? 우리는 교회에서 요셉과 같은 선한 청지기로 살아야 한다는 설교를 자주 듣는다.

그러나 이런 설교는 불의한 직장이나 사회에서 고통당하고 있는 사람들에게 매우 불편한 것이다. 그리스도인들은 직장에서 불의한 상사를 보고도 묵묵히 일해야 하는가? 기독교인들은 국가가 저지르는 잘못을 보고도 그저 기도만 해야 하는가? 지금부터 요셉 이야기를 통해 이 질문에 답해 보자.

양치기의 윤리관 vs. 농부(제국)의 윤리관

요셉 이야기를 이해하기 위해서 성경이 묘사하는 큰 윤리학적 그림을 이해할 필요가 있다. 유대인 철학자 요람 하조니(Yoram Hazony)에 따르면 구약 성경에는 경쟁하는 두 개의 윤리적 관점이 등장한다. 그는 이것을 각각 '양치기 윤리'와 '농부의 윤리'로 부른다. 이 두 윤리관은 국가에 대한 태도에서 근본적 차이를 보인다. 소위 농부의 윤리관에 따르면 사람은 국가를 떠나 가치 있는 삶을 살 수 없다. 고대 국가에서 인구의 절대 다수가 농부였다. 국가가 농업 생산성 향상을 위해 사회간접자본에 투자하고 때로는 직접 생산 활동을 지원할 뿐 아니라, 생산된 곡물도 구매하고 유통해 주기 때문에 실용적인 의미에서 농부들은 국가 없이 생존할 수 없다. 또한 고대의 정치 철학의 관점에서 왕은 백성들에게 생명과 평화를 제공하는 존재였다. 따라서 농부의 윤리에서는 국가나 왕에 대한 복종이 최고의 도덕적 가치를 가진다.

반면 소위 양치기 윤리는 개인이 국가 밖에서도 가치 있는 삶을 살 수 있다고 주장한다. 양치기들은 본래 문명으로부터 멀리 떨어진 광야에서 생활했다. 국가의 명부에 등록된 농부들은 국가의 통제를 받지만, 주민등록증이 없던 양치기들은 국가의 통제를 받지 않았다. 양치기 윤리에서 가장 중요한 것은 왕이나 국가에 대한 순종이 아니라, 내 가족과 부족의 안녕에 대한 책임이다. 양치기적 윤리에 따르면 가족의 운명을 책임지는 개인이 윤리적 결정의 주체가 된다. 양치기들에게 국가는 개인이 자유롭고 안전하게 살 수 있도록 돕는 최소한의 역할만 해야 한다. 국가가 개인의 자유로운 행복 추구를 방해하는 순간 국가는 그 존재 이유를 잃게 된다. 양치기적 윤리관을 가지는 사람은 국가에 대한 개인의 의무를 외부인의 관점에서 의심하고 점검한다.

농부에서 양치기로 전업한 아브라함

초기 이스라엘의 역사 특히 족장의 역사와 출애굽 역사는 이런 상반된 윤리관의 충돌과 대립의 관점에서 해석될 수 있다. 족장 아브라함은 본래 바빌론 제국의 신민으로 태어나고 자라났다. 그러나 어느 순간 제국의 안정된 삶을 버리고 유리하는 생활을 시작한다. 즉 아브라함은 가나안으로 이주하여 양치기로 생활하기 시작한다. 이렇게 시작된 민족이 이스라엘이다.

하지만 양치기의 삶에 늘 꽃길만 있는 것은 아니었다. 가나안 땅에 기근이 찾아올 때마다 양치기들의 고통이 특히 컸다. 양치기들은 도시나 국가에 호적을 두지 않았기 때문이다. 재난 상황에서는 종종 국가가 구원의 방주가 되곤 한다. 아브라함도 기근을 피해 여러 번 이집트로 내려가야 했다. 이삭도 가뭄으로 인한 기아 때문에 블레셋 땅으로 내려갔고 그의 아들 야곱도 결국 기근을 피해 이집트로 내려갔다. 이 모든 예들은 양치기들이 생존을 위해서 때때로 최선이 아닌 것에 의존해야 함을 보여 준다. 가뭄으로 인한 기근이 찾아오면 오로지 이집트 제국이 제공하는 식량만이 사람들을 구할 수 있다.

유목 생활하던 양치기 이스라엘을 이집트 제국의 체제 안으로 끌어들인 요셉의 이야기도 바로 이런 관점에서 읽을 수 있다. 그리고 요셉의 삶에 대한 새로운 독해를 시도한 사람이 앞서 언급한 요람 하조니인데 지금부터는 그의 해석에 기대어 요셉의 이야기를 되짚어 보자.[43]

요셉 이야기 vs. 야곱 아들들의 이야기

요셉 이야기는 창세기 후반의 3분의 1가량을 차지한다. 창세기의 37장에서 50장까지는 요셉을 주인공으로 한 서사이다. 따라서 그 부분에 대한 제목을 "요셉 이야기"로 정하는 일에 반대하는 사람은 많지 않을 것이다. 하지만 많은 성서학자들은 그 부분의 제목을 "야곱과 그 아들들의 이야기"로 붙인다. 그 이유는 그 단락의 시작을 알리는 족보 형식구(혹은 '톨레도트' 구문) 때문이다.

야곱이 가나안 땅 곧 그의 아버지가 거류하던 땅에 거주하였으니 야곱의 족보(톨레도트)는 이러하니라 요셉이… 창 37:1-2

창세기는 이 족보 형식구에 따라 모두 10개의 단락으로 나뉘는데, 소위 '요셉 이야기'는 야곱의 족보로 도입되는 마지막

---

[43] 이후의 논의는 요람 하조니의 《구약 성서로 철학하기》 제4장 "양치기 윤리학"을 요약한 것이다.

열 번째 단락에 해당한다. 일반적으로 족보 형식구는 후속 이야기의 주제를 제시하는데, 창세기의 열 번째 이야기 단락도 마찬가지다. 다시 말해, 창세기 37-50장은 단지 요셉의 이야기가 아니라 야곱의 아들들 이야기인 것이다. 이런 관점에서 창세기 37-50장을 읽는 독자들은 다음의 질문을 염두에 두어야 한다. "야곱의 아들들 중 누가 이스라엘의 지도자가 될 자격이 있는가?" 그리고 창세기 49장에 기록된 야곱의 유언은 바로 이 질문에 직접 답을 한다.

야곱의 유언

야곱에게는 열두 명의 아들이 있었다. 적어도 창세기에 따르면 그중 르우벤, 시므온, 레위, 유다, 요셉이 가문의 리더십을 놓고 각축을 벌인 것으로 보인다. 야곱의 예언적 유언(창 49장)에 따르면 장남 르우벤은 아버지의 첩을 범한 죄로 통치자의 자격을 박탈당했고, 시므온과 레위는 과격함과 폭력성 때문에 이스라엘의 지도자가 될 기회를 놓쳤다.

> 르우벤아 너는 내 장자요 내 능력이요 내 기력의 시작이라 위풍이 월등하고 권능이 탁월하다마는 물의 끓음 같았은즉 **너는 탁월하지 못하리니 네가 아버지의 침상에 올라 더럽혔음이로다** 그가 내 침상에 올랐었도다 **시므온과 레위는 형제요 그들의 칼은 폭력의 도구로다** … 그들이 그들의 분노대로 사람을 죽이고

그들의 혈기대로 소의 발목 힘줄을 끊었음이로다 그 노여움이 혹독하니 저주를 받을 것이요 분기가 맹렬하니 저주를 받을 것이라 **내가 그들을 야곱 중에서 나누며 이스라엘 중에서 흩으리로다** 창 49:3-7

이렇게 야곱의 아들들 중 첫 세 명이 통치 리더가 될 기회를 잃은 후 왕의 홀은 유다에게 주어진다. 창세기 37-50장이 요셉의 파란만장한 삶을 서술한다는 점에서 야곱의 이런 예언은 좀 의외이다. 왜 요셉이 이스라엘의 지도자로 선택되지 않았을까? 큰 나라의 총리 경험이 있는 요셉이 이스라엘 사람들에게 가장 이상적인 통치자가 될 것이라 생각할 수 있지만, 야곱의 예언과 이후의 성경 역사는 요셉이 아니라 유다가 '왕의 지파'가 되었음을 증거한다. 따라서 창세기 37-50장을 읽을 때 독자들은 유다가 왕의 지파로 축복받은 이유와[44] 요셉이 선택되지 않은 이유를 그 이야기 안에서 찾을 필요가 있다. 지금부터는 요셉이 이스라엘의 지도자가 되지 못했던 이유에 대해 집중적으로 살펴보자.

---

[44] 유다가 리더로 선택된 이유는 완벽해서가 아니라, 자신의 잘못을 솔직히 인정하는 능력과 그 경험을 통해 더 훌륭한 사람이 되는 능력을 가졌기 때문이다. 가령, 유다도 르우벤처럼 성적인 죄를 저질렀다. 그러나 그는 자신의 가부장적 권위를 사용해 다말의 주장을 무시하지 않고, 하나님의 정의를 실현하기 위해 자신의 죄를 솔직히 고백하는 자였다. 또한 유다는 처음에 동생 요셉을 팔아버리는 데 앞장서는 자였지만, 훗날 자신을 희생해 동생 베냐민을 살리는 자로 변해 있었다. 이처럼 성경 역사가 '왕의 지파'의 자격을 요셉의 정치 능력이 아닌 유다와 같이 자신의 잘못을 솔직히 인정하고 더 나은 사람이 될 수 있는 능력, 자기보다 더 큰 뜻을 위해 자기 뜻을 굽힐 수 있는 능력으로 규정한 것은 이런 능력이 없는 통치자는 결국 자신을 신의 위치에 올려놓기 때문이다. 이것은 성경의 통치 철학과 정반대되는 것이다.

요셉이 이집트로 팔려 감

요셉은 어려서부터 형들에게 없는 특별한 재능, 즉 주인의 뜻을 알아 행하는 재능을 가졌다. 이런 재능은 언제나 그를 권력의 곁에 위치시켰다. 이런 요셉을 창세기 37장 2절은 이렇게 묘사한다.

> 요셉이 십칠 세의 소년으로서 그의 형들과 함께 양을 칠 때에 … 그가 그들의 잘못을 아버지에게 말하더라

여기서 "그의 형들과 함께 양을 치다"로 번역된 히브리어 '로에 에트 에하브'는 "그의 형들을 목양하는 자"로 번역 가능하다. 여기서 '목양한다'는 말은 '통치하다, 다스리다'의 의미와 연결된다. 이런 의미의 이중성은 창세기 저자에 의해 의도된 것으로 보인다. 요셉 이야기가 시작되기 전 야곱은 이미 집안의 통제력을 상실한 듯하다. 시므온과 레위는 자신 몰래 세겜 사람들을 몰살시켰고, 장남 르우벤은 자신의 첩과 동침함으로 반역의 뜻을 분명히 했다. 가장으로서의 권위 회복이 매우 절실하던 때에, 아버지의 눈이 되어 형제들을 통제했던 것이다. 이것은 후속 구절 "그가 그들의 잘못을 아버지에게 말하였다"에서 확인되는데, 요셉이 그런 것은 아버지가 시켜서가 아니라, 스스로 아버지를 돕고자 행했던 것으로 보인다. 이 때문에 요셉은 아버지의 총애를 얻어 특별한 선물인 채색옷을 받기도 한다.

요셉의 행위의 의도가 아버지에게 잘 보여 특권을 얻기

위함인지 아니면 가정의 질서를 회복하기 위한 대의를 위한 것인지 확실하지 않지만, 그의 형들의 관점에서 요셉은 형제들을 통치할 꿈을 꾸는 정치꾼에 불과했다. 즉 요셉의 행실은 조상들로부터 받은 윤리적 가르침—통제보다 자유, 권력보다 행제애—과 정반대였다. 형들에게 권력 친화적인 요셉은 가나안의 양치기가 아닌, 바빌로니아나 이집트 제국의 백성 같았다. 요셉이 꿈을 해석하는 기술을 가진 것도 그를 가나안의 양치기보다 제국의 백성('농부')에 가깝게 만든다. 꿈 해석 기술은 바빌로니아나 이집트 제국의 관습이었기 때문이다. 이 때문에 그의 형제들은 기회가 오자 요셉을 광야 상인에게 팔아 그가 그렇게 살기 원했던 곳 이집트로 보내 버린다.

보디발의 아내를 거부한 요셉

요셉의 특별한 재능은 이집트에서 크게 꽃피운다. 그는 이집트 관리 보디발의 집에서 자신이 가진 재능 즉 주인의 이익을 위해 일하는 재능을 마음껏 발휘했다. 그런 능력을 인정받은 요셉은 보디발의 집에서 가장 높은 자리에 올라간다. 그러나 그는 곧 권력 추구의 길과 양치기 윤리 사이에 괴리가 있음을 발견한다. 이 괴리는 보디발의 아내가 그를 유혹하는 장면에서 첨예하게 드러난다. 그녀가 요셉을 붙들며 "같이 자자"고 유혹했을 때 요셉은 권력 추구의 길을 계속 갈 것인지 아니면 조상들의 가르침으로 돌이킬 것인지 결정해야 했다. 그녀를 거부하면 지금까지 성취한 모든 것이 무너질 수 있다. 그러나 그녀의 제안을 받아들이면 그것은 조상들의 기초적인 가르침을 저버리는 것이다. 이 순간 요셉은 놀라운 영적·윤리적 힘을 발휘해 그녀를 거부한다. 그리고 요셉은 지하 감옥에 들어가게 된다.

감옥 생활의 깨달음

유대 랍비들은 소위 '될 나무는 떡잎부터 안다'는 원리로 이 사건을 해석한다. 즉 보디발의 아내를 거부한 요셉의 영성과 도덕성을 보면, 요셉이 후에 권력을 잡는다 해도 그것을 자기 자신이 아닌 백성들을 위해 사용할 것임을 알 수 있다는 뜻이다. 그러나 요셉에 대한 이런 긍정적 평가가 모든 랍비들에 의해 공유되는 것은 아니다. 일부이지만 총리가 된 요셉의 행보를 부정적으로 평가하는 주석가도 있다. 이들은 요셉에 대한 불편한 진실 하나를 지적한다. 그것은 보디발 부인의 유혹을 물리친 일과 같은 예가 요셉의 삶에서 다시는 발생하지 않았다는 사실이다. 즉 이스라엘인의 정체성을 지키기 위해 자신의 권력을 희생한 예는 요셉의 삶에서 더 이상 반복되지 않는다. 오히려 총리가 된 요셉은 정반대로 행동한다. 권력자 파라오의 명령에 절대 복종하고 그의 생애를 자신의 권력 유지와 그의 주인 파라오의 권력 증식을 위해 헌신한다. 다시 말해 요셉은 자신과 자신이 섬기는 왕에게 해가 되는 일은 절대로 하지 않는다. 요셉이 보디발 부인의 유혹을 거부한 것이 그가 양치기 윤리를 실천한 마지막 예가 되었다. 요람 하조니에 따르면, 지하 감옥에 갇힌 요셉은 이집트에서 더 이상 이상주의자로 살지 않겠다고 다짐하였다.[45]

총리 요셉이 칠 년의 기근에 선제적으로 대처하여 백성들이 굶어 죽지 않게 한 것은 칭찬할 일이지만, 다른 측면에서 그것은 양치기 윤리를 완전히 버린 요셉의 모습을 보여 준다. 그 세월 동안 요셉의 인생은 이방 왕과 우상의 제국을 부유하게 하는 데 모두 바쳐졌다. 어릴 적 그의 꿈처럼 요셉은 정치적으로 성공하여 이집트의 총리로 생을 마감했지만, 이후의 이스라엘 역사는 가장 긴 어둠의 터널을 지난다. 요셉의 마지막 소원—형제들이 이집트를 떠나 조상의 땅에서 다시 양치기로 사는 것(창 50:24-25 참조)—은 그 후 수백 년 동안 성취되지 못했다. 그사이 요셉이 건설한 우상의 제국은 그의 후손들을 노예로 만들어 버렸다. 그리고 이 상황은 아브라함처럼 여호와를 만나 제국 신민의 삶을 버린 모세가 요셉의 손이 부유케 한 이집트를 양치기의 지팡이로 파괴할 때까지 계속되었다.

요셉 이야기의 딜레마

당시 이집트라는 강대국이 없었더라면 세계는 기근으로 멸망했을 것이다. 물론 가나안에 살던 야곱의 가족도 예외는 아니

---

[45]   요람 하조니, 《구약 성서로 철학하기》, 159.

었을 것이다. 그리고 이스라엘의 한 청년이 초강대국의 총리가 되어 자신의 민족은 물론 세계를 구원한 것처럼 보이는 것도 사실이다. 그러나 총리 요셉이 이룬 업적이 일으킨 역사적 파장은 그다지 긍정적이지만은 않다. 왜냐하면 요셉 때문에 유대인들은 이집트에 갇혀 훗날 파라오의 노예로 전락했기 때문이다. 그의 후손들은 노예 노동을 통해 이집트 건설에 기여하고, 그렇게 강해진 이집트가 다른 민족도 노예 삼는 악순환도 발생했다. 파라오의 이익을 위한 요셉의 노력 때문에 결국 이스라엘과 세상의 고통이 배가 되었다면 그것이 무슨 구원이고 선이겠는가?

이런 요셉 이야기의 딜레마는 여러 가지 윤리적 문제들로 나타난다. 유대인이 세속 국가에 언제 순종하고 적응해야 하는가? 언제 저항하고 거부해야 하는가? 유목민 출신의 요셉은 이집트에서 완벽하게 적응하여 총리까지 되었다. 양치기들이 이집트에서 혐오의 대상이었음을 고려하면 요셉의 성공은 매우 이례적이다. 이집트인들은 양 머리의 이집트 신들(크눔과 아몬)을 도살하는 유목민들을 혐오의 시선으로 바라보았다. 요셉도 이런 편견을 받으며 이집트 생활을 시작했을 것이다. 그러나 요셉은 그 모든 장애물들을 극복한다.

성경 본문은 이집트인의 취향에 맞추려는 요셉의 노력들을 나열한다. 예를 들어, 요셉은 이집트인들처럼 수염을 깎는다(창 41:14). 꿈을 잘 해석한다(41:28-36). 이집트식 이름 사브낫바네아로 개명한다(41:45). 이집트 의복을 입고(41:42), 은금으로 화려하게 치장한다(41:42). 이집트 귀족들처럼 전차를 탄다(41:43). 사람들의 절도 받는다(42:6). 이집트 왕의 이름으로 맹세한다(42:15). 이집트 대제사장의 딸과 결혼한다(41:45). 아버지 야곱의 시체를 미이라로 만든다(50:2). 자신의 시체도 방부처리 된다(50:26).[46] 이처럼 요셉은 이집트에서 이집트인이 되려고 노력했고 이전 가나안의 삶을 잊으려 했다. 그가 이집트에서 낳은 첫 아들을 므낫세로 부르는데, 그것의 의미는 "하나님이 나로 하여금 … 내 아버지 집의 모든 것을 잊게 하셨습니다"이다. 이처럼 요셉은 뼛속까지 이집트인이 되어 결국 파라오의 호의를 얻고 성공한 정치인으로 생을 마감한다.

농부(제국)의 윤리관

요셉은 언제나 그의 주인을 기쁘게 했다. 야곱, 보디발, 교도관, 파라오를 차례로 섬기면서 요셉은 언제나 주인의 이익과 권세를 극대화하는 데 헌신했다. 요셉은 주인의 이익 외에 어떤 관심도 없는 것처럼 보인다. 그는 왜 이렇게 그의 주인을 위해 철저히 헌신했을까? 그것은 요셉의 성공 전략에 불과했을까? 주인의 신뢰와 호의를 얻는 것이 부와 명예를 얻는 지름길이라는 계산 때문이었을까? 하지만 요셉이 단순히 자신의 성공을 위해 그렇게 열심히 권력의 곁에 있으려 했던 것은 아니었을 것이다. 즉 요셉은 이방 군주를 섬기면서 그것이 자신뿐 아니라 그의 백성에게도 가장 좋은 일이라고 되뇌었을 가능성이 있다. 다

---

[46]   요람 하조니, 《구약 성서로 철학하기》, 160.

음은 요셉이 형들에게 자신의 정체를 밝히면서 한 말이다.

> 당신들이 나를 이 곳에 팔았다고 해서 근심하지 마소서 한탄하지 마소서 하나님이 생명을 구원하시려고 나를 당신들보다 먼저 보내셨나이다 이 땅에 이 년 동안 흉년이 들었으나 아직 오 년은 밭갈이도 못하고 추수도 못할지라 하나님이 큰 구원으로 당신들의 생명을 보존하고 당신들의 후손을 세상에 두시려고 나를 당신들보다 먼저 보내셨나니 그런즉 나를 이리로 보낸 이는 당신들이 아니요 하나님이시라 하나님이 나를 바로에게 아버지로 삼으시고 그 온 집의 주로 삼으시며 애굽 온 땅의 통치자로 삼으셨나이다 창 45:5-8

요셉은 자신이 이집트 총리가 된 것이 이스라엘 사람들을 기근으로부터 구원하기 위한 하나님의 섭리였다고 설명한다. 이런 설명이 건전한 예정 신학과 일치하기 때문에 독자들은 그의 설명을 그대로 믿기 쉽지만 문제는 그것이 요셉의 극중 대사의 일부라는 점이다. 구약 내러티브에서 등장인물의 극중 대사는 종종 성경 저자의 관점이 아닌 등장인물 개인의 관점을 표현한다. 그것은 의식적 거짓말이거나 상황에 대한 오판을 담을 수 있다. 예를 들어, 사무엘하 1장에 등장하는 아말렉 전령이 자신이 사울을 죽였다고 다윗에게 보고하지만, 그것은 포상을 받기 위해 꾸민 거짓말이다. 따라서 위에 인용된 구절도 요셉 자신의 생각을 반영할 가능성이 있다. 즉 요셉은 유대인의 생명을 구하기 위해 이집트에서 그렇게 열심히 일했다고 자기를 정당화하고 있는지도 모른다. 또한 요셉은 유대 동족들을 이집트로 이주시키고 앞으로 남은 기근의 시기 동안 그들을 돌볼 것이라고 약속한다.

> 당신들은 속히 아버지께로 올라가서 아리기를 아버지의 아들 요셉의 말에 하나님이 나를 애굽 전국의 주로 세우셨으니 지체 말고 내게로 내려오사 아버지의 아들들과 아버지의 손자들과 아버지의 양과 소와 모든 소유가 고센 땅에 머물며 나와 가깝게 하소서 흉년이 아직 다섯 해가 있으니 내가 거기서 아버지를 봉양하리이다 아버지와 아버지의 가족과 아버지께 속한 모든 사람에게 부족함이 없도록 하겠나이다 하더라고 전하소서 창 45:9-11

요셉의 형들은 이 모든 것에 대해 고맙게 생각했을 것이다. 17년이 지난 후 아버지 야곱이 죽었을 때에도 요셉은 여전히 이집트에 머물고 있는 형들에게 그 약속을 재확인해 준다.

> 당신들은 나를 해하려 하였으나 하나님은 그것을 선으로 바꾸사 오늘과 같이 많은 백성의 생명을 구원하게 하시려 하셨나니 당신들은 두려워하지 마소서 내가 당신들과 당신들의 자녀를 기르리이다 하고 그들을 간곡한 말로 위로하였더라 창 50:20-21

그런데 여기서 주목해야 할 점은 요셉이 그들에게 가나안 땅으로 돌아갈 것을 제안하지 않았다는 사실이다. 요셉의 형제들은 본래 기근 때문에 이집트에 왔다. 할아버지 아브라함과 이삭이 그랬던 것처럼 기근이 끝나면 잠시 신세 진 국가에서 나와 조상들의 땅, 언약의 땅으로 돌아가야 했다. 요셉도 "흉년이 다섯 해나 남았다"는 이유를 들며 가족의 이집트 이주를 권유했었다. 그러나 기근이 끝난 지 오랜 세월이 흘렀음에도 야곱의 식구들이 이집트에 여전히 살았고, 요셉도 형들에게 귀향을 제안하지 않았다. 이 사실이 의미하는 바는 무엇일까?

물론 이집트에서 성공하는 것이 자신의 형제들을 살리는 길이라는 요셉의 생각이 옳았을 수 있다. 이집트 제국 총리 자리에 있었기 때문에 요셉이 가뭄을 피해 온 가족들에게 생명의 양식을 제공할 수 있었다. 이것은 왕 혹은 국가가 백성들에게 생명과 평화를 제공한다는 고대의 통치 철학과도 부합한다. 그러나 요셉이 생각하지 못한 부분도 있는데, 그것은 자신이 실천하던 '농부의 윤리학'이 그의 형제들을 자유인에서 노예로 만들어 간다는 사실이다. 이주 초기 유대인들은 양치기의 정체성을 유지한 총리의 귀빈이었지만 이집트에서 땅과 집을 얻고 자녀를 낳고 살면서 이집트 파라오의 신민이 되어 갔다. 즉 야곱의 가문도 파라오 제국의 번영을 위한 소모적 자원이 되어 갔다. 이 점을 잘 알고 있던 파라오와 그의 신하들은 야곱의 형제들이 가나안으로 귀향하는 것을 원치 않았고, 그런 왕의 의중을 눈치챈 요셉도 그들의 귀환을 적극적으로 제안하지 않았을 가능성이 있다.

국가가 흥해야 백성이 생명을 얻는다는 이념의 보다 궁극적 문제는 국가의 번영을 신의 뜻과 동일시하기 쉽다는 것이다. 아멘엠헤트가 남긴 다음의 기록은 이런 이집트의 통치 철학을 잘 보여 준다.

> 나는 곡물을 생산한 왕이다. 곡식의 신을 사랑한 왕이었다. 물의 원천인 나일 강이 나를 존중하여 모든 경작지를 비옥하게 했다. 내가 통치할 때 굶주리거나 목마른 자가 하나도 없었다. 사람들은 나의 업적 때문에 평화롭게 살았다. -아멘엠헤트 1세(기원전 1991-1962)

이 기록에 따르면 이집트 파라오가 신으로 간주되었던 이유는 그가 사람들을 먹여 살렸기 때문이다. 파라오가 절대 권력을 가져야 하고 백성들이 그에게 절대 순종해야 하는 이유는 그것이 백성들이 사는 길이기 때문이다. 그리고 요셉이 자신의 권력 추구를 하나님의 뜻으로 정당화한 것도 이런 맥락에서 이해할 수 있다.

요람 하조니는 권력을 얻는 것이 신의 뜻이라는 요셉의 주장의 문제들을 다음과 같이 지적한다.[47]

첫째, 요셉의 정치적 성공이 형제들의 구원으로 이어질 것이라는 점이 명백해진 때는 요셉이 이집트의 총리가 된 지 9년 후의 일이다. 요셉이 파라오의 꿈 해석으로 이집트 총리가 되어 재난 극복의 선봉에 섰을 때, 그의 마음에는 형제들의 구원이라는 주제가 아직 형성되지 않았다. 이런 점에서 자신의 권력 획득이 형제들을 살리기 위한 하나님의 섭리라는 요셉의 해명은 분명 사후(事後)적 성격을 가진다. 이처럼 하나님의 뜻을

---

[47] 요람 하조니, 《구약 성서로 철학하기》, 162.

결과론적으로 적용하면 개인적 욕심도 하나님의 뜻으로 둔갑할 위험이 있다.

둘째, 요셉은 세속 권력을 추구하는 과정에서 자신의 신앙적 뿌리에서 크게 단절되었다. 즉 요셉은 철저히 이교도 이집트인으로 살았다. 그리고 요셉은 이것도 하나님의 섭리로 정당화하는 것 같다. 다시 말해, "내가 이방 문화와 타협하지 않았더라면 너희는 모두 죽었을 거야" 하고 말하는 것 같다. 그러나 이처럼 생존하는 것이 최고의 가치가 되고 생존에 제국의 힘(돈과 권력)이 필수적인 것으로 이해되면, 정치 경제적 힘을 획득하는 데 도움이 되는 모든 행위를 하나님께서 용납하실 것이라고 착각하게 된다.

진실의 시간

요셉은 인생에서 딱 한 번 자기 주인의 이득에 반하는 행위를 한다. 그것은 아버지 야곱의 유언을 이행하는 과정에서 발생한다. 이 사건을 자세히 보면 성경 저자가 요셉의 인생을 어떻게 평가하는지 짐작할 수 있다.

17년의 이집트 생활 끝에 임종을 맞은 야곱은 요셉을 불러, "내가 조상들과 함께 눕거든 너는 나를 애굽에서 메어다가 조상의 묘지에 장사하라"(창 47:30)라고 요구한다. 요셉은 이에 "아버지 말씀대로 하겠습니다"라고 대답한다(47:30). 그러나 야곱은 그 대답에 만족하지 못하고, 요셉에게 그 일에 관해 맹세를 시킨다("내게 맹세하라" 47:31). 왜 야곱은 요셉의 대답에 만족하지 않고 굳이 맹세를 시킨 것일까? 애초에 야곱이 요셉을 불러 자신의 장례를 부탁한 것은 그 부탁을 들어줄 능력을 갖춘 아들이 총리 요셉이었기 때문일 것이다. 또한 총리 요셉이 "아버지 말씀대로" 하겠다고 말했다면 야곱이 그것을 믿지 못할 이유도 없어 보인다. 그럼에도 불구하고 야곱이 요셉에게 맹세를 시킨 것은 그의 유언을 이행할 요셉의 의지나 능력을 의심한 것일 수 있다. 야곱이 그런 의심을 품은 이유는 그의 요구가 파라오에게 불편한 것이기 때문이다. 요셉이 파라오를 불편하게 하는 일을 할 수 있을까?

파라오는 가족들의 이민에 대한 요셉의 제안을 듣자마자 기꺼이 승인했다. "이제 너희는 명령을 받았으니 이렇게 하도록 하여라"(창 45:19 참조). 파라오는 더 나아가 "가구는 고향에 두고 오라"고 명령하면서 그렇게 하면 새 가구를 선물하겠다는 약속까지 한다. 이집트 왕이 그렇게까지 야곱 가족의 이민을 도우려 했던 이유는 무엇일까?

파라오가 야곱 가문의 이주를 명령하고 그들의 이주비용을 지불하겠다고 약속한 배경에는 이집트 제국이 외국인들의 이민과 노동을 중요한 기반으로 하여 건설되었다는 사실이 있다. 파라오는 제국 건설의 일환으로 외국인 노동자의 이주를 장려하였다. 또한 유대인들이 이집트 제국의 호의에 의존하며 살면 살수록 그들은 귀향할 생각을 접게 될 것이라는 계산도 파라오의 호의에 숨어 있다. 야곱의 가족도 그런 제국 정책의 일환으로 이집트에 정착하였다. 그리고 요셉의 형제들은 어느덧 17

년을 이집트에서 살게 되었다. 이집트 생활에 적응해 버린 요셉의 형제들은 오래전에 기근이 끝났지만 가나안으로 돌아가지 않고 이집트에 계속 머물러 있었던 것이다. 그 기간 동안 가나안으로 돌아가자고 제안한 사람은 아무도 없다. 무엇보다 요셉이 침묵하였다. 요셉이 침묵한 이유는 그런 제안이 파라오의 제국 정책에 위배되는 것이기 때문이다. 파라오의 이익을 훼손하는 일이기 때문이다. 요셉이 그런 제안을 했어도 파라오가 귀국을 허락하는 명령을 내리지 않았을 것이다.

그런데 야곱의 유언으로 바로 이 문제가 붉어진 것이다. 늙은 아버지는 요셉에게 그를 헤브론의 묘에 묻어 주도록 맹세시켰다. 일종의 출애굽과 가나안 입성을 요구한 것이다. 하지만 아버지의 유언을 실천하기 위해 요셉은 왕의 허락을 받아야 한다. 그것은 쉬운 일이 아니다. 파라오는 이스라엘인들이 야곱의 장례식을 빌미로 영구적 '출애굽'을 시도할 수 있다고 의심할 것이기 때문이다. 즉 파라오는 장례식을 위해 가나안으로 간 요셉의 형제들이 이집트로 다시 돌아오지 않을 것을 염려했다. 이것을 잘 보여 주는 것은 파라오가 요셉과 그 형제들을 가나안에 보내면서 어린 자녀들을 고센에 남게 했다는 사실이다. 일종의 인질이다. 또한 가나안으로 가는 장례식 행렬에 파라오의 군대가 동행했다는 점도 흥미롭다.[48]

요셉이 아버지의 유언을 실천하기 위해 파라오의 허락을 구하는 일은 이처럼 왕의 뜻이나 이익에 반하는 행위다. 그리고

---

[48] 랍비 포먼은 《출애굽 게임》에서 파라오가 보낸 군대의 성격을 전혀 다르게 해석한다. 랍비 포먼에 따르면, 파라오는 야곱의 성대한 장례식을 위한 '의장대'를 보냈다.

요셉은 지금까지 한 번도 왕의 뜻이나 이익을 거스른 적이 없다. 하지만 지금 요셉은 진실의 시간과 마주한다. 아버지에 대한 맹세를 지키기 위해 요셉은 바로의 뜻과 맞서야 한다. 지금까지 한 번도 이집트 왕의 뜻을 거역한 적이 없는 요셉이 이 문제를 어떻게 처리할까?

요셉이 이스라엘의 지도자가 되지 못한 이유

다음의 구절에 따르면 요셉은 궁전 신하들에게 접근해 아버지 장례식에 대해 파라오를 설득해 달라고 부탁한다.

> 곡하는 기한이 지나매 요셉이 바로의 궁(의 신하들)에게 말하여 이르되 내가 너희에게 은혜를 입었으면 원하건대 바로의 귀에 아뢰기를 우리 아버지가 나로 맹세하게 하여 이르되 내가 죽거든 가나안 땅에 내가 파 놓은 묘실에 나를 장사하라 하였나니 나로 올라가서 아버지를 장사하게 하소서 내가 다시 오리이다 하라 하였더니 창 50:4-5 [49]

이집트의 권력서열 2위인 요셉의 아버지가 죽었다. 죽은 아버지의 유언을 따라 아들들이 장례를 치르려 한다. 그러기 위

---

[49] 요람 하조니, 《구약 성서로 철학하기》, 166.

해서는 파라오의 허락이 필요한데, 누가 파라오에게 그것을 가장 잘 부탁할 수 있을까? 상주이자 파라오의 총애 요셉이 아니겠는가? 하지만 요셉은 파라오에게 직접 부탁하지 못한다. 궁의 신하들에게 가서 그를 대신해 파라오를 설득해 달라 요청한다. 왜 요셉은 궁전 신하들에게 가서 그런 부탁을 해야 했을까? 그것도 "내가 너희에게 은혜를 입었으면"이라는 말까지 붙이면서 말이다. 그리고 요셉은 왜 아버지가 맹세시켰다는 사실을 강조할까? 맹세가 아니었다면 절대로 가나안에서 장례를 치를 생각이 없었다는 듯이 말이다. 26년간을 이집트를 위해 봉사한 요셉이 아닌가? 이집트를 기근의 위기에서 구해내고 이집트의 모든 부와 권력을 지금의 파라오에 집중시켜 준 인물이 요셉이 아닌가? 그런 그가 아버지의 장례를 치르기 위해 잠시 고향에 다녀오겠다는 부탁도 파라오에게 직접 할 수 없는가?

요람 하조니에 따르면, 요셉은 파라오를 두려워했기 때문에 그의 뜻에 위배되는 부탁을 직접 할 수 없었다. 아무리 요셉이 큰 권력을 가졌어도 그는 여전히 파라오의 신민이다. 자유인이 아니다. 아브라함, 이삭, 야곱처럼 들에서 양을 치던 자유로운 목자가 아니라 이집트라는 속박의 집에서 집주인 파라오를 위해 일하는 종이다. 강력한 총리의 권력도 파라오 앞에서는 한갓 신기루에 불과하다. 그는 주인의 명령 한 마디에 바로 감옥에 투옥될 수 있다. 보디발의 집에 있을 때 요셉은 이미 그것을 경험했다. 파라오의 신임을 받던 신하도 하루아침에 감옥에서 죽음을 기다리는 신세가 될 수도 있다. 요셉은 감옥에서 만난 빵 만드는 관원과 술 따르는 관원의 이야기를 통해 그것을 배웠다. 이것을 너무나 잘 알고 있는 요셉은 야곱의 장례와 관련해 바로와 직접 대면해야 하는 상황에 무한한 공포를 느꼈던 것이다. 총리 요셉이 마치 벽돌 굽는 노예처럼 파라오를 두려워하고 있는 것이다.

결국 요셉도 자신의 실패를 의식한 듯하다. 임종의 순간에 그는 형들에게 다음과 같이 고백한다. "나는 죽을 것이나 하나님이 당신들을 돌보시고 당신들을 이 땅에서 인도하여 내사 아브라함과 이삭과 야곱에게 맹세하신 땅에 이르게 하시리라"(창 50:24). 왜 요셉은 이 말은 좀 더 일찍 하지 못했을까? 요셉은 자신의 꿈을 이집트에서 성공적으로 성취했다. 그러나 궁극적으로 그의 정치적 성공은 자신을 비롯해 누구도 구원하지 못했다. 이방 왕을 대신한 요셉의 통치는 그의 형제와 자녀들을 파라오의 호의에 의존하는 노예로 만들어 버렸다. 창세기의 마지막 구절은 요셉의 이야기를 매우 우울한 비극으로 만들어 버린다.

요셉이 백십 세에 죽으매 그들이 그의 몸에 향 재료를 넣고 애굽에서 입관하였더라 창 50:26

요셉은 완전한 이집트 사람으로 죽어 장사되었다. 그의 몸에는 다른 이집트 귀족들의 시신처럼 부패 방지를 위한 향료가 부어졌다. 만약 무덤에 그의 이집트식 이름 사브넷바네아가 새겨졌다면 그를 히브리 사람으로 기억할 후대인은 없을 것이다. 이제 요셉이 추구한 그 정치적 힘은 어디에 있는가? 그의 힘과 지혜가 사라진 지금부터 그의 백성에게는 어떤 일이 발생할 것인가? 이 질문에 대한 답은 출애굽기 앞부분에 제시되어 있다. 요셉이 죽자 곧 노예 생활이 시작되었고 많은 이스라엘 자손들이 파라오의 손에 살해당한다.

앞서 말한 바처럼 창세기 37-50장은 단순한 요셉 이야기가 아니라 이스라엘의 리더가 되기에 합당한 인물이 누구인지를 말해 주는 이야기다. 지금까지 살핀 내용은 적어도 요셉은 그 인물이 아님을 암시한다. 요셉은 양치기 윤리가 아닌 농부의 윤리에 따라 살았다. 제국의 힘, 즉 권력과 돈이 선을 위한 도구가 될 수 있다고 믿은 듯하다. 그래서 자신의 힘을 백성의 선을 위해 사용하겠다고 다짐하지만, 이것은 농부의 윤리를 설파하는 도구에 불과하다. 농부의 윤리를 따라 사는 사람은 자유인이 아니라 종이다. 그는 주인의 제국 건설에 헌신하며 경제적 풍요와 안보를 추구하게 될 것이다. 이런 것들을 추구하면서도 소중한 도덕적 원칙들을 지킬 수 있을 것이라 믿는 것은 환상에 불과하다. 유대인 철학자 요람 하조니는 요셉 이야기의 결론을 다음과 같이 내린다.

> 요셉 이야기를 포함한 많은 성경 이야기들이 보여 주는 교훈은 인간이 정의롭게 행할 수 있는 힘의 원천은 '양치기적 자유' 즉 보다 고귀한 것을 섬기기 위해 세상 권세의 이익에 **반대해** 행위할 수 있는 능력을 유지하는 데서 온다. 그리고 돈과 권력 위에 세워진 제국의 우상들을 섬기는 사람들은 절대로 정의를 이룰 수 없다. 우상들을 섬기면 스스로 우상처럼 되어 소중한 모든 것을 잃게 된다.[50]

청지기보다 양치기가 되라

이상의 논의를 통해 창세기 저자는 요셉의 삶을 우리가 따라야 할 청지기적 삶으로 제시하지 않음이 분명해졌다. 창세기 저자는 요셉의 성공 이면에 드리워진 그림자에 대해 비교적 정직하게 기술함으로써 성경 독자들이 세속 권력에 대한 충성과 이를 통한 성공을 하나님의 뜻으로 오인하지 않도록 경계하였다. 즉 창세기 저자는 우리에게 청지기의 덕보다 양치기의 윤리를 가지라고 권면한다. 통치자나 국가에 대한 맹목적인 순종이 아니라 하나님의 뜻과 인간 보편의 가치를 위해 세속 권력에 맞설 수 있는 용기를 가지라고 권면한다. 더 이상 요셉의 예가 자신이 속한 공동체나 지도자에 대한 건설적 비판과 개혁을 방해하는 핑계가 되어서는 안 될 것이다.

토론과 나눔을 위한 질문들

---

1. 요셉은 권력자에게 충성하며 자신의 역할을 완벽히 수행하는 '선한 청지기'로 자주 묘사됩니다. 그러나 본문에서는 요셉이 단순한 청지기가 아니라, 제국의 권력 구조에 깊숙이 편입된 인물이었다는 점을 강조하고

[50] 요람 하조니, 《구약 성서로 철학하기》, 166.

있습니다. 그렇다면, 신앙인으로서 우리는 국가나 권력에 대한 충성을 어디까지 가져야 할까요?

2. 본문은 요셉이 총리가 된 이후 점점 더 이집트의 관습과 권력 구조에 동화되었으며, 그의 신앙적 정체성이 흐려졌다고 지적합니다. 요셉은 이집트식 이름을 받고, 왕의 신임을 얻기 위해 철저히 이집트적 삶을 살았습니다. 그러나 죽기 직전에는 형제들에게 자신들의 진짜 고향은 가나안이라고 말하며, 언젠가 돌아갈 것을 요청합니다. 그렇다면, 신앙인으로서 세속 사회에서 적응하는 것과 신앙적 정체성을 유지하는 것 사이에서 균형을 맞추는 가장 좋은 방법은 무엇일까요?

3. 요셉은 이집트의 통치 체제를 이용하여 가뭄으로 인한 기근을 해결했지만, 동시에 백성들을 국가에 더욱 의존하게 만들었습니다. 이 과정에서 농민들은 파라오에게 종속되었고, 국가 경제는 더욱 중앙집권화되었습니다. 이는 국가가 백성을 보호하면서도 동시에 통제하는 방식을 보여 줍니다. 그렇다면, 오늘날의 국가와 기업, 혹은 국제기구들이 국민을 돕는다는 명목으로 사실상 그들을 통제하고 있는 사례는 무엇이 있을까요? 그리고 우리는 이에 대해 어떤 태도를 취해야 할까요?

8. 위로받기를 거부하는 사람들

산문에서 운문으로, 인내에서 항의로

욥기 3장은 문체의 관점에서 변화의 장이다. 산문체로 시작한 욥기가 3장부터는 운문체로 바뀐다. 이런 문체의 변화는 내용의 변화를 수반한다. 1-2장이 욥을 경건과 인내의 모범으로 그린다면 3장부터 시작되는 운문 부분은 조급하고, 때로는 하나님께 항의하는 욥의 모습을 보여 준다. 나아가 3장에 표현된 삶과 생명에 대한 염세적 태도는 다른 구약 성경에서는 잘 찾을 수 없는 것이다. "태어나지 않는 것이 좋은 것"이라는 생각은 그리스 비극에 가서야 만날 수 있는 염세 철학이다. 예를 들어, 소포클레스의 《오이디푸스》에 다음과 같은 구절이 나온다. "인간에게 가장 좋은 것은 태어나지 않는 것이요, 다음으로 좋은 것은 태어나자마자 가능한 한 빨리 죽는 것이다."[51] 학자들은 이런 욥기 3장의 의미를 이해하는 것이 욥기 전체에 대한 이해에

---

[51]   *Oedipus at Colonus*, 1378-1380.

필수적이라고 주장한다.

 욥기 3장은 내용상 세 부분으로 나뉜다. 첫째, 3-10절에서 욥은 자신이 태어난 날(생일)을 저주한다. 재앙을 당한 욥은 태어나지 않는 것이 최선의 삶이라고 생각하는 듯하다. 둘째, 11-16절에서 욥은 태어나는 것이 불가피하다면, 차선책으로 태어나자마자 죽는 것을 희망한다. 마지막 셋째, 17-21절에서 욥은 태어나자마자 죽지 못했다면, 지금이라도 하루 빨리 죽는 것이 좋을 것이라고 노래한다. 그러나 욥은 아무리 죽음을 기다려도 도무지 오지 않는다고 불평한다.

 욥기 3장에 묘사된 욥의 모습을 보면서 많은 사람들이 고개를 갸우뚱거린다. 그것이 신앙인의 모습일까라는 질문을 마음속에 떠올린다. 자살의 심리를 신앙적으로 정당화할 수 있을까?

 더구나 이런 욥의 모습은 1-2장에 나타난 욥의 모습과 너무나 대조된다. 욥은 세 번(1:1, 8; 2:3)이나 "온전하고 정직하여 하나님을 경외하며 악에서 떠난 자"라고 소개되었다. 그는 사탄의 두 번의 시험에서도 승리하지 않았던가? 모든 재산과 자녀까지 잃었을 때 욥은 "내가 모태에서 알몸으로 나왔사온즉 또한 알몸이 그리로 돌아가올지라 주신 이도 여호와시요 거두신 이도 여호와시오니 여호와의 이름이 찬송을 받으실지니이다 하고"(1:21) 하나님을 원망하지 않고 찬양했다. 몸에 욕창이 나고 아내마저 자신을 버렸을 때에도 그는 입에 부정적인 말을 올리지 않았다. 그런데 3장에서 욥은 완전히 무너져 버린 듯하다. 우리는 이런 욥의 모습을 어떻게 이해해야 할까?

학자들은 이런 3장의 욥의 모습(impatient Job)과 1-2장의 욥의 모습(patient Job)을 대조하면서, 그것을 욥의 산문 부분과 운문 부분이 본래는 독립적인 작품이었던 증거라고 주장한다. 그러나 이런 해결은 그다지 도움이 되지 않는다. 오히려 1-2장과 3장을 유기적 통일체로 전제하고, 욥의 심리를 이해하는 것이 필요하다. 이를 위해 우리는 3장의 직전 문맥을 보아야 한다.

위로하기 위해 방문한 친구들

직전 문맥에는 세 친구가 위로자로 등장한다. 이들은 각각 데만 사람 엘리바스, 수아 사람 빌닷, 나아마 사람 소발로, 욥기의 처음 독자들에게는 꽤 잘 알려진 지혜자(오늘날의 학자)들이었을 가능성이 있다. 욥을 처음 대하는 그들의 행동은 매우 지혜롭고 신중하다. 지혜로운 위로자에게 요구되는 것처럼, 그들은 먼저 욥의 애통에 동참한다.

> 눈을 들어 멀리 보매 그가 욥인 줄 알기 어렵게 되었으므로 그들이 일제히 소리 질러 울며 각각 자기의 겉옷을 찢고 하늘을 향하여 티끌을 날려 자기 머리에 뿌리고 밤낮 칠일 동안 그와 함께 땅에 앉았으나 욥의 고통이 심함을 보므로 그에게 한마디도 말하는 자가 없었더라 욥 2:12-13

욥기 저자가 그들의 애통 행위를 비교적 자세히 묘사한 것으로 보아, 그들이 욥의 상한 몰골을 보고 느낀 측은지심의 진정성은 의심할 필요가 없다. 그러나 문제는 욥이 친구들의 위로를 거부한다는 사실이다.

위로자의 역할

이 사실을 이해하기 위해서는 고대 근동의 애통 의식을 공부할 필요가 있다. 고대 근동의 애통 의식에는 일종의 법칙 혹은 일련의 행동 규율이 있다. 사랑하는 사람을 잃었거나 큰 재앙을 겪은 사람들은 사회적으로 공인된 일련의 행동을 통해 자신의 슬픔을 표현한다. 옷 찢기, 삭발, 금식, 곡하기, 거친 베옷 입기, 땅바닥에 주저앉기, 먼지 뒤집어쓰기 등, 이 모든 행위들은 애통자가 자신을 산 자(the living)들의 세계에서 분리시키는 행위이다. 이들은 애통의 기간 동안 제사나 예배에 참여하지 않는다. 생업도 잠시 그만둔다. 산 자들의 공동체에서 자신을 잠정적으로 분리시킨다.

여기서 위로자의 역할이 중요해진다. 위로자들은 죽음이나 죽음의 재앙 때문에 산 자들의 공동체에서 자신을 유리시킨 자들을 다시 산 자들의 공동체로 복귀시키는 사람들이다. 즉 다시 예배의 자리로, 다시 생업의 자리로 복귀시키는 사람이 위로자들이다.

위로받기 거절하는 욥

그러나 이런 위로자들의 역할이 난관에 부닥치는 경우가 있다. 닥친 고통의 무게가 너무 큰 경우, 애통자는 종종 위로받기를 거부한다. 계속해서 울며 먹지 않고, 거친 베옷을 입고, 땅바닥에 주저앉아, 먼지를 뒤집어쓰며, 사회적으로 공인받은 죽음의 공간을 더 오래 유지하려 한다.

구약 성경에도 위로받기를 거부하는 애통자들이 등장한다. 예레미야 31장 15-17절에 언급된 라헬이 그 가운데 하나다. 자식을 잃은 라헬의 언어도단(言語道斷)적 심정이 "그가 … 위로받기를 거절하는도다"는 말(15절)에서 극대화된다. 이사야 22장 4절에서 이사야는 예루살렘의 멸망을 내다보고 애통해한다. 그 애통함이 너무 커서 그는 "나를 너무 빨리 위로하지 말라"(필자 사역)라고 말한다. 이렇게 위로받기를 거부하는 애통자들이 '관행적'으로 내뱉는 말이 다음의 창세기 구절에 등장한다.

> 그의 모든 자녀가 위로하되 그가 그 위로를 받지 아니하여 이르되 **내가** 슬퍼하며 **스올로 내려가 아들에게로 가리라** 하고 그의 아버지가 그를 위하여 울었더라 창 37:35

요셉이 짐승에게 잡아먹혔다는 소식을 들은 야곱은 위로받기를 거부하며 요셉을 따라 스올, 즉 죽음의 세계로 내려가겠다고 말한다. 이처럼 '죽어 버리겠다'는 말은 위로받기를 거부하는 애통자들이 관용적으로 내뱉는 말이다. 욥기 3장은 야곱의 "스올로 내려가겠다"라는 말을 한 장(모두 26절)의 운문으로 표현한 것이다. 즉 욥기 3장 전체는 닥친 고난이 너무 큰 애통자가 위로자들의 위로를 거부하면서 내뱉은 관용어에 해당한다. 이것을 염두에 두고 욥기 3장의 내용을 분석해 보자.

욥의 스올 찬가. 스올을 천국으로 노래하다!

욥은 "나는 스올로 내려가겠다"는 것을 3장에서 세 가지 포인트로 나누어 노래한다. 먼저 자신이 태어난 날을 저주한다. 자신의 생일이 달력에서 빠지기를 원한다. 즉 욥에게는 태어나지 않은 것이 가장 좋다는 뜻이다.

> 내가 태어난 날, 남자 아이를 배었다고 말하던 그 밤이 없었더라면 … 그 밤이 짙은 어둠에 사로잡혀 해의 날들 가운데 들지 못하며, 달의 수에도 들지 않았더라면 욥 3:3, 6, 필자 사역

둘째, 태어나지 않는 것이 최선이지만, 태어나는 것 자체를 막을 수 없다면, 욥에게 있어 차선은 태어남과 동시에 죽는 것이다. 즉 사생아가 되는 것이다.

> 내가 어찌하여 모태에서 죽지 않았으며,
> 나오면서 숨지지 않았는가? 욥 3:11, 필자 사역

낙태되어 땅에 묻힌 아이처럼…
빛을 보지 못한 아이들 같았으면… 욥 3:16, 개역개정

잉태되는 것이 불가피했다면 욥은 태에서 죽기를 원했고, 어쩔 수 없이 모태에서 나왔다면, 나오면서 죽는 것을 원했다. 나아가 욥은 죽음의 세계, 즉 스올을 아름다운 유토피아로 묘사한다. 스올에는 안식, 즉 쉼이 있으며(13절), 스올에는 도둑과 강도가 아니라 왕과 귀족들이 있으며(14절). 스올에는 습하고 진흙투성이가 아니라 은과 금으로 된 집들이 있다(15절). 스올에는 악이 없고(17절), 차별도 없고, 종이 주인보다 더 자유로운 곳이다(19절).

이런 스올 찬가는 구약은 물론 고대 근동에서도 그 유래를 찾기 어려운 것이다. 정통 신학의 관점에서는 매우 위험스런 사상처럼 보인다. 마치 지옥을 천국처럼 묘사하면서, '나는 천국 대신 지옥에 가기를 원한다'고 말하는 것과 같다. 다른 말로 하면, '나는 하나님보다 사탄이 좋으니까, 천국 대신 지옥에 가겠다'고 고집하는 것 같다.

이런 스올 찬가는 자연스럽게 욥의 세 번째 포인트로 이어진다. 태어나지 않을 수 없었거나 태어난 후 바로 죽지 못했다면, 차선책은 지금이라도 하루 빨리 죽는 것이다. 그리고 욥은 죽음을 기다리지만 죽음이 너무 더디 온다며 한탄한다(21절 전반부). 또한 죽음을 땅속에 묻힌 보물에 비유하며 숨겨진 보물처럼 죽음을 찾아보지만, 도무지 발견되지 않는다고 말한다(21절 후반부). 죽음을 발견한 자는 땅속에서 보물을 찾은 사람처럼 기

뻐하고 즐거워할 것이다(22절). 전통 지혜서에서는 '지혜'가 땅에 묻힌 보물에 비유되어, 그것을 발견하면 기뻐하고 즐거워할 것이라 말한다(잠언 2:3-5 참조). 그런데 욥은 이런 지혜의 이미지를 뒤집어 죽음을 땅속에 묻힌 보물에 비유하고 있는 것이다. 더 나아가 욥은 생명을 '두려워 피해야 하는 것'으로(25절), '쉼'이나 '안식'의 부재로 표현한다(26절). 이쯤 되면, 욥기 3장에 표현된 신학은 '죽음의 신학'이라 말해도 과언이 아닐 것이다.

위로와 신학 사이의 갈등

많은 사람들이 이런 욥의 과격한 신학과 염세적 세계관에 불편해 한다. 물론 욥의 말 자체는 그렇게 이해될 수밖에 없다. 그러나 욥기 3장을 위로받기를 거부하는 애통자의 관점에서 읽으면, 우리는 항의하는 욥에 대해 보다 큰 인내를 가질 수 있다. 즉 사랑하는 아들 요셉이 짐승에 찢겨 죽었다는 소식을 전해 들은 야곱이 자녀들의 위로받기를 거부하며 "나는 요셉과 함께 죽어 버리겠다"고 말한 것이 자살에 대한 의지나 시도를 표현한 것이 아닌 것처럼, 욥기 3장에서 욥이 말한 것들을 문자적으로 받아들여서는 안 된다는 것이다.

때때로 우리에게 닥치는 재앙은 어떤 위로의 말로도 위로할 수 없는 경우가 있다. 이때 그런 고통을 당한 애통자는 우리가 내미는 위로를 거부할 수 있다. 정상적인 생활로 돌아가기를 거부한다. 조금이라도 죽은 자의 흔적을 산 자의 세계에 기억시키기를 원한다. 사랑하는 사람이 너무 쉽고 너무 빨리 잊히는 것을 원치 않는다.

조앤 디디온(Joan Didion)은 《상실》에서 남편을 잃은 후의 심경을 서술했다. 남편 존 그레고리 던이 갑작스럽게 심장마비로 쓰러져 세상을 떠난 후, 디디온은 그가 쓰던 신발을 치우지 못한다. 그는 돌아오지 않는다는 사실을 알고 있으면서도, 어딘가에서 여전히 그를 기다리고 있고, 혹시라도 그가 문을 열고 돌아왔을 때 신을 신발이 필요하다는 생각이 그녀를 붙잡는다. 그 믿음은 이성의 논리를 거스르지만, 그녀의 슬픔은 바로 그 말이 되지 않는 간절함 속에서 진실하게 살아 숨 쉰다. 사람들은 그녀에게 위로를 건넨다. "시간이 지나면 괜찮아질 거야." "그는 더 이상 고통받지 않아." 하지만 그녀는 그 말들에 위안을 느끼기는커녕, 오히려 그 말들 사이에 드리운 거리감과 공허를 절감한다. 오히려 그 말들은 죽은 이를 너무 쉽게 떠나보내려는 강제적 시도로 들린다. 그래서 디디온은 위로를 거부한다.

욥기 3장의 욥도 자신이 겪은 고통이 너무나 커서, 요셉을 잃은 야곱처럼, 남편을 잃은 디디온처럼 위로받기를 거부하는 것이다. 그리고 망자를 따라 스올로 내려가겠다고 외치는 것이다. 우리는 위로받기를 거부하는 애통자가 때로는 너무한다고, 너무 심하다고 느낄 수 있다. 욥의 경우가 그렇다. 아무리 자기 슬픔이 크면 컸지, 신앙의 기본적인 원리들을, 신학의 기본적인 진리들을 완전히 무너뜨릴 수가 있는가? 어떻게 스올이 천국인 것처럼 미화할 수 있는가? 어떻게 죽음을 지혜와 생명의 이미지로 묘사할 수 있는가? 이것은 하나님에 대한 모독이다

라고 말이다.

욥의 친구들도 이렇게 느낀 것 같다. 그들은 욥의 고난이 아무리 커도, 아무리 억울해도, 욥이 그렇게까지 말해서는 안 된다고 생각한다. 그리고 욥이 빨리 위로받고, 정상적 생업으로 돌아가기를 원한다. 엘리바스가 지혜자의 침묵을 깨고, 4장에서 욥을 꾸짖기 시작한 직접적 동기가 바로 이것이다. 위로하기 위해 방문한 친구들이 심판자로 바뀐 것이다.

우리가 그 자리에서 욥의 불평을 들었다면 어떻게 행동했을까? 욥의 입에서 하나님을 모독하는 듯한 언어들이 쏟아질 때, 우리는 어떻게 행동했을까? 우리도 친구들처럼 마음이 불편해지고 화가 나서, 급기야 욥을 가르치려 들지 않았겠는가?

욥은 그런 친구들이 어지간히 섭섭했나 보다. 엘리바스의 말이 끝나기가 무섭게 욥이 한 말을 살펴보자.

욥이 대답하여 이르되 나의 괴로움을 달아 보며 나의 파멸을 저울 위에 모두 놓을 수 있다면 바다의 모래보다도 무거울 것이라 그러므로 나의 말이 경솔하였구나 욥 6:1-3

이 구절에서 욥은 3장에서 자신이 한 말이 조금 지나쳤음을 인정한다. 그러나 자신이 그렇게 지나친 말을 하게 된 배경을 이해하지 못한 친구들이 또한 섭섭하다. 자신이 당한 괴로움과 재앙을 저울에 달아보면, 바다의 모래보다 무거울 것이라고 말한다. 또한 욥은 자신의 상처를 화살에 맞은 것에 비유한다(4절). 오늘날의 은어로 바꾸어 말하면 욥은 '총 맞은 것' 같은 아품을 느꼈다. 그것도 전능자의 '총'에 맞은 것이다. 전능자의 총에 맞으면 얼마나 상처가 크겠는가! 욥이 거친 말을 하게 된 상황을 이해하지 못하고, 욥의 말만을 트집 잡고 훈계하는 친구들이 욥은 정말 섭섭하다.

 욥의 친구들에게는 결국 욥이 한 말이 거슬렸다. 그 말이 너무 이교도적이고, 신실하지 못한 삶의 태도를 담은 것이라서 그 말을 용납할 수 없었다. 이것은 친구들이 '지혜자'라는 사실과도 관계있다. 그들은 '가치와 도덕'의 선생들이다. 즉 오늘날의 목사나 신학 교수처럼 가르치며 먹고사는 사람들이다. 그런 사람들일수록 '바른 신학'이 중요하다. 욥이 위로받기를 거절하며 던진 말이 그들의 바른 신학에 위배될 때, 그들은 상처받는다. 때로 상처는 분노로 변한다. 그리고 무너진 바른 신학을 회복하기 위해 욥을 공격하기 시작한다. 그러나 욥의 친구들은 욥의 '말에 잡혀' 위로자의 본분을 잊은 것이다. 욥이 그 말을 할 수밖에 없었던 상황을 이해하지 못하고, 공격받은 듯한 정통 신학을 보수하기 위해 욥을 꾸짖는다.

 엘리바스, 소발, 빌닷의 말을 잘 들어 보면, 표면적으로 모두 맞는 말―즉 정통 신학―이다. 그러나 그들이 그런 말을 하면서 '수행적'(performatively)으로 이루고 있는 것은 다름 아닌 스스로를 세우는 것이다. 상처받은 욥을 위로하는 것이 아니라, 자신의 신학 전통이 받은 상처를 치유하는 것이다. 즉 위로자의 본분을 망각하고 있다.

애통할 권리 = 하나님께 항의할 권리

이들에 대한 하나님의 평가는 어떠한가? 하나님은 욥의 친구들을 꾸중하신다. 그들의 신학이 바르지 않았다고 말씀하신다. 오히려 욥의 언어가 하나님을 제대로 표현했다고 말씀하신다.

> **여호와께서 욥에게 이 말씀을 하신 후에 여호와께서 데만 사람 엘리바스에게 이르시되 내가 너와 네 두 친구에게 노하나니 이는 너희가 나를 가리켜 말한 것이 내 종 욥의 말 같이 옳지 못함이니라** 욥 42:7

이 말을 통해 우리는 하나님께서 욥기 3장의 내용조차 받으셨음을 짐작할 수 있다. 하나님이 위로를 거부할 욥의 권리를 인정해 주신 것이다.

우리는 때때로 욥의 친구들처럼 남을 너무 빨리 위로하려 한다. 친구들은 애통하는 욥이 불편했다. 처음 7일 동안은 괜찮았는데, 애통의 기간이 길어지자 불편해졌다. 이제 욥에게 빨리 위로받으라고 강요한다. 꾸짖고 협박하고, 때로는 욥을 달래며 회개하라고 촉구한다. 고통당한 자에게 하루 빨리 위로받고 일상으로 복귀하라고 말한다. 그것이 모두를 위한 일이라고 말하면서 말이다. 그러나 3장에서 욥은 '나를 너무 빨리 위로하려 하지 말라'고 말하는 듯하다.

친구들의 행위가 일견 이해가 간다. 애통, 애곡하는 자가 삶의 한 영역을 차지하고, 늘 죽음과 재앙을 상기시키는 것은 모두에게 불편한 일이다. 우리는 좋은 것만을 보기 원한다. 그래서 그들이 빨리 애통의 기간을 끝내고 다시 정상적인 상태로 돌아오기를 원한다. 그리고 베옷을 벗어 버리고, 아무 일 없었다는 듯이 새 옷 입고 교회에 나오기를 희망한다.

그러나 이것은 위로받기를 거부하는 애통자에게 위로자들이 취해야 할 태도가 아니다. 예수님은 "애통하는 자는 복이 있나니 저희가 위로를 받을 것이라"고 말씀하셨다. 예수님의 말씀대로 지복의 상태는 애통하는 것이다. 얼마나 큰 역설인가? 우리는 행복을 기쁨에 연결시킨다. 그러나 예수님은 애통하는 자가 복 있다고 말씀하신다. 그리고 그에게 진정한 위로를 약속하신다.

진정한 위로자는 함께 항의하는 자!

지금 우리 사회에는 진정한 위로자들이 필요하다. 진정한 위로자는 애통하는 이웃 앞에서 하나님을 변호하는 자가 아니라, 애통자들과 함께 하나님께 항의하는 자이다. 정의의 하나님께 약속한 정의를 내려 달라고 기도하며, 함께 울어 주는 사람들이다. 애통의 기간을 훌쩍 넘겼지만, 여전히 애통할 수 밖에 없는 많은 이웃들이 있다. 위로자를 자청하는 자들이 그들을 위로하려 하지만, 그들은 위로받기를 거부한다. 사람들은 그들에게 빨리 위로받고, 정상적 상태로 돌아올 것을 요구한다. 때로는 읍소하고 때로는 협박한다. 그러나 우리가 욥의 세 친구처럼 그들에게 너무 빠른 위로를 강요하거나, 위로받기를 거부하는 과정에서 그들이 실수한 말이나 행위들을 빌미 삼아 그들의 상처를 더 깊게 하는 일은 없는지 돌아보아야 하겠다. 욥이 자신의 고통의 깊이를 이해하지 못하고, 자신이 한 말만을 트집 잡아 훈계하는 세 친구에게 한 말이 있다.

> **곤경에 처한 친구를 저버리는 사람은 전능자를 경외하는 자가 아니다** 욥 6:14, 필자 사역

토론과 나눔을 위한 질문들

1. 욥은 친구들의 위로를 거부하고, 그들이 자신의 고통을 제대로 이해하지 못한다고 말합니다. 욥의 이 반응은 단순한 감정적 거부가 아니라, 고난당한 사람이 겪는 일반적인 심리적 과정일 수 있습니다. 조앤 디디온도 비통함이란 직접 겪기 전에 아무도 모르는 '곳'이라고 말합니다. 그렇다면, 인간이 고통 속에서 위로를 거부하는 것은 당연한 반응처럼 보입니다. 우리 사회에서 '위로받기를 거부하는 사람들'이 있다면, 우리는 어떻게 그들을 위로할 수 있을까요?

2. 욥의 친구들은 신학적으로 바른 말을 하고 있지만, 결국 하나님께 책망을 받습니다. 반면 욥은 격렬한 항의와 절망적인 말을 쏟아냈지만, 하나님은

오히려 그의 정직한 태도를 인정하십니다. 이는 신앙에서 '올바른 말'보다 '정직한 태도'가 더 중요할 수도 있음을 시사합니다. 여러분은 하나님과의 관계에서 얼마나 정직합니까? 신앙 공동체에서 여러분은 얼마나 솔직해질 수 있다고 생각합니까?

9. 슬로브핫의 딸들은 여성 인권 운동의 선구자인가?

슬로브핫의 이름이 처음 언급된 문맥은 민수기 26장의 제2차 인구 조사이다. 므낫세 지파를 종족별로 점호한 후 사족(蛇足)처럼 헤벨 종족에 속한 가부장 슬로브핫을 언급한다. 민수기의 인구 조사에서 종족장 이외의 가부장은 특별히 따로 호명되지 않음을 고려할 때 슬로브핫이 언급된 것은 이례적이라 할 수 있다. 그런데 더욱 놀라운 것은 그의 다섯 딸들의 이름도 하나하나 나열된다는 것이다. 말라, 노아, 호글라, 밀가, 디르사(민 26:33). 또한 인구 조사에 대한 보고 이후 그 딸들을 주인공으로 한 이야기가 등장하며, 그 도입부에도 딸들의 이름이 다시 일일이 언급된다(민 27:1). 이상의 관찰에서 우리는 다음과 같은 질문을 할 수 있을 것이다. 슬로브핫의 딸들에게 무슨 특별한 것이 있었을까? 왜 2차 인구 조사 직후 제일 먼저 소개된 일화가 그 딸들에 대한 것일까? 슬로브핫의 딸들은 가나안의 부동산에 왜 그렇게 집착했을까? 성서 저자가 그 여자들의 이름들을 굳이 후대에 남겨 기억되도록 한 이유는 무엇일까?

인구 조사의 목적

민수기 26장에 기록된 인구 조사는 모세가 광야에서 행한 두 번째 인구 조사다. 제2차 인구 조사의 목적은 가나안 정복 전투를 위한 전열을 정비하는 동시에 하나님이 주실 축복—가나안 땅에서 이스라엘 지파들이 얻을 유업!—을 기대하도록 만드는 것이다. 이 목적은 다음의 구절에 명시적으로 나타난다.

> 이 명수대로 땅을 나눠 주어 기업을 삼게 하라 수가 많은 지파에게는 기업을 많이 줄 것이요 수가 적은 지파에게는 기업을 적게 줄 것이니 그들이 계수된 수대로 각기 기업을 주되 민 26:53-54

이스라엘의 지파들은 가나안 정복 후 그 땅을 유업으로 나누게 될 것이다. 위 구절은 땅 분배의 원칙을 설명한다. 인구가 많은 지파는 많은 땅을 받고, 인구가 적은 지파는 적은 땅을 분배받는다. 이런 법칙의 배경에는 아들이 많은 것이 하나님의 축복이라는 인식이 있다. 물론 이런 인식은 남자의 노동력이 경제 활동의 엔진이었던 농경 사회를 배경으로 한다. 민수기에 기록된 두 번의 인구 조사를 비교하면 인구 변화의 양상이 지파마다 조금씩 다름을 알 수 있다. 르우벤과 시므온 지파는 인구가 줄었고, 유다와 므낫세 지파는 인구가 증가했다. 특히 슬로브핫 가문이 속한 므낫세 지파의 경우, 그 증가율은 가히 주목할 만하다. 1차 조사 때에는 열두 지파 중 가장 인구가 적었지만, 광야 생활 동안 크게 번성하여 2차 조사 때에는 가장 큰 인구 증가율을 기록했다. 므낫세 지파의 인구가 64퍼센트나 늘었다는 것은 가정당 5~10명의 아들을 가졌다는 것이다. 당시 유아 치사율과 척박한 생활환경을 고려할 때 이것은 하나님의 특별한 축복으로 이해될 수 있다.

    2차 인구 조사의 성적표를 받아 든 므낫세 지파 사람들은 매우 기뻤을 것이다. 자녀의 축복이 이제 곧 부동산의 축복으로 이어질 것이기 때문이다. 그들은 젖과 꿀이 흐르는 땅에서 많은 부동산을 차지하며 살게 되었다. 하지만 이런 축제 분위기에 참여할 수 없었던 므낫세 사람들이 있었다. 그것은 슬로브핫 가문의 사람들이었다.

슬로브핫 딸들의 불만

당시 법에 따르면 아들만이 아버지의 땅을 유업으로 받을 수 있었는데, 슬로브핫에게는 아들이 없고 딸만 다섯이 있었다. 아들이 없는 가문의 경우 땅은 아버지의 형제들이나 가까운 친척에게 돌아가고 딸들은 큰 아버지나 작은 아버지, 아니면 가까운 친족의 딸로 입양되게 된다. 이렇게 되면 딸들은 새 아버지의 보호 아래 어떻게든 먹고살 수 있을지 모르지만 슬로브핫의 가문은 역사의 기억 속에서 사라지게 되는 것이다. 슬로브핫의 딸들은 그렇게 되는 것을 원치 않았다. 나아가 그 딸들은 아들만이 유업을 상속받는 법이 부당하다고 느낀 듯하다. 그래서 그들은 모세에게 가서 항의한다. "어찌하여 아들이 없다고 그의 종족에서 삭제되리이까? 그것은 옳지 않습니다. 우리에게 기업을 주셔서 아버지 형제 가운데 당당히 있게 하소서"(민 27:4, 필자 사역).

이것은 매우 대담한 요구이다. 그들은 유업에 관한 하나님의 법에 예외를 허락해 달라고 말하는 것이다. 그들은 율법이 잘못되었다고 주장하는 것과 다름없다. 하지만 본문에 묘사된 당시 상황을 보면 슬로브핫 딸들의 이런 요구는 쉽게 무시당할 수 있는 것이었다.

그들이 회막 문에서 모세와 제사장 엘르아살과 지휘관들과 온 회중 앞에 서서 이르되 민 27:2

슬로브핫의 다섯 딸들은 지금 모세를 포함한 민족 지도자들과 온 회중 앞에 서 있다. 모든 사람들의 눈이 그녀들에게 고정되어 있다. 남자들이라도 그 분위기에 압도되기 쉬웠을 것이다. 그런 상황에서 아무리 억울한 사정이 있더라도 선뜻 목소리를 내기 힘들었을 것이다. 더구나 그들은 지금 율법이 명하는 바와 어긋나는 요구를 하고 있다. 하나님의 법은 슬로브핫의 딸들이 원한다고 개정되는 것이 아니다. 따라서 그들의 억울함도 거기 모인 사람들이 이구동성 내뱉는 "법이요"라는 외침들 속에 쉽게 묻혀 버렸을 것이다. 하지만 그때 놀라운 일이 벌어진다. 모세가 슬로브핫 딸들의 요구를 묵살하지 않고 하나님 앞에 가져간다.

모세가 그 사연을 여호와께 아뢰니라 민 27:5

이 구절에서 "그 사연"으로 번역된 히브리어는 '미슈파트'다. 이것은 법정에서 다투는 안건(a legal case)을 가리킬 수 있지만, 정의의 의미도 포함한다. 거기에 모인 사람들과 달리 모세는 슬로브핫 가문의 사연을 정당한 것으로 파악했을 가능성이 있다. 그리고 하나님도 그 딸들의 요구를 거침없이 들어준다.

슬로브핫 딸들의 말이 옳으니 너는 반드시 그들의 아버지의 형제 중에서 그들에게 기업을 주어 받게 하되 그들의 아버지의 기업을 그들에게 돌릴지니라 민 27:7

방금 인용한 구절에 따르면 하나님이 그들의 요구를 들어주어 슬로브핫의 가문에만 딸에 의한 상속이라는 예외를 허락하는 것처럼 보인다. 이제 용기를 내어 목소리를 낸 슬로브핫의 딸들은 예외적으로 여자임에도 불구하고 아버지의 기업을 받게 될 것이다. 이것도 놀라운데, 그것이 끝이 아니다. 하나님은 한 걸음 더 나아가서 남자 후손이 없는 모든 가문의 딸들이 아버지의 유업을 이을 권리를 법으로 규정한다.

너는 이스라엘 자손에게 말하여 이르기를 사람이 죽고 아들이 없으면 그의 기업을 그의 딸에게 돌릴 것이요 … 나 여호와가 너 모세에게 명령한 대로 이스라엘 자손에게 판결의 규례가 되게 할지니라 민 27:8, 11

"너는 이스라엘 자손에게 말하여 이르기를"이라는 8절 도입부에 주목하라. 이것은 예외 조항을 도입하는 구절이 아니다. 이후에 언급되는 규정은 "이스라엘 자손" 전체에게 적용되어야 하는 것이다. 이런 하나님의 의도는 11절에서 보다 분명하게 나타난다. "이스라엘 자손에게 판결의 규례가 되게 할지니라." 지금 하나님은 슬로브핫의 딸들만을 위한 예외 규정을 만드는 것이 아니다. 하나님은 슬로브핫 딸들의 요구를 법으로 제도화한다. 그리고 그것은 언약의 일부가 된다. 이것은 정말 놀라운 일이다. 슬로브핫 딸들의 요구에 무슨 특별한 것이 있길래 하나님이 자신의 법까지 고쳐 가며 그들의 요구를 온전히 들어주셨을까?

통상적 해석

이 본문을 다루는 많은 설교가들이 다음과 같은 부분에 메시지의 초점을 맞춘다. 어떤 설교가들은 성경이 여성 인권을 인정한 가장 오래된 문서라고 주장한다. 즉 여성을 물건 취급하던 원시적 사회에 문명의 빛을 가져다주는 책으로 성경을 치켜세운다. 다른 설교자들은 슬로브핫의 딸들이 보여 준 적극성과 대담함(즉 후쯔파)을[52] 칭찬한다. 한 걸음 더 나아가 슬로브핫의 딸처럼 우리가 뻔뻔하지만 담대하게 하나님께 간구하면 무엇이든지 얻을 수 있다고 말하는 설교자들도 있다. 하나님은 우리가 집을 달라 하면 집을, 직장을 달라 하면 직장을, 배우자를 달라 하면 배우자도 주신다고 설교한다.

하지만 이런 식의 해석에 불편함을 느끼는 사람들이 많을 것이다. 슬로브핫 딸들의 이야기가 정말 여성의 권리를 위한 것인가? 슬로브핫의 딸들이 정말 20세기의 여성 인권 운동의 선구자인가? 3500년 전의 고대 이스라엘 여자들에게 현대 페미니즘을 역투영하는 것은 옳지 못해 보인다. 또한 슬로브핫 딸들의 후쯔파에 대한 아전인수식 적용도 불편하다. 하나님 앞에서 뻔뻔함은 절대적 선이 될 수 없다. 다시 말해 이기적 목적을 위한 후쯔파는 결코 바람직하지 못하다. 슬로브핫의 딸들이 뻔뻔함을 발휘해 결국 얻으려 했던 것이 고작 부동산이었다면, 그 딸들의 이름이 우리에게 기억될 이유가 없어 보인다. 나아가, 슬로브핫 딸들의 덕목이 포기하지 않고 구하는 뻔뻔함에 있었다면 하나님이 그들의 요구 사항을 보편적 율법으로 만든 것을 이해하기 힘들다. 그냥 '우는 아이 떡 하나 더 준다'는 심정으로 그들의 경우만을 예외로 삼고 율법 자체를 바꿀 필요는 없었을 것이다. 하지만 하나님의 특별한 응답을 생각할 때, 슬로브핫 딸들의 요구에는 뭔가 특별한 것이 있어 보인다. 그 특별한 것이 무엇일까?

이 질문에 대한 답을 얻기 위해서는 두 가지를 해야 한다. 하나는 민수기 27장 3-4절에 기록된 슬로브핫 딸들의 말을 자

---

[52] 후쯔파에는 부정적 의미와 긍정적 의미가 모두 들어 있다. 부정적으로 쓰일 때는 후안무치로 번역될 수 있다. 예를 들어, 아버지를 죽인 자가 판사 앞에서 고아가 되었다며 선처를 호소하는 경우이다. 긍정적 의미로는 권위 앞에 주눅 들지 않고 진리 혹은 행복을 구하는 태도이다. 구약의 영웅들은 이런 후쯔파를 발휘한 사람들이다. 야곱이 하나님과 씨름하며, 축복하지 않으면 놓아 주지 않겠다고 말한 것도 후쯔파이다.

세히 분석하는 것이고 다른 하나는 슬로브핫 딸들 이야기와 비슷한 플롯을 가진 민수기 9장 1-10절을 살피는 것이다. 먼저 후자부터 살펴보자.

제2의 유월절 이야기 (민 9:1-10) [53]

민수기 9장에는 슬로브핫 딸들의 이야기와 매우 비슷한 플롯을 가진 이야기가 수록되어 있다. 거기에서도 율법에 불만을 품은 인간이 하나님에게 무언가를 요구하는데 하나님이 그 요구를 들어줄 뿐 아니라 그것에 근거해 율법을 개정한 예가 등장한다. 민수기 9장을 읽으면 하나님이 슬로브핫 딸들의 간구에 그렇게 열정적으로 반응한 이유, 나아가 슬로브핫 딸들의 신앙이 후대에 특별한 본이 되는 이유를 이해할 수 있을지 모른다.

민수기 9장 1-10절에 기록된 이야기는 조금 생소한 '제2의 유월절'에 관한 것이다. 그 이야기의 배경은 다음과 같다. 이집트에서 탈출한 지 만 1년이 지나 유월절이 돌아왔다. 시내 광야에서 이스라엘 사람들이 모두 감격 가운데 유월절 제사에 참여한다. 그런데 율법에 따르면 그 제사에 참여할 수 없는 사람들이 있었다. 그들은 슬로브핫의 딸들처럼 모세 앞에 나아와 율법의 부당함을 호소한다. 그들은 누구였고 그들의 요구는 무엇이었을까?

---

[53] 민수기 27장의 슬로브핫 딸들에 관한 부분과 민수기 9장의 제2의 유월절 본문을 연결시키는 통찰은 《출애굽 게임》의 저자 랍비 포먼에게 빚을 지고 있다.

> 그 때에 사람의 시체로 말미암아 부정하게 되어서 유월절을 지킬 수 없는 사람들이 있었는데 그들이 그 날에 모세와 아론 앞에 이르러 그에게 이르되 우리가 사람의 시체로 말미암아 부정하게 되었거니와 민 9:6-7

그들은 사람의 시체로 말미암아 부정하게 된 자들이다. 이들은 얼마 전에 부모나 가까운 친구, 혹은 사랑하는 사람을 잃은 사람일 것이다. 율법의 정결 규정에 따르면 시체를 만져서 부정하게 된 사람은 어떤 성소 제사에도 참여할 수 없다.

> 사람의 시체를 만진 자는 이레 동안 부정하리니 … 누구든지 죽은 사람의 시체를 만지고 자신을 정결하게 하지 아니하는 자는 여호와의 성막을 더럽힘이라 민 19:11, 13

> 너희는 이와 같이 이스라엘 자손이 그들의 부정에서 떠나게 하여 그들 가운데에 있는 내 성막을 그들이 더럽히고 그들이 부정한 중에서 죽지 않도록 할지니라 레 15:31

하지만 그들은 이런 법들을 부당하게 느낀다. 그들이 부정하게 된 것은 그들 잘못이 아니다. 슬로브핫에게 아들이 없었던 것이 그 딸들의 잘못이 아닌 것처럼 말이다. 유월절을 앞둔 며칠 전에 사랑하는 부모나 친구가 죽게 되어서, 그들을 위해 장례를 치렀을 뿐이다. 그것 때문에 출애굽한 후 맞이하는 첫 번째 유월절에 참석할 수 없다는 것이 말이 되는가? 그들은 첫 유월절 제사에 참여하여 하나님께 감사를 드리며 예배하기를 원했다. 그들은 다음과 같이 불평하며 상황의 부당함을 호소한다.

> **우리를 금지하여 이스라엘 자손과 함께 정한 기일에 여호와께 헌물을 드리지 못하게 하심은 어찌함이니이까** 민 9:7

흥미로운 것은 방금 인용된 부정하게 된 사람들의 불평이 히브리어 원문에서 슬로브핫 딸들의 불평과 같은 단어들로 시작한다는 것이다. 라마("어찌하여") 가라("금지하십니까?")…. 슬로브핫 딸들의 불평은 그들이 유업을 물려받는 것을 금지하는 것에 대한 것인 반면, 부정하게 된 사람들의 불평은 제사 참석을 금지당한 것에 대한 것이다. 슬로브핫 딸들의 경우처럼, 본의 아니게 부정하게 된 사람들의 사정은 딱하지만, 그들의 요구는 분명 정결 율법에 어긋나는 것이다. 하지만 흥미롭게도 모세는 그들의 요구를 단번에 거절하지 않고 하나님 앞에 가져간다. "모세가 그들에게 이르되 기다리라 여호와께서 너희에게 대하여 어떻게 명령하시는지 내가 들으리라"(민 9:8). 이제 하나님이 어떻게 반응하는지 살펴보자.

> **여호와께서 모세에게 말씀하여 이르시되 이스라엘 자손에게 말하여 이르라 너희나 너희 후손 중에 시체로 말미암아 부정하게 되든지 먼 여행 중에 있다 할지라도 다 여호와 앞에 마땅히 유월절을 지키되 둘째 달 열넷째 날 해 질 때에 그것을 지켜서…** 민 9:9-11

"이스라엘 자손에게 말하여 이르라"라는 대목에 주목하라. 하나님은 불평한 사람들을 위한 예외 조항을 만드는 것이 아니라, 그들의 불평을 법으로 제도화하고 있다. 즉 불평한 사람들과 유사하게 피치 못할 사정으로 유월절 제사에 참여할 수 없었던 모든 사람들을 위해 대체 유월절을 지정하신다. 그것은 두 번째 달(이야르 달) 14일에 지켜지는데, 오늘날 유대인들은 그것을 '페사흐 쉐니' 즉 '제2의 유월절'로 부른다.

제2의 유월절 이야기에서 하나님이 시체로 말미암아 부정하게 된 자들의 요구에 그렇게 넘치도록 응답하신 이유가 무엇일까? 그것은 그들의 요구가 사람들을 향한 하나님의 뜻과 일치했기 때문이다. 그들은 본의 아니게 부정하게 되었지만 하나님의 구원을 감사하는 유월절 축제에 참여하길 원했다. 그들은 하나님을 예배하지 못하게 막는 것이라면, 그것이 율법이라도 부당한 것이라 생각했다. 그들의 간구는 비록 그것이 율법의 한 구석을 위반하는 것이었지만 하나님의 큰 뜻에 합당한 것이었다. 하나님을 예배하고자 하는 마음보다 하나님이 기뻐하시는 것은 없을 것이다.

비느하스의 열심

하나님의 명령을 위반하였지만, 칭찬받은 또 하나의 사람이 있다. 민수기 25장에 따르면 이스라엘 백성이 모압 여자들과 음행했을 때 하나님은 그들에게 역병을 보내어 벌하신다. 그리고 용서받을 수 있는 방도를 다음과 같이 말씀하셨다.

> **여호와께서 모세에게 이르시되 백성의 수령들을 잡아 태양을 향하여 여호와 앞에 목매어 달라 그리하면 여호와의 진노가 이스라엘에게서 떠나리라** 민 25:4

하나님의 명령은 일종의 대표성과 재판의 원리에 근거한 것이다. 죄지은 백성들의 수령들을 재판을 통해 공개적으로("태양을 향하여 여호와 앞에") 처형하라("목매어 달라")고 명하신다. 하지만 어떤 이스라엘 사람이 미디안의 공주와 음행하기 위해 장막에 들어갔을 때, 즉결 심판해 버린다. 즉 죄인들을 현장에서 재판 없이 잔인하게 살해한 것이다. 이런 비느하스의 행위는 하나님의 명시적 명령을 위반한 것이다. 하지만 하나님은 이런 비느하스의 행위를 칭찬하셨다. 그가 하나님의 '질투심'으로 행동했다고 말한다. 그리고 그후 이스라엘 전체에 내려진 역병이 그친다.

> **제사장 아론의 손자 엘르아살의 아들 비느하스가 보고 회중 가운데에서 일어나 손에 창을 들고 그 이스라엘 남자를 따라 그의 막사에 들어가 이스라엘 남자와 그 여인의 배를 꿰뚫어서 두 사람을 죽이니 염병이 이스라엘 자손에게서 그쳤더라** 민 25:7-8

다시 슬로브핫 딸들의 이야기로 돌아가자.
슬로브핫 딸들의 요청에도 시체로 부정하게 된 사람들의

요청이나 비느하스의 행위처럼 하나님의 뜻에 합한 무언가가 있었을 것이다. 그들의 요청이 단순히 부동산에 대한 다소 이기적인 권리 요구만은 아니었을 것으로 추정할 수 있다. 지금부터는 슬로브핫 딸들의 요구가 하나님의 어떤 기쁜 뜻에 부합했는지 알아보자. 이를 위해 슬로브핫의 딸들이 한 말을 분석할 필요가 있다.

슬로브핫 딸들의 요구 다시 읽기

다음 구절은 슬로브핫의 딸들이 자신들에게 기업을 달라 하면서 그 이유를 설명하는 대목이다.

> **우리 아버지가 광야에서 죽었으나 여호와를 거슬러 모인 고라의 무리에 들지 아니하고 자기 죄로 죽었고 아들이 없나이다** 민 27:3

슬로브핫의 딸들은 그들의 아버지가 이미 광야에서 죽었지만 "여호와를 거슬러 모인 고라의 무리에 들지 않고 자기 죄로 죽었"음을 강조한다. 이 말이 의미하는 바는 무엇일까? 그 의미를 이해하려면 광야를 38년간 방황한 이스라엘 백성의 정서를 이해해야 한다. 특히 제2차 인구 조사를 마친 출애굽 제2세대의 상황을 살펴야 한다.

출애굽한 지 약 40년이 흘렀지만 그들은 아직 가나안 땅을 차지하지 못했다. 여전히 광야에서 살고 있다. 하나님이 그들을 이집트에서 탈출시킨 목적은 가나안 땅으로 인도하기 위함이 아니었던가? 그렇게 하겠다고 조상 아브라함, 이삭, 야곱에게 이미 약속하지 않았는가? 하지만 그 약속은 38년간 지켜지지 않았다. 이스라엘 백성은 일주일이면 도착할 가나안 땅으로 지금 40년째 여행하고 있다. 광야에서 지내는 세월들이 한 해 한 해 쌓임에 따라 이스라엘 백성은 약속의 땅에 대한 믿음을 상실해 갔다. 파인다이닝을 운영하는 친구가 여러분에게 자신의 식당에 한번 초대하겠다고 말하고 40년 동안 그 말을 실천하지 않았다고 가정해 보자. 40년이 지난 지금 여러분은 친구의 말을 여전히 믿을 수 있겠는가? 광야의 이스라엘 백성도 그런 심정이었을 것이다. 약속의 땅에 대한 열망보다는 이집트로 돌아가고 싶은 마음이 더 컸다. 다음의 구절은 그런 이스라엘인들의 마음을 잘 대변한다.

> 온 회중이 소리를 높여 부르짖으며 백성이 밤새도록 통곡하였더라 이스라엘 자손이 다 모세와 아론을 원망하며 온 회중이 그들에게 이르되 우리가 애굽 땅에서 죽었거나 이 광야에서 죽었으면 좋았을 것을 어찌하여 여호와가 우리를 그 땅으로 인도하여 칼에 쓰러지게 하려 하는가 우리 처자가 사로잡히리니 애굽으로 돌아가는 것이 낫지 아니하랴 이에 서로 말하되 우리가 한 지휘관을 세우고 애굽으로 돌아가자 하매 민 14:1-4

슬로브핫의 딸들이 언급한 고라의 무리는 백성들의 불만

에 편승하여 모세의 지도력에 정면으로 대항한 정치 세력이다 (민 16:1-2). 모세의 지도력에 흠을 내기 위해 고라의 무리는 백성들의 불만에 부채질을 한다. 이런 고라 당의 정강을 담고 있는 구절이 민수기 16장 12-14절이다. 고라의 무리는 가나안 땅에 올라가지 않겠다고 몽니를 부린다.

> **우리가 올라가지 않겠노라** 네가 우리를 젖과 꿀이 흐르는 땅에서 이끌어 내어 광야에서 죽이려 함이 어찌 작은 일이기에 오히려 스스로 우리 위에 왕이 되려 하느냐 이뿐 아니라 네가 우리를 젖과 꿀이 흐르는 땅으로 인도하여 들이지도 아니하고 밭과 포도원도 우리에게 기업으로 주지 아니하니 네가 이 사람들의 눈을 빼려느냐 우리는 **올라가지 아니하겠노라** 민 16:12-14

만약 여러분이 광야 생활하던 이스라엘 백성 중 하나였다면 선거 철마다 "우리는 올라가지 않겠노라"라고 적힌 고라 정당의 현수막을 자주 목격했을 것이다. 하지만 생각해 보면 고라 무리들의 이런 정강을 전혀 이해 못할 것도 아니다. 38년 동안 하나님의 약속이 지켜지지 않았다. 이스라엘 백성은 가나안 땅을 지척에 두고 척박한 광야를 돌고 있다. 이렇듯 약속이 지켜지지 않자 사람들이 더 이상 믿지 못하는 상태에 빠진 것이고, 고라의 무리가 그런 정서에 편승한 것이다. 여기에는 출애굽 2세대인 청년들도 예외가 아니었다.

하지만 모두가 모세를 없애려는 반란에 나서거나 동참한 것은 아니다. 슬로브핫의 아버지는 분명히 그러지 않았다. 딸들이 강조한 대로 슬로브핫은 고라의 무리에 들지 않았다. 이것은 슬로브핫의 딸들도 고라 무리의 주장에 동의하지 않고 있음을 암시한다. 슬로브핫의 딸들과 같은 출애굽 2세대들은 광야에서 태어나 성장한 사람들이다. 물과 음식이 늘 부족하고, 적의 공격에 항시 노출된 불안한 안보 상황 속에서 살아야 했다. 또한 과거의 편안했던 이집트를 그리워하는 부모님의 '가르침'까지 듣고 자랐다. 제2차 인구 조사가 끝난 지금, 출애굽 2세대 청년들은 가나안 땅을 용기 있게 정복해야 했지만 그런 그들에게 그 일을 수행할 믿음과 용기가 있을지 참으로 의심스러운 상황이다.

이때 슬로브핫의 딸들이 아버지의 유업을 요구하는 장면이 성경에 기록된다. 슬로브핫의 딸들은 출애굽 제2세대들이 듣는 가운데 말한다. "어찌하여 아들이 없다고 우리 아버지의 이름이 그의 종족 중에서 삭제되리이까 우리 아버지의 형제 중에서 우리에게 기업을 주소서." 여기서 기억할 것은 아직 어느 가문도 땅을 차지하지 못했다는 것이다. 그 땅은 가나안 정복에 성공했을 때 주어질 땅이다.

이런 관점에서 슬로브핫의 요구를 다시 생각해 보자. 슬로브핫의 딸들은 대부분의 사람들이 광야 생활에 지쳐 약속의 땅을 포기하고 이집트로 돌아가기를 원할 때, 하나님의 약속을 믿고 "그 땅의 유업"을 자신들의 것으로 선포한 것이다. 하나님이 약속한 땅에 대한 믿음과 소망을 선언한 것이다. 약속의 땅 앞에서 동시대의 청년들이 주저할 때 슬로브핫의 딸들이 먼저 용기를 내었다. 딸들의 요구는 부동산에 대한 욕심이 아니다. 그것은 하나님의 비전을 자기 것으로 수용하고 선포하는 행위이다. 슬로브핫의 딸들은 모두가 고라의 무리처럼 이집트로 돌아가려 할 때, 하나님의 약속의 땅으로 들어가 유업을 차지하자고 독려한 것이다. 만약 슬로브핫 딸들의 요구가 부동산에 대한 이기적 욕심에서 나온 것이었다면 하나님이 그렇게 반응하지 않았을 것이다. 또한 인구 조사 직후에 슬로브핫 딸들의 이야기가 서술되지도 않았을 것이다. 슬로브핫 딸들이 아버지의 이름이 삭제되는 것을 원치 않았던 것은 가나안 땅에 세워질 하나님 나라에 주체적 일원으로 참여하기 원했기 때문이다. 모두가 가나안 땅에 올라가지 않겠다고 말할 때 슬로브핫의 딸들은 "올라가겠다"고 말하고 있다. 그들이 원한 것은 단순히 부동산이 아니라 하나님 나라의 유업인 것이다

기억될 이름

말라, 노아, 호글라, 밀가, 디르사, 이것이 슬로브핫 다섯 딸들의 이름이다. 이것은 성경에 모두 네 번 언급된다(민 26:33; 27:1; 36:11, 수 17:3). 성경에서 여자들의 이름이 언급되는 것 자체가 드문 일인데, 이렇게까지 반복적으로 언급되는 것은 매우 이례적이다. 성경 저자가 그들의 이름을 영원한 기억 속에 남긴 이유가 이제 어느 정도 분명해졌을 것이다. 슬로브핫의 딸들은 모두가 하나님의 약속을 의심할 때 믿음을 지켜 냈다. 그들의 믿음이 더욱 놀라운 이유는 그들이 남들 보기에는 저주받은 가문이

었다는 사실이다. 므낫세의 다른 가문들은 모두 태의 복을 받았다. 가정마다 최소 다섯 명의 남자를 길러 냈다. 하지만 슬로브핫 가문에는 아들이 하나도 없었다. 남들의 눈에는 저주받은 듯한 상황이지만, 그 딸들은 절망하지 않고 하나님의 선함을 믿고 그분의 뜻을 이루는 데 앞장섰다. 세상의 존중을 받지 못하는 상황에서도 세상 주류의 의견에 굴하지 않고, 하나님의 선하심을 믿고 그분의 선한 뜻을 이루기 위해 노력한 슬로브핫 딸들이 오늘날에도 좋은 귀감이 된다.

토론과 나눔을 위한 질문들

1. 슬로브핫 딸들의 이야기, 시체로 부정하게 된 사람들의 이야기, 비느하스 이야기 등을 보면, 하나님은 그분의 명령에 문자적으로 따르기보다는, 그 명령에 담긴 하나님의 뜻을 파악하고 그것을 이루는 데 인간이 주체적으로 행동하기 원함을 알 수 있습니다. 말씀의 문자적 의미와 그 속에 담긴 하나님의 뜻 사이의 차이, 그로 인한 문제 때문에 고민했던 경험이 있다면 함께 나누어 봅시다.

2. 하나님은 슬로브핫 딸들의 요청을 받아들일 뿐만 아니라, 그것을 모든 여성이 적용받을 수 있도록 법으로 제정하셨습니다. 이는 하나님이 인간의 요청을 듣고 기존의 율법을 수정할 수도 있음을 보여 줍니다. 하나님이 인간과

적극적으로 소통하신다는 사실은 여러분에게 어떤 위로를 줍니까?

3. 슬로브핫의 딸들은 대부분의 사람들이 광야 생활에 지쳐 약속의 땅을 포기하려 할 때, 오히려 가나안 땅에 대한 믿음을 가지고 적극적으로 유업을 요청했습니다. 이는 단순한 물질적 요구가 아니라, 하나님이 주신 약속을 신뢰하는 신앙의 행위였지요. 그렇다면, 신앙 안에서 우리가 하나님께 간구할 때, 우리의 동기와 태도는 어떻게 정리되어야 할까요? 우리가 구하는 것이 개인적인 욕심인지, 하나님 나라를 위한 것인지 어떻게 분별할 수 있을까요?

10.
창의적 행동가 십보라

십보라는 모세가 미디안 광야로 피난했을 때 만나 결혼한 여인이다. 모세는 이스라엘 민족을 해방시킨 인물로 유명하지만 그의 아내 십보라에 대해 알려진 바는 거의 없다. 이 여인의 아버지가 이드로 혹은 호밥으로 불리는 미디안의 제사장이며, 모세와 결혼한 후 게르솜과 엘리에셀을 낳았다는 것이 알려진 전부다. 성경 본문이 고대 세계의 남성 중심적 세계관에 의해 영향 받았다고 믿는 여성 신학자들은 십보라도 성경의 그런 서술의 피해자임을 주장한다. 예를 들어, 모세와 십보라의 결혼을 묘사하는 출애굽기 2장이나 모세와 십보라의 재회를 묘사하는 출애굽기 18장은 모두 모세와 십보라의 관계보다는 모세와 그의 장인 이드로의 관계에 초점을 맞추고 있다. 즉 성경 저자는 모세의 결혼에서 의미 있는 것은 아내의 집안—미디안의 제사장 집안—인 것 같다. 이는 아내 십보라가 남편 모세에게 끼친 영향력을 최소화하는 효과를 가진다.

그러나 성경을 자세히 보면 여성 신학자들의 주장처럼 성경이 언제나 여성 인물에 대한 무시 혹은 폄하로 이어지는 것이 아니다. 모세의 아내 십보라에 대한 매우 긍정적인 서술이 출애굽기 4장 24-26절에 등장한다. 필자는 성경에서 가장 난해한 본문 중 하나로 여겨지는 이 본문에 대한 분석을 통해 십보라가 어떤 여인이었으며 모세의 사역에 어떤 중요한 역할을 감당했는지를 이야기하려 한다. 다음은 본문에 대한 필자의 사역이다.

> 그가 여행 중 밤을 맞아 쉬려는데, 여호와가 그를 대적하여, 그를 죽이려 하였다. 그때 십보라가 돌칼을 취하여 자기 아들의 포피를 자른 후 그의 발에 대며 "당신은 내게 하탄-다밈(hătan dāmîm)입니다"라고 말했다. 그러자 그가 그를 풀어 주었다. 바로 이것이 할례와 관련해서 "하탄 다밈"이 처음 사용된 때이다.

먼저 지적해야 하는 것은 이 본문이 묘사하는 상황이 분명하지 않다는 점이다. 히브리어 원문에서 다양한 요소들의 의미가 불확정적이다. 먼저 하나님이 죽이려 한 것이 모세인지 그의 아들인지가 분명하지 않다. 필자의 사역이 잘 보여 주듯이 원문상에는 "모세"라는 말이 등장하지 않는다. 또한 십보라가 자기 아들의 포피를 자른 후 누구의 발에 그것을 가져다 댔는지 분명하지 않다. 즉 "그의 발"이 누구의 발을 지칭하는지 분명하지 않다는 뜻이다. 유대 랍비들의 해석이 세 가지 가능성, 즉 모세의 발일 가능성, 아들의 발일 가능성, 그리고 여호와의 발일 가능성을 모두 인정한다는 사실은 원문상의 모호성을 방증할 뿐이다. 십보라가 한 말 '하탄-다밈'도 구약 성경 전체에서 여기에만 등장하는 것으로 그 의미가 모호하다. 개역개정의 번역, "피 남편" 이외에도 학자들은 하탄-다밈의 의미로 "할례받은 자" 혹은 "피의 친족" 등을 제안해 왔다.

　　이런 해석의 불확실성에도 불구하고 부정할 수 없이 확실한 것 하나가 있다. 그것은 십보라가 아들의 포피를 자르는 할례를 행했고, 그것을 누군가의 발에 댐으로써 위험에 빠진 남편 혹은 아들을 구해 냈다는 것이다. 즉 이 이야기의 주인공이 십보라임은 분명해 보인다. 더구나 이 짧은 본문에서 여호와를 제외하고 이름으로 언급된 유일한 인물이 십보라임을 고려하면 모세나 그 아들이 아닌, 그 아내가 이 이야기의 중심 무대에 서 있음은 부정할 수 없다.

여호와가 모세를 죽이려 한 이유

십보라의 역할에 관해 좀 더 구체적으로 설명하기 위해 이제 필자는 몇몇 히브리어 단어에 대해 다음과 같은 주석적 결정을 내릴 것이다.[54] 첫째, '하탄-다밈'은 "피 남편"으로 번역한다. 둘째, 여호와가 죽이려 한 사람은 모세일 가능성이 높다. 셋째, 십보라가 아들의 포피를 갖다 댄 곳은 남편 모세의 발이다. 그리고 발은 모세의 성기에 대한 우회적인 표현이거나 상징일 수 있다. 다음의 사역은 이런 결정들이 반영된 것이다.

---

[54]　지면 관계상 그런 판단의 근거들을 제시하지 못함을 양해하기 바란다. 앞으로 논의할 내용은 같은 단어들에 대한 다른 주석적 결정을 내렸다 할지라도 그 취지가 크게 변하지 않는다.

모세가 여행 중, 밤을 맞아 쉬려는데, 여호와가 모세를 대적하여, 그를 죽이려 하였다. 그 때 십보라가 돌칼을 취하여 자기 아들의 포피를 자른 후 모세의 발(성기?)에 대며 "당신은 내게 피 남편입니다"라고 말했다. 그러자 여호와가 모세를 살려주었다. 바로 이것이 할례와 관련해서 "피 남편"이라는 말이 처음 사용된 때이다.

이 번역에 따르면, 모세는 이집트로 돌아가는 도중 여호와에 의해 살해당할 뻔한다. 왜 모세를 어렵게 설득하여 사명을 맡기신 하나님이 그렇게 빨리 마음을 바꾸셔서 그를 죽이려 했는지는 분명하지 않다. 학자들의 다양한 추측이 있지만, 가장 유명한 것이 모세가 아들의 할례를 소홀히 했다는 주장이다. 이 주장에 따르면 십보라 이야기의 메시지는 할례의 중요성이다. 즉 민족의 운명을 어깨에 짊어진 모세라도 할례를 소홀히 한 죄책에서 벗어날 수 없었을 정도로 할례가 중요하다는 것이다. 그러나 이런 견해에는 두 가지 문제가 있어 보인다. 첫째, 하나님은 모세가 할례에 관해 죄를 지었음을 알고 있었음에도 그에게 사명을 맡기셨다는 것이다. 그런데 그 사명에 순종하여 여행하는 모세를 죽이려 했다는 것은 잘 납득이 되지 않는다. 둘째, 아들의 할례만이 문제였다면 아들의 포피를 자른 후, 그것을 모세의 발에 댄 십보라의 행위가 잘 설명이 되지 않는다.

이 때문에 보다 최근의 학자들은 여호와가 갑자기 모세를 죽이려 한 이유를 다른 곳에서 찾는다. 그들은 출애굽기 4장 24절에 등장하는 표현, 여호와가 모세를 "죽이려 했다"(히브리어 '비케쉬')에 주목하며, 여호와의 살해 의도를 모세의 살인 죄책과 연결시킨다. 출애굽기 2장에 따르면 모세는 히브리인을 억압하는 이집트인을 욱하는 마음에 살해한다. 이 소식을 들은 이집트 왕은 모세를 "죽이려 했고"(히브리어 '비케쉬'), 모세는 미디안으로 도망한다. 살인자 모세에 대한 바로의 살해 의지를 표현할 때 사용된 히브리어 '비케쉬'(출 2:14; 4:19)가 이집트로 돌아가는 모세에 대한 하나님의 살해 의지를 표현할 때도 사용된 것이다. 이 때문에 학자들은 하나님이 모세를 죽이려 했던 이유를 살인에 대한 죄책에서 찾는다. 모세가 이집트인을 우발적으로 죽였어도 살인은 살인이기 때문에, 그에 합당한 벌을 받아야 한다는 것이다. 이 문제를 더 잘 이해하기 위해서는 살인에 대한 율법을 살필 필요가 있다. 모세와 관련해서는 두 가지 포인트가 중요하다.

첫째, 이스라엘의 율법에 따르면 피로 오염된 땅은 오직 피로만 정화된다. 이 때문에 다른 범죄(절도나 강간)에 대한 죗값은 금전으로 대신할 수 있었지만, 살인에 대한 죗값만은 금전으로 치를 수 없었다. 목숨·피에 대한 대가는 목숨·피가 아니면 치러질 수 없었다. 둘째, 율법은 우발적 살인자, 즉 욱하는 바람에 살인한 자에 대해서 살 길을 마련해 주었다. 그것이 도피성 제도이다. 우발적 살인자는 도피성에 있으면 죽음을 면할 수 있다. 그러나 살인에 대한 죄책이 없어지는 것은 아니다. 도피성에 있다는 것 자체가 그 살인자에게는 사회적 죽음을 의미한다. 즉 자신의 죗값을 치르는 것이다. 더구나 그가 도피성에서 나오려면, 즉 그 사회적 죽음에서 벗어나려면, 누군가가 그

죗값을 대신 치러야 한다. 민수기 35장 28절에서 대제사장이 죽을 때에 도피성으로 피한 우발적 살인자들의 사회 복귀를 허락한 것으로 볼 때, 대제사장의 죽음·피가 대속적인 성격을 지닌 듯하다.

  이 두 가지는 하나님이 왜 모세를 죽이려 했는지를 이해하는 중요한 배경이 된다. 모세는 이집트 사람을 죽인 살인자다. 성경은 생명의 국적을 구분하지 않기 때문에 이집트인에 대한 살해도 죄책을 일으킨다. 이것은 목숨, 즉 피 흘림으로만 사해질 수 있다. 한편 모세가 하나님의 성산이 위치한 미디안 지역으로 도망 온 것은 하나님이 정한 도피성으로 도망 온 것에 비견된다. 미디안에 있는 한 그는 상징적 죽음 상태에 있다. 즉 자신이 자신의 죗값을 치르고 있는 것이다. 그러나 미디안 지역을 떠나 다시 고향으로 돌아가기 위해서는 누군가가 그 죄책을 대신 감당해 주지 않으면 안 된다. 대제사장의 죽음이 살인자의 사회 복귀를 허락했던 것처럼 말이다.[55]

  여기에 하나님의 고민이 있는 것이다. 자신의 법에 따르면, 하나님은 미디안을 떠나 이집트로 가는 모세를 죽여야 한다. 동시에 하나님은 모세를 구원의 도구로 사용하시기 원하신다. 이런 딜레마를 해결해 준 것이 십보라다. 좀 더 강하게 말하면, 하나님은 섭리 가운데 십보라와 "동역"하신다. 물론 십보라가 이런 하나님의 딜레마, 혹은 계획을 알았을 리 만무하다. 그런 의미에서 십보라에게 그것은 의도적 '동역'은 아니다.

---

[55] 바로 이 지점에 모세가 미디안에 머물러 있을 때 그를 죽이지 않고, 그가 미디안에서 나와 이집트로 가는 길에 죽인 이유가 있다.

하나님이 율법에 따라 모세를 죽이려 했을 때 십보라는 아들의 포피를 잘라, 피 묻은 가죽을 모세의 발(성기?)에 댄다. 이 행위의 의미가 무엇일까? 십보라는 무슨 의도로 이런 행위를 했을까? 분명한 것은 십보라의 이런 행위가 모세를 살린 것만은 분명하다. 십보라가 포피를 모세의 발에 대었을 때 하나님이 모세를 놓아주었기 때문이다. 미디안의 제사장 딸 십보라가 어떻게 문제를 정확하게 진단하고, 그것을 치유할 수 있었는지는 일단 차치하고라도, 십보라의 행위 자체는 (그것이 의도적이든 아니든) 할례에 관한 이스라엘의 신학과 잘 일치한다. 이스라엘에서 할례는 언약 공동체에 대한 가입 의식(cf. 창세기 17장)인 동시에 속죄 제사적 효력을 가진다.

하버드 대학의 존 디 레벤슨 교수는 할례가 인신 제사(human sacrifice)의 진화된 형태라고 주장한다. 즉 포피의 일부를 잘라 냄으로써 이스라엘 백성은 자신의 몸(네페쉬)을 하나님께 드린 것이다. 이것은 출애굽 전야, 유월절 식사에서도 암시되는데, 하나님은 할례받지 못한 자의 유월절 식사 참여를 금지하였고, 이 때문에 실제로 유월절 직전에 대량의 할례 의식이 행해졌을 가능성이 높다(cf. 여호수아 5장의 가나안 정복 직전, 대량 할례 의식을 참조). 유월절 식사가 신약의 성찬식이나 종말의 천국 잔치에 대한 모형적 의미가 있다면, 유월절 식사에 참여하기 위해서 반드시 할례받아야 한다는 하나님의 명령은 할례가 가진 속죄의 의미를 잘 드러내 준다.

상자 밖에서 생각하는 십보라

십보라는 모세가 죽음의 위기에 처하자 아들의 포피를 잘라 모세의 발에 댐으로써 모세의 살인 죄책을 치른다. 비록 할례가 속죄의 효력을 가진다고 인정해도 십보라의 행위는 기존의 관습을 깨는 파격적인 것이다. 십보라는 모세를 직접 할례하지 않고 아들의 피 묻은 포피를 통해 상징적으로 그리고 대속적으로 할례하고 있기 때문이다. 이것은 이미 할례받은 모세를 상징적으로 대속적으로 재-할례함으로써 그의 살인 죄책을 사하려 했던 것이다. 그 당시 상징적 혹은 대속적 할례란 존재하지 않았다. 십보라는 위기의 순간 임기응변적으로 대처한 것인데, 기억해야 할 것은 하나님이 이런 십보라의 행위를 받으셨다는 것이다. 이처럼 십보라는 위기의 순간에 '상자 밖에서 생각하는' 능력을 가진 여자인 듯하다.

한편 십보라가 할례를 집행하는 데에는 결단과 용기도 필요했다. 보통 집안의 어른이 할례의 집행자가 되는 관습을 생각하면 여자인 십보라가 '집도'하는 것도 쉬운 일은 아니었을 것이다. 그러나 위기의 순간에 십보라는 지체없이 돌 칼을 집어 든다. 이 모든 것은 오로지 한 가지 목표, 죽음의 위협에 빠진 남편을 구하기 위한 것이다. 십보라의 상자 밖에서 생각하는 지혜와 그것을 행동으로 옮기는 결단력이 없었더라면, 모세는 그곳에서 죽었을 것이다. 그리고 이스라엘의 역사도 상당히 다른 모습이었을 것이다.

앞서 우리는 여호와가 모세를 공격한 이유에 대한 두 가지

가설을 살폈다. 하나는 할례를 소홀히 한 죄에 대한 심판이라는 가설이며, 또 하나는 살인에 대한 죄책이라는 가설이다. 여기에 또 하나의 가설을 더하면 다음과 같다. 하나님이 모세를 공격한 특별한 이유가 없었다는 것이다. 사명을 가진 자가 사명을 이루기 전에 위험의 순간을 만나는 경우가 많은데, 그 위험은 특정한 죄 때문에 발생하는 것이 아니라, 그 사명을 수행할 힘, '사명 근육'을 강화시키는 하나님의 특별한 섭리라는 것이다. 대표적인 예가 창세기 32장에서 야곱이 천사와 씨름한 것이다. 하나님의 명령대로 가나안 땅에 돌아가던 야곱이 얍복 강가에서 뜻밖의 복병을 만나게 된 것이다. 본문에 하나님이 야곱을 공격한 이유는 나와 있지 않다. 그러나 분명한 것은 밤샘 씨름을 통해 야곱이 새 사람 즉 '이스라엘'이 되었다는 것이다. 야곱은 그 위기를 통해 인생의 어떤 문제도 용기 있게 헤쳐 나갈 '이스라엘'이 된 것이다.

모세가 갑자기 죽음의 위기에 처한 사건도 이런 관점에서 볼 수 있다. 단 야곱의 경우와 다른 것은 모세의 경우, 자신의 힘이 아닌 십보라의 도움으로 위기를 극복하고 '새 사람' 즉 '피의 남편'이 되었다는 것이다. 이런 의미에서 십보라는 이집트인 모세를 히브리인 모세로 새롭게 출산한 어머니와 같다. 지금까지 이집트인 모세는 하나님의 사명 앞에서 여러 핑계를 대는 유약한 자였지만 십보라를 통해 할례의 피를 입은 모세는 바로와 용기 있게 맞설 참 히브리인이 된 것이다.

유명한 여성 신학자 프라이머-켄스키(Tikva Frymer-Kensky)는 "당대의 의로운 여성들 때문에 이스라엘이 출애굽의 구원을 받을 수 있었다"라는 유대 속담을 인용하면서, 십보라와 같은 여성들이 억압과 위기의 순간에 특히 강해지는 이유를 다음과 같이 설명한다.[56]

> 여성들의 강점은 그들이 사회적으로 약자라는 상황에 기인한다. 여자들은 가정과 사회의 권력 구조에서 소외된 계층이다. 그들에게 억압과 속박은 익숙하다. 늘 불리하고 부족한 상황 안에서 타인과의 협상과 조율을 통해 자신들의 원하는 바를 이루었다. 즉 남편을 성공시키고, 자녀를 보호하고, 하나님께 충성하는 삶을 일구었다.

이 때문에 여자들은 위기의 상황에 특히 잘 대처한다. 삶의 자리 자체가 위기의 자리였기 때문에, 위기의 상황에 넘어지지 않는다. 반면 남자들은 늘 자율과 안정, 통제하는 상황에 익숙하다 보니, 위기를 만나면 어찌할 바를 몰라 무기력해지거나 아예 무너지게 된다. 여자들은 삶에서 진정 무엇이 중요한지를 알고 그것을 얻기 위해 재치, 지혜, 묘를 살리지만, 남자들은 틀을 맞추고 형식을 갖추려는 욕구 때문에 틀과 형식이 불가능한 상황을 받아들이지 못하고 좌절함으로 삶에서 진짜 중요한 것들을 놓치는 경우가 많다.

십보라의 행위에서 보여지는 여성적 영성―필자는 이것을 '낮은 자'의 영성 혹은 '가난한 자'의 영성으로도 부르고 싶

---

[56] Tikva Frymer-Kensky, *Reading the Women of the Bible*(New York. Schocken Books, 2002), 32.

다—은 오늘날과 같은 위기의 시대에 어울리는 영성이다. 많은 높은(?) 목사님들이 위기에 대한 논리적 분석과 논리적 해법을 내놓지만, 한국 교회는 여전히 변화가 없다. 이는 위기를 가져온 것이 지금까지의 사고와 습관이었는데, 여전히 그것에 의존해 문제를 해결하려 하기 때문이다. 지금은 십보라처럼 상자 밖에서 생각하는 능력, 그리고 그것을 과감히 때로는 파격적으로 실천에 옮기는 용기가 필요한 것은 아닐까? 이 여성적 영성은 절대로 하루아침에 만들어지거나, 모방될 수 있는 것이 아니다. 낮은 자의 겸손함, 자신을 낮추고 남편과 자녀와 하나님을 섬기는 이타심, 타락한 세상에 대한 분명한 현실 인식 가운데, 조율과 타협을 해내는 지혜와 용기는 평생 교단의 기득권적 혜택 아래 살아온 사람들에게서는 나오기 힘든 덕목들이기 때문이다.

토론과 나눔을 위한 질문들

1. 십보라의 행동은 '상자 밖에서 생각하는' 창의적인 대처로 모세를 구해 내는 것이었습니다. 일반적으로 위기의 순간에 사람들은 기존의 틀과 규칙에 얽매이기 쉬운데, 십보라는 그러한 틀을 깨고 즉각적인 결정을 내렸습니다. 현대 사회에서도 예상치 못한 위기 상황에서 기존의 규범을 넘어서 창의적이고 용기 있는 결정을 내려야 하는 경우가 많습니다.

하지만 '상자 밖에서 생각하는' 일은 어렵습니다. 기존의 방식과 다른 방식으로 문제를 해결하려고 시도했다가 실패하거나 성공한 경험이 있다면 함께 나누어 봅시다.

2. 모세는 하나님의 부르심을 받았음에도 불구하고 여전히 자신의 과거(이집트인을 죽인 사건)와 정체성에 대한 문제를 해결하지 못한 상태였습니다. 그런데 십보라의 할례를 통한 개입은 모세가 '참 히브리인'으로 거듭나는 계기가 되었습니다. 이는 신앙이 단순한 부름을 받는 것에서 끝나는 것이 아니라, 내면의 변화와 정체성의 확립을 필요로 함을 보여 줍니다. 그리스도인들은 날마다 새로워져야 합니다. 날마다 새로워지기 위해서 어떤 노력을 하고 있는지 나누어 봅시다.

3. 십보라는 전통적인 권위 구조에서 벗어나, 하나님의 계획을 실현하는 중요한 역할을 수행했습니다. 이는 여성의 역할이 단순한 조력자가 아니라, 하나님의 구원 역사에서 핵심적인 위치를 차지할 수 있음을 보여 줍니다. 그러나 교회 역사에서 여성의 공헌은 종종 가려지거나 축소되었습니다. 현대 교회에서 여성의 영성과 리더십이 더욱 존중되려면 어떤 변화가 필요할까요?

11. 생육하고 번성하라!?

성경의 맨 첫 번째 책인 창세기를 보면, 하나님이 인간에게 처음으로 내린 명령이 "생육하고 번성하라"라는 말씀이다(창 1:28). 흥미롭게도 이와 똑같은 말씀이 나중에 노아에게도(창 9:1, 7), 그리고 야곱에게도 주어진다(창 35:11). 오랫동안 많은 사람들이 이 구절을 '결혼한 부부는 반드시 아이를 낳아야 한다'는 명령으로 받아들여 왔다. 그런데 여기서 주목할 점이 있다. 창세기 1장을 자세히 읽어 보면, 생육과 번성이 단순한 의무나 부담이 아니라 하나님이 주시는 '축복'으로 표현되어 있다는 것이다. 실제로 하나님께서 사람들에게 "복을 주시며" 말씀하시기를 "생육하고 번성하라"고 하셨다. 이는 자녀를 낳는 일이 인간이 받을 수 있는 소중한 축복이라는 의미이다. 이삭이 아들 야곱을 축복할 때도 비슷한 표현을 사용한다. "전능하신 하나님께서 네게 복을 주시고, 네가 생육하고 번성하여…"라고 말하는 것이다(창 28:3). 이런 맥락에서 보면, 구약시대에 임신하지 못하는 여성들이 종종 '하나님의 저주를 받은 것'으로 여겨진 이유를 이해할 수 있다. 예를 들어, 한나가 아이를 갖지 못했을 때 브닌나가 그녀를 괴롭히며 "여호와께서 태를 닫으셨다"라고 말한 것도 바로 이런 사고방식을 보여 주는 대표적인 사례이다(삼상 1:6).

이처럼 "생육하고 번성하라"는 말씀이 자녀 출산에 대한 하나님의 명령이자 축복으로 받아들여지면서, 현재 자녀가 없는 부부들에게는 양날의 검과 같은 역할을 하고 있다. 어떤 이유에서든 의도적으로 자녀를 갖지 않기로 한 가정은 하나님의 창조 명령을 거역하는 것으로 비판받기 쉽고, 반대로 아이를 갖고 싶어도 가질 수 없는 불임 부부들은 마치 하나님의 저주를 받은 것처럼 여겨지는 경우가 많다.

만약 창세기 1장 28절이 성경에서 "생육과 번성"에 대해 언급하는 유일한 구절이라면, 또는 창세기 1장을 이후 인류 역사와 완전히 별개의 이야기로 본다면, 전통적인 해석을 반박하기는 매우 어려울 것이다. 전통적인 해석이란 '모든 사람이 자녀를 낳는 것이 하나님의 뜻'이라는 이해를 말한다. 하지만 실제로는 그렇지 않다. 이 명령은 성경의 여러 곳에서 다양한 상황과 맥락 속에서 반복적으로 등장한다. 게다가 창세기 1장의 내용을 이후 하나님의 구원 역사와 완전히 분리해서 이해할 수도 없다. 따라서 이 글에서는 종교학자 캔디다 모스(Candida R. Moss)와 성서학자 조엘 베이든(Joel S. Baden)의 해석을 참고하여, "생육하고 번성하라"는 말씀에 대한 새로운 관점을 제시해 보려고 한다.[57]

---

[57] 보다 자세한 내용은 모스와 베이든의 책을 참조하라. Candida R. Moss and Joel S. Baden, *Reconceiving Infertility. Biblical Perspectives on Procreation and Childlessness*(Princeton. Princeton University Press, 2015), 71-81.

노아와 야곱의 딜레마

창세기에 등장하는 "생육하고 번성하라"는 명령과 축복은 단순히 아담과 하와에게만 주어진 것이 아니다. 노아와 족장들에게도 반복적으로 등장한다. 그러나 종교학자 모스와 성서학자 베이든에 따르면, 아담과 하와에게 주어진 이 명령과 노아 및 족장들에게 주어진 명령 사이에는 중요한 차이가 있다.

아담과 하와의 경우, 이 말씀은 하나님이 그들을 창조하신 직후 주어진다. 그들은 아직 자녀가 없었고, 가인과 아벨, 셋도 태어나기 전이었다. 그러니 "생육하고 번성하라"는 명령이 자연스럽게 들렸을 것이다. 하지만 노아의 경우는 다르다. 노아가 이 명령을 받은 때는 그가 600세가 되었을 때이며, 이미 세 아들의 아버지였다. 그 아들들도 백 살이 넘었고, 무엇보다도 가족 모두 홍수라는 엄청난 사건을 겪은 직후였다. 하나님은 노아와 그의 아들들이 방주에서 나오자마자 그들을 축복하시며, "생육하고 번성하라"(창 9:1)고 말씀하신다.

노아의 아들들에게는 이 말씀이 어느 정도 의미가 있었을 것이다. 그들에게는 함께 생존한 아내들이 있었고, 홍수 당시에는 자녀가 없었기 때문이다. 그러나 문제는 노아이다. 그는 이미 자녀를 낳았고, 홍수 이후로 더 이상 자녀를 갖지 않았다. 그런데 왜 그에게도 "생육하고 번성하라"는 명령이 내려졌을까? 노아는 어떻게 이 명령을 따를 수 있었을까?

야곱의 경우도 비슷하다. 창세기 35장 11절에서 하나님이 야곱에게 "생육하고 번성하라"고 말씀하셨을 때, 그는 이미 열세 명의 자녀를 둔 아버지였다. 열두 명의 아들과 한 명의 딸이 있었고, 심지어 늦둥이 베냐민까지 태어난 상태였다. 이 시점에서 야곱이 하나님의 말씀을 듣고 어떤 기분이었을지 상상해 보자. 아마도 아이들로 북적이는 자신의 가족을 보며, "더 낳으라고요?"라고 되묻고 싶었을지도 모른다. 하지만 그 이후로 야곱은 더 이상 자녀를 낳지 않았다. 그렇다면 하나님은 왜 이미 다산(多産)의 상징과도 같은 야곱에게 "생육하고 번성하라"고 말씀하셨을까?

이런 질문들은 모두 "생육하고 번성하라"는 말씀을 출산에 대한 명령으로 받아들일 때 생겨나는 문제들이다. 그렇다면 이 말씀을 명령이 아니라 축복으로 이해하면 모든 것이 해결될까?

만약 하나님의 말씀이 단순히 "아이를 낳으라"는 명령이라면, 그 명령을 받고도 더 이상 자녀를 낳지 않은 노아와 야곱은 하나님의 뜻을 어긴 셈이 된다. 하지만 이런 해석에는 분명한 한계가 있다. 그렇다고 해서 이 말씀을 축복으로 이해한다고 모든 문제가 깔끔하게 해결되는 것도 아니다. 오히려 또 다른 신학적 딜레마가 생겨난다.

축복이라는 것은 본래 하나님이 책임지고 이루어 주시는 것이다. 만약 생육과 번성이 하나님의 축복이라면, 왜 노아와 야곱은 그 이후로 더 이상 자녀를 갖지 않았을까? 혹시 하나님이 약속을 지키지 않으신 것일까?

예를 들어 여러분이 기도하고 있는데 하나님이 직접 "나는 네 후손을 번성하게 만들겠다"라고 말씀하셨다고 상상해 보자.

그러면 당연히 하나님이 아이를 가질 수 있도록 책임져 주실 것이라고 기대하게 될 것이다. 만약 이 약속이 실현되지 않는다면, 문제는 인간에게 있는 것이 아니라 약속하신 하나님께 있다고 봐야 한다. 따라서 생육과 번성을 단순한 축복으로 이해하더라도, 여전히 이 축복을 받은 노아와 야곱이 왜 그 이후에 자녀를 낳지 않았는지에 대한 합리적인 설명이 필요하다.

모스와 베이든에 따르면, 이런 딜레마가 생기는 이유는 "생육하고 번성하라"는 말씀을 개별 사람의 출산 문제와 직접 연결해서 생각하기 때문이다. 다시 말해, 이 말씀이 명령이든 축복이든 상관없이 '특정한 개인이 반드시 자녀를 낳아야 한다'는 뜻으로 해석할 때 문제가 발생하는 것이다.

만약 이것을 명령으로 본다면 더 이상 자녀를 낳지 않은 노아와 야곱에게 문제가 있다고 봐야 하고, 축복으로 본다면 그런 약속을 하고도 자녀를 주지 않은 하나님에게 문제가 있다고 봐야 한다. 하지만 이 말씀을 특정 개인의 출산과 관련된 것이 아니라 훨씬 더 큰 의미로 이해한다면, 이런 딜레마는 자연스럽게 해결된다.

그렇다면 "생육하고 번성하라"는 말씀은 도대체 무엇을 의미하는 것일까?

공동체적 생육과 번성

우리는 흔히 "생육하고 번성하라"는 말씀을 "열심히 아이 낳고 많이 키워라"라는 뜻으로 이해한다. 하지만 과연 그것이 전부일까? 성경을 조금 더 깊이 들여다보면, 이 말씀이 단순한 출산 장려 캠페인이 아니라 훨씬 더 큰 그림을 그리고 있음을 알 수 있다.

이 말씀을 제대로 이해하려면 아브라함 언약과 연결해야 한다. 창세기 12장 2절에서 하나님은 아브라함에게 이렇게 말씀하신다.

내가 너로 큰 민족을 이루어 네게 복을 주어 네 이름을 창대하게 하리니 너는 복이 될지라

여기서 핵심 단어는 바로 '큰 민족'과 '창대한 이름'이다. '큰 민족'이라는 것은 하루아침에 만들어지는 것이 아니다. 아브라함이 아무리 열심히 아이를 낳는다고 해도, 혼자서 큰 민족이라고 부를 만한 규모의 무리를 만들어 낼 수는 없다. '창대한 이름'도 마찬가지이다. 창대한 이름이란 영원히 기억되는 불멸의 명성을 뜻한다. 아브라함의 후손들이 실제로 큰 민족을 이루게 되면, 자연스럽게 그의 이름도 오랫동안 기억되고 칭송받게 될 것이다. 이렇듯 '큰 민족'과 '창대한 이름'은 서로 연결된 개념이다.

생각해 보자. 아무리 뛰어난 인물이라도 후손이 없다면 시간이 지나면서 잊히기 쉽다. 하지만 후손이 많다면 어떨까? 수백 년, 수천 년이 흘러도 그 이름은 계속 살아남게 된다.

여기서 중요한 점은 이 축복이 아브라함이 살아 있는 동안에 완성되는 것이 아니라는 사실이다. 하나님이 아브라함에게 약속하신 후손은 단순히 그의 아들 이삭 한 사람만을 가리키는 것이 아니다. 오히려 오랜 시간을 통해 형성될 이스라엘 민족 전체를 의미하는 것이다. 설령 아브라함이 자녀 열 명을 낳았다고 하더라도, 그것만으로는 '위대한 민족'을 이루기에 턱없이 부족했을 것이다. 결국 아브라함에게 주신 하나님의 약속은 단순히 "더 많이 낳으라"는 출산 독려가 아니라, 긴 세월과 수많은 세대를 거쳐서 이루어질 거대한 계획의 일부였던 것이다.

"생육하고 번성하라" 출산 명령이 아니라 공동체적 축복!

이제 같은 논리를 "생육하고 번성하라"는 말씀에도 적용해 보자. 하나님은 노아에게도 이 말씀을 주셨지만, 노아는 그 이후로 더 이상 자녀를 낳지 않았다. 그런데도 노아는 하나님의 말씀에 불순종한 사람으로 여겨지지 않는다. 오히려 그는 '모든 인류의 조상'이라는 위치에 서게 되었다. 야곱의 경우도 비슷하다. 그는 이미 13명의 자녀를 둔 상황에서 이 말씀을 들었고 (창 28:3), 그 이후로는 더 이상 아이를 낳지 않았다. 하지만 결과적으로 그는 이스라엘 민족의 조상이 되었다.

아브라함도, 이삭도, 야곱도 모두 후손이 많아지리라는 축복을 받았지만, 실제로는 제한된 수의 자녀만을 낳았다. 심지어 "생육하고 번성하라"는 말씀을 최초로 받은 아담과 하와조차도 성경에 기록된 자녀는 단 세 명뿐이다. 그렇다면 이 말씀은 '힘이 닿는 데까지 자식을 많이 낳아야 한다'는 뜻이 아닐 가능성이 크다.

오히려 하나님은 이 명령과 축복이 오랜 시간에 걸쳐 공동체 안에서 이루어질 것을 염두에 두셨던 것 같다. 즉, 이 말씀은 단순히 개별 사람의 출산 문제를 다루는 것이 아니라, 인류 전체 혹은 이스라엘 공동체 전체에 대한 하나님의 큰 계획을 담고 있는 것이다.[58]

"땅을 채우라"는 명령과 함께 보면 답이 보인다!

창세기 1장 28절을 보면, 하나님은 "생육하고 번성하라"는 말씀을 하신 직후에 "땅을 채우고 정복하라"고 말씀하신다. 여기서 중요한 점은 아무리 아담과 하와가 최선을 다한다고 해도, 그들 둘만으로는 지구 전체를 채울 수 없다는 사실이다. 결국 이 말씀은 단기간에 완성될 일이 아니라, 수많은 세대를 거쳐야만 성취될 장기적인 목표라는 뜻이다.

노아와 그의 세 아들도 동일한 명령을 받았지만, 이들 역시 단기간에 인류를 다시 채워 넣을 수는 없었다. 하지만 오랜 시간이 흐른 뒤 결과적으로 홍수 이후의 세계는 노아의 후손들로 가득 차게 되었다. 즉, 하나님의 명령은 개별 사람에게 "너는 반드시 출산해야 한다"고 직접 요구하는 것이 아니라, 전체 역

---

[58] 더구나 창세기 1장 27절에 창조된 사람 남녀가 아담과 하와가 아니라 인류 전체를 지칭한다는 해석을 받아들인다면, 이어지는 28절의 명령도 개인에게 주어진 명령이 아닌 인류 전체에게 주어진 명령으로 이해할 수 있다.

사 속에서 점진적으로 이루어질 계획이었던 것이다.

이삭이 야곱을 축복할 때도 비슷한 패턴을 볼 수 있다. 하나님이 야곱을 "백성들의 총회"로 만들 것이라고 말씀하셨다(창 35:11). 그런데 야곱의 열두 아들만으로는 아직 "백성들의 총회"라고 부르기에는 턱없이 부족하다. 그들의 후손이 오랜 세월에 걸쳐 번성한 후에야 비로소 이 말씀이 실현되는 것이다. 다시 말해, 하나님이 "생육하고 번성하라"고 하신 것은 개인적인 출산 문제를 넘어서, 훨씬 더 거대한 역사적 맥락을 담고 있는 축복이었다.

이 모든 것을 통해 우리는 "생육하고 번성하라"는 하나님의 명령과 축복이 진짜로 의도하는 바가 무엇인지를 다시 생각해 볼 수 있다. 그것은 한 개인의 자녀 출산 문제가 아니었다. 심지어 대가족을 이루라는 명령도 아니었다. 그것은 먼 미래를 내다보며 인류 전체 혹은 한 민족에게 내려진 장기적인 명령이자 축복이었던 것이다.

"민족을 이루려면 개인이 출산해야 하는 것 아닌가?"라는 반론에 대하여

어떤 사람들은 이렇게 반박할지도 모른다. "아브라함의 후손이 큰 민족을 이루려면, 당연히 아브라함이 먼저 자녀를 낳아야 하지 않겠느냐?" 물론 맞는 말이다. 실제로 아브라함을 비롯해서 그의 축복을 이어받은 이삭과 야곱은 모두 자녀를 낳았다. 하지만 이 세 족장들이 반드시 출산해야 했던 이유는 하나님의 약속이 특정한 혈통을 통해 이어져야 했기 때문이다.

예를 들어 보자. 아브라함의 아들들 중에서 하나님은 이삭을 선택하셨고, 이삭의 두 아들 중에서는 야곱이 선택되었다. 따라서 약속의 계보를 이어 가는 핵심 인물인 이삭과 야곱은 반드시 자녀를 낳아야 했다. 그러나 야곱의 자녀들은 상황이 달랐다. 야곱의 후손들(=이스라엘 민족)은 모두 하나님의 약속 안에 포함되었기 때문에, 이제 "개개인이 반드시 출산해야 한다"는 절대적인 필요성이 사라진다. 야곱의 후손 중 일부가 출산하지 않는다고 해서 하나님의 약속이 끊어지거나 무너지는 것은 아니기 때문이다.

이제 우리는 "생육하고 번성하라"는 말씀이 단순한 출산 장려 구호가 아니라는 사실을 알게 되었다. 이 말씀은 장기적인 하나님의 계획 속에서 인류와 이스라엘 공동체가 오랜 세월에 걸쳐 성장하고 번성해 나가는 전체 과정을 의미하는 것이다. 다시 말해, 이 명령은 한 개인이 아이를 몇 명 낳느냐의 문제가 아니라, 하나님이 역사 속에서 공동체를 형성해 가시는 거대한 과정의 일부인 것이다.

"생육하고 번성하라" 그 미션, 이미 클리어됨!

창세기의 "생육하고 번성하라"는 축복 명령이 오늘날 우리에게 개인적으로 적용되지 않는 가장 큰 이유는 성경에 따르면 그 명령이 이미 오래전에 성취되었기 때문이다. 그것도 무려 세 번이나 성취되었다.

창세기 1장의 "생육하고 번성하여 땅에 충만하라"는 명령은 홍수 직전에 1차로 성취된다. 창세기 6장 11절을 보면 실제로 "땅에 충만했다"고 기록되어 있는데, 안타깝게도 이것은 "선한 사람들로 충만했다"는 뜻이 아니었다. 오히려 포악하고 악한 인간들로 세상이 가득 찼다는 의미였다. 결국 홍수는 제2의 창조 사건이 되었고, 노아와 그의 가족이 '새롭게 시작하는 아담'이 되어 동일한 생육과 번성의 명령을 다시 받게 된다.

그리고 이번에는 정말 빠르게 성취된다. 창세기 10장을 보면 노아의 후손들이 놀라울 정도로 빨리 번성하여 땅을 가득 채우는 모습을 볼 수 있다. 야벳, 함, 셈의 아들들은 각각 서로 다른 민족을 이루며, 성경 저자들이 알고 있던 세상의 모든 민족들이 바로 여기에서 나온 것으로 묘사된다. 그리고 창세기 10장 32절은 이렇게 선언한다.

이들은 노아 자손의 족속들이요, 홍수 후에 이들로부터 나온 민족들이 지구에 퍼져 나갔다. 필자 사역

이것이 생육과 번성에 관한 명령의 두 번째 성취이다.

자, 그렇다면 우리는 여기서 논리적인 질문을 던져야 한다. 노아 이후에도 이 명령이 오늘날까지 우리에게 그대로 적용될까?

"생육하고 번성하라" 특정한 목표가 있는 명령!

우리가 이 말씀을 오늘날에도 꼭 지켜야 하는 출산 명령으로 해석하면 큰 문제가 생긴다. 그렇다면 이미 자녀를 낳지 않기로 결정한 사람들은 하나님의 뜻을 어긴 것이 되어 버린다. 하지만 성경을 자세히 보면 "생육하고 번성하라"는 명령은 특정한 목표점이 있는 명령이다. 어떤 면에서 그 명령은 우리에게 여전히 남아 있는 도전 과제가 아니라, 이미 성취된 축복으로 주어져 있는 것이다. 쉽게 말해서, 이 명령이 성취되었기 때문에 우리가 지금 이 땅에 존재하고 있는 것이다! 오늘날 전 세계적으로 사람들이 생육하고 번성하여 지구를 가득 채우고 있다는 사실 자체가 그 명령의 목표가 이미 달성되었다는 증거이다. 그리고 우리는 그 축복의 결과를 누리고 있는 셈이다.

비슷한 논리를 족장들에게 주신 생육과 번성의 축복에도 적용할 수 있다. 아브라함에게 주어진 후손 약속의 핵심은 그의 후손들이 땅을 채우는 것이 아니라, 이미 땅을 채운 다른 민족들 사이에서 '주목할 만한 큰 민족'이 되는 것을 목표로 했다. 그리고 그 목표는 이미 성취되었다. 야곱과 그 후손들은 이집트에 살면서 실제로 "생육하고 번성하였다"(창 47:27). 출애굽기 1장 7절은 더욱 명확하게 말한다. "이스라엘 자손은 생육하고 불어나 번성하고 매우 강하여 온 땅에 가득하게 되었더라." 여기서 "땅"은 물론 '이집트 땅'을 가리키지만, 이 구절은 하나님이 아브라함, 이삭, 야곱에게 하신 축복이 문자 그대로 성취되었음을 보여 준다. 이처럼, 히브리 사람들은 당시 최강국 이집트의 왕에게 위협이 될 만큼 주목할 만한 큰 민족이 되었다. 이것이 생육과 번성 명령의 세 번째 성취이다.

족장들에게 하신 "생육과 번성"에 대한 말씀은 세상 끝날 때까지 계속 아이를 낳으라는 영구적인 명령이 아니라, 그들이 '큰 민족'이 되는 것을 목표로 한 것이었다. 이스라엘 사람들은 이집트에서 실제로 '큰 민족'이 되었다. 흥미롭게도 출애굽기 이후로는 "생육하고 번성하라"라는 명령을 받은 사람이 단 한 명도 없다.

나가는 말

지금까지 우리는 모스와 베이든의 논의를 따라가며, "생육하고 번성하라"는 창세기의 축복이 특정한 목표를 향해 특정한 사람들에게 주어진 것임을 살펴봤다. 그 목표는 바로 '인류 공동체' 혹은 '이스라엘 공동체'의 형성이었고, 이 목표는 이미 오래전에 성취되었다. 이 축복을 마지막으로 받은 사람은 야곱이다. 그리고 이스라엘 민족이 형성됨과 동시에, 하나님은 더 이상 누구에게도 "생육하고 번성하라"는 명령을 주지 않으셨다. 야곱의 후손들은 개인적으로가 아니라 공동체적으로 출산 명령·축복을 받은 것이다. 따라서 야곱의 후손들은 반드시 아이를 낳아야만 하나님의 약속 안에 머무를 수 있는 것이 아니다. 출산을 하지 않아도, 이 축복의 공동체 일원으로 남을 수 있다.

예를 들어 야곱의 외동딸 디나는 자녀를 낳지 않았지만, 그로 인해 언약 공동체에서 쫓겨나지는 않았다. 이것이 의미하는 바는 분명하다. 출산이 하나님의 언약 공동체 안에 머무는 필수 조건이 아니라는 것!

그렇다면, "생육하고 번성하라"는 축복 명령이 오늘 우리에게 적용된다 해도, 그것은 공동체 전체를 향한 축복과 명령이지, 각 개인이 반드시 자녀를 낳아야 한다는 의무로 해석될 필요는 없다.

오늘 한국 사회에 1인 가구의 수가 750만을 넘어 전체 가구수의 35퍼센트를 차지한다. 1인 가구를 구성하는 사람들 중에는 독신의 삶을 선택한 비혼족들도 있다. 또한 결혼을 했지만 일부러 자식을 가지지 않는 가정도 늘고 있다. 그리고 이에 대해 염려하는 목소리도 커지고 있다. 비록 이런 염려가 정당한 것일 수 있어도, "생육하고 번성하라"는 말씀에 근거해서 자녀를 낳는 것을 신의 절대 명령인양 포장하는 것은 비성경적이다. 자녀 낳기 운동은 성경의 다른 구절이나 기타 합리적인 이유에 근거해 하면 된다. 앞서 언급한 "생육하고 번성하라"에 대한 설명은 한국 교회가 비혼 독신이나 자녀 없는 부부의 삶의 방식을 있는 그대로 존중하고, 교회 내에 그들을 위한 자리를 적극적으로 만들도록 도움이 되면 좋겠다.

토론과 나눔을 위한 질문들

1. 본문은 "생육하고 번성하라"는 명령이 개인적인 의무가 아니라, 공동체적 축복의 개념으로 성취되었다고 봅니다. 그러므로 모든 개별 신자가 출산을 통해 이 명령을 수행해야 한다는 생각은 지나친 해석일 수 있습니다. 그렇다면, 교회가 출산과 가족 형성의 문제를 바라볼 때, 어떤 균형 잡힌 시각을 가져야 할까요? 특히 자녀를 낳지 않는 부부나 독신 신자들에게 교회가 어떤 메시지를 전달하는 것이 바람직한가요? 신앙 공동체가 개인의 선택을 존중하면서도 하나님의 축복을 함께 나누는 방식은 무엇이어야 할까요? 오늘날 교회가 다양한 형태의 가족(1인 가구, 독신 공동체, 입양 가정 등)을 어떻게 포용하고 신앙적으로 지원할 수 있을까요?

2. 노아와 야곱은 이미 자녀를 둔 상태에서 "생육하고 번성하라"는 명령을 받았으며, 이후 더 이상 자녀를 낳지 않았습니다. 이는 이 명령이 단순한 출산의 의미를 넘어선다는 점을 시사합니다. 생육과 번성의 명령을 실천하는 다른 방법들에는 어떤 것들이 있을까요?

3. 요즘 낮은 출산율은 큰 사회 문제가 되었습니다. 실제로 출산은 사회의 유지와 발전을 위해 매우 중요한 일입니다. "생육하고 번성하라"라는 명령 이외에 출산을 장려하는 데 사용할 수 있는 성경 구절에는 어떤 것들이 있을까요?

12. 성골 사사 옷니엘

"금수저냐, 흙수저냐"라는 말은 단순한 유행어를 넘어서, 개인이 태어난 환경과 사회적 배경을 상징하는 표현으로 자리 잡았다. 누군가는 부유한 집안에서 태어나 교육, 인맥, 경제적 여유 등 다양한 자원을 손에 쥔 채 인생을 시작했고, 또 누군가는 가난과 차별, 불리한 조건 속에서 한 걸음 한 걸음을 버텨내며 길을 만들어야 했다. 이러한 출발선의 차이는 삶의 방향과 가능성에 큰 영향을 미치기도 하지만, 역사는 그 틀을 뛰어넘은 수많은 인물들을 기억하고 있다. 어떤 이는 탄탄한 기반 위에서 능력을 발휘해 더 큰 업적을 이루었고, 또 어떤 이는 아무것도 가진 것 없이 시작해 온몸으로 세상과 부딪치며 자신만의 자리를 만들었다. 이번 장과 다음 장에서 살펴볼 두 명의 사사는 각각 자신의 처지에서 자신만의 자리를 만든 인물들이다.[59]

---

[59] 12장과 13장에 논의된 옷니엘과 삼갈에 대한 핵심적 주해는 다음의 주석을 참고하였다. Barry G. Webb, *Judges and Ruth: God in Chaos*(Wheaton, IL: Crossway).

금수저 사사

옷니엘은 사사기에서 그 행적이 가장 먼저 언급되는 주류 사사이다.[60] 옷니엘에 대한 성경 서술은 다른 주류 사사들에 비해 매우 간략하다. 옷니엘의 행적은 단 다섯 절에 걸쳐 묘사되었다. 그럼에도 불구하고 옷니엘에 관한 이야기는 사사기 신학의 핵심을 담고 있다는 점에서 주목할 만하다. 지금부터 옷니엘이 왜 특별한 사사인지 알아보자.

여러 면에서 옷니엘은 금수저 사사라 할 수 있다. 첫째, 그는 유다 지파 출신이다. 창세기 49장에 기록된 야곱의 예언에 따르면 유다는 "왕의 홀"을 받았다. 즉 그의 후손 가운데 이스라엘을 통치하는 지도자가 나올 것이라는 예언이다. 이에 대한 첫 번째 성취 사건이 사사기 1장 1-2절에 기록되어 있다. 여호수아가 죽은 후에 이스라엘 자손이 "우리를 위해 누가 리더가 되어야 합니까"라고 물었을 때 여호와 하나님은 "유다 (지파)가 리더가 되어야 한다"고 대답하신다. 둘째, 옷니엘은 좋은 가문 출신이다. 그는 갈렙의 아우 그나스의 아들로 소개되는데, 갈렙은 이스라엘 최고의 장군이며 영적 지도자였으며 다음 세대의 리더를 발굴하는 지혜도 가졌다.[61] 옷니엘도 갈렙을 통해 역사의 무대에 등장하게 된다. 셋째, 그는 유다 여자 악사와 결혼했

---

[60] '주류'와 '비주류'라는 말을 사사 앞에 붙인 것은 순전히 분류의 편의를 위한 것이다. 필자가 주류 사사로 칭하는 사사들은 그 행적이 사사기 2장 11-19절에 나오는 패러다임에 따라 묘사되는 사사들이며, 비주류 사사들은 그 패러다임과 명시적 관계없이 '이스라엘을 다스린 자'로 언급된 사사들이다. 예외 없이 주류 사사들의 행적에 대한 설명은 비교적 자세하며, 비주류 사사들에 대한 설명은 매우 간단하다.

다. 사사 시대의 문제가 이방인과의 통혼(삿 3:6)이었음을 고려할 때 유다 여자를 아내로 맞았다는 사실은 옷니엘의 신앙을 말해 준다. 사사시대에 신라시대의 골품제도가 있었다면 옷니엘은 사사들 중에서도 '성골'에 해당한다고 말할 수 있다. 그리고 그가 사사기에서 가장 먼저 언급되는 사사라는 사실은 놀랄 일이 아니다. 그럼에도 불구하고 옷니엘에 관한 성경 서사는 매우 간결하며 건조하다.

전형적 스토리라인

이야기의 도입 부분은 지나치게 전형적이다. 사사기 2장 11-16절에 기록된 사사기의 전형적 줄거리를 조금 축약된 형태로 반복한 것처럼 보인다. 이야기가 본격적으로 전개되는 부분도 그다지 흥미로운 내용이 없어 보인다. 이스라엘을 괴롭힌 적과 그로부터 이스라엘을 구원한 사사의 이름 정도가 구체적으로 언급되었을 뿐이다.

> 이스라엘 자손이 여호와의 목전에 악을 행하여 자기들의 하나님 여호와를 잊어버리고 바알들과 아세라들을 섬긴지라 여호

---

[61]   사사기 1장 11-12절에서 갈렙이 자신의 딸 악사를 전리품으로 걸고 드빌을 정복할 용사를 모집한다. 헤브론을 방금 정복한 갈렙이 그 옆 동네 드빌도 충분히 정복할 수 있었을 것이다. 그러나 갈렙은 드빌을 정복해 줄 젊은 용사를 공모한다. 다음 세대 지도자의 등장을 위한 길을 열어 주기 위함이다. 물론 그것이 옷니엘을 염두에 두고 한 것인지는 확실하지 않지만, 갈렙이 열어 준 길을 통해 유다 지파의 용사로 등극한 것이 옷니엘이다.

와께서 이스라엘에게 진노하사 그들을 메소보다미아 왕 구산 리사다임의 손에 파셨으므로 이스라엘 자손이 구산 리사다임을 팔 년 동안 섬겼더니 이스라엘 자손이 여호와께 부르짖으매 여호와께서 이스라엘 자손을 위하여 한 구원자를 세워 그들을 구원하게 하시니 그는 곧 갈렙의 아우 그나스의 아들 옷니엘이라 삿 3:7-9

옷니엘이 구산 리사다임을 무찌르는 장면을 묘사한 10절도 그 전투가 어디서 어떻게 진행되었으며, 옷니엘이 어떤 전략으로 적을 이겼는지에 대한 세부사항을 모두 생략하였다.

여호와의 영이 그에게 임하셨으므로 그가 이스라엘의 사사가 되어 나가서 싸울 때에 여호와께서 메소보다미아 왕 구산 리사다임을 그의 손에 넘겨 주시매 옷니엘의 손이 구산 리사다임을 이기니라 삿 3:10

전투의 상황이 "싸웠다"라는 말에 요약되었고, 어떻게 승리했는지에 대한 세부사항은 "여호와께서 … 그의 손에 넘겨주시매 … 이기니라"는 사사기의 전형적 언어로 대체되었다. 옷니엘 이야기의 결말도 매우 전형적이다.

그 땅이 평온한 지 사십 년에 그나스의 아들 옷니엘이 죽었더라 삿 3:11

이것이 성경 저자가 우리에게 들려주는 옷니엘에 대한 이야기의 전부이다. 옷니엘 이야기는 사사기 2장에 소개된 사사 이야기의 뼈대에 최소한의 살을 붙인 것으로, 다른 사사들의 이야기에 비해 재미와 흥미가 무척 떨어질 뿐 아니라, 그곳에서 인간 삶에 대한 구체적 교훈을 얻어 내기도 어렵다. 그럼에도 불구하고 옷니엘의 이야기를 담은 사사기 3장 7-11절을 자세히 관찰하면 저자가 우리에게 주고자 하는 중요한 교훈들을 발견할 수 있다. 그리고 그 교훈들은 사사기 전체의 핵심 메시지를 농축한 것들이다.

악의 화신 구산 리사다임

옷니엘의 이야기에서 주목해야 할 요소는 당시 이스라엘을 괴롭혔던 메소포타미아의 왕의 이름 '구산 리사다임'이다. 학자들은 이 메소포타미아 왕이 어느 시대, 어느 지역을 다스렸는지에 관해 여러 가지 가설들을 제안했다. 어떤 이는 바빌론의 카슈 왕조(Kassite King, 기원전 1600-1200년)의 왕이었다고 주장하고, 어떤 이는 이집트 누비아 왕조(기원전 754-656년)의 왕이었다고 주장했으며, 또 어떤 이는 에돔 왕(기원전 1100-800년), 또 어떤 이는 아람 왕(기원전 1100-800년), 심지어 어떤 이는 미디안 왕(기원전 1500-600년)이었다고 주장하였다. 이처럼 옷니엘이 물리친 이방 왕이 어떤 역사적 인물인지에 대한 학자들의 합의는 현재 없으며, 앞으로도 없을 가능성이 높다.

그 이유 중 하나가 '구산 리사다임'이라는 이름 자체가 실명이 아닐 가능성이 있기 때문이다. 히브리어 '리사다임'은 "악"을 의미하는 히브리어 '리슈아'의 중수(pair) 형태로 "두 배로 악한 자" 혹은 "매우 악한 자"라는 의미를 가진다. 우리가 자식의 이름을 지을 때 "매우 악질"이라고 짓지 않음을 고려할 때 구산 리사다임이라는 이름도 부모가 지어 준 실명이라기보다, 그의 전제적 통치에 고통받는 백성들이 그에게 붙여 준 별칭일 가능성이 높다. 오늘날 우리는 전혀 모르는 인물이지만 이스라엘 역사의 어느 시점에 이 왕의 악명이 매우 높았을 것으로 추정된다. 그의 이름만 들어도 우는 아이가 울음을 그치며 성인들도 오금이 절여 오는 그런 무시무시한 인물이 구산 리사다임이었을 것이다. 이것을 단적으로 보여 주는 것이 성경 저자가 이 인물의 이름을 네 번이나 반복한다는 것이다. 불과 5절에 불과한 옷니엘 이야기에서 적의 이름이 네 번이나 반복된다는 것은 그냥 지나칠 일이 아니다. 그것도 옷니엘의 사사로서 소명을 묘사한 9절을 둘러싼 8절과 10절에서 각각 두 번씩 언급된다.[62] 이것은 구산 리사다임이라는 이름이 당시 독자들에게 주는 공포심을 극대화시키기 위한 문학적 장치이다.

이처럼 '구산 리사다임'이라는 이름은 그의 전제적 통치에 피해를 입은 사람들이 붙인 별명이라면, 그것은 학자들이 그의 정확한 신원을 밝혀내는 데 어려움을 겪는 이유를 어느 정도 설명해 준다. 그렇다면 성경 저자는 왜 이스라엘에게 그런 공포

---

[62] 8절과 10절에 한 차례씩 "메소포타미아의 왕"과 운율을 이룬다는 점도 흥미롭다. 메소포타미아로 번역된 히브리어 '아람 나하라임'과 '구산 리사다임'은 일종의 운율(rhyme)을 이룬다.

정치를 행한 적(敵)의 실명을 밝히지 않았을까? 밝히려 했다면 밝힐 수도 있었을 것이다. 그의 정체를 공개하지 않은 이유가 무엇이었을까? 이 질문에 답하기 전에 먼저 기억해야 할 것이 있다. 그것은 악이 이 세상에서 언제나 사람을 통해 찾아온다는 것이다. 당시 이스라엘 백성에게 악과 고통은 구산 리사다임이라는 역사적 인물을 통해 찾아왔다. 오늘날에도 이런 악의 화신들은 세계 도처에 있다. 비록 구산 리사다임의 정확한 정체를 알 수 없지만, 그가 역사적 인물이었다는 것만은 분명하다. 수많은 캄보디아인을 학살한 독재자 폴 포트(Pol Pot, 1928-1998), 수많은 유태인을 학살한 히틀러(Adolf Hitler, 1889-1945), IS의 총사령관 아부 바크르 알바그다디(Abu Bakr al-Baghdadi, 1971-2019) 등이 20세기의 구산 리사다임이다.[63]

그러면 성경 저자가 구산 리사다임의 정체를 꽁꽁 숨긴 이유는 무엇일까? 그것은 '악'의 정체에 대한 성경 저자의 일관된 입장과 관련 있다. 신학자들과 철학자들은 악의 궁극적 기원을 파헤치기 위해 수많은 책과 논문들을 써냈다. 그러나 그에 대한 답은 아직까지 없다. 그 이유가 성경 저자가 악의 기원 자체를 신비의 영역에 남겨 두었기 때문이다. 실제로 우리의 악에 대한 경험도 마찬가지다. 우리가 사는 이 세상에서 악과 고통은 구산 리사다임과 같은 구체적 인물을 통해 찾아오지만, 즉 악의 존재 자체는 부정할 수 없지만, 그것의 정체를 파고들어 가기 시작하면 그 정체를 알 수 없는 경우가 허다하다.

---

[63] Barry Webb, *Judges and Ruth: God in Chaos*(Wheaton, IL: Crossway), 68.

예를 들어 2차 세계대전에서 수많은 유대인을 학살한 아이히만(Adolf Eichman, 1906-1962)이 전후 재판 과정에서 보여 준 모습은 너무 선량한 인물의 모습, 한 가정의 평범한 아버지요 남편의 모습이었다고 한다. 아이히만을 통해 구현된 악과 고통은 누구도 부정할 수 없는 것이지만, 그 악의 기원을 추궁해 들어가면 우리는 막다른 골목에 다다르게 된다. 성경도 궁극적으로 악의 기원의 문제에 대해 정확한 답을 주지 않는다. 이것은 구약 성서의 관심이 악의 기원이 아니라 악의 현존에 있다는 사실과 관계된다. 구약 성서의 저자들은 악의 현존을 직시하고 그것을 어떻게 제어할 것인지에 대해 깊이 생각한다.[64]

하지만 옷니엘의 이야기가 주는 교훈은 거기서 끝이 아니다. 악의 기원을 궁극적으로 알 수 없다는 사실은 그 악을 더욱 무섭고 공포스러운 것으로 만든다. 기원을 알아야 악과 싸워 없앨 수 있을 텐데, 그 악이 궁극적으로 어디서 오는지 모르면, 우리가 무엇과 싸워야 하는지 모르는 상황이 발생하기 때문이다. 이처럼 정체를 알 수 없는 악은 인간에게 궁극적 실존적 공포를 가져다준다.

그럼에도 불구하고 옷니엘의 이야기가 주는 진짜 교훈은 그런 신비스럽고 가공할 만한 악이라도 하나님은 그것을 이길 수 있다는 것이다. 옷니엘이 악의 화신 구산 리사다임을 무찌를 수 있었던 이유는 하나님의 영이 그와 함께 하셨기 때문이다.

---

[64] 포로기 이후 유일신 사상이 널리 이스라엘 백성에게 받아들여지면서 악의 문제는 중요한 신학적 문제가 된다. 하나님이 유일한 창조주라면 악은 무엇으로부터 오는가? 이에 대해 일부 선지자들은 모든 것을 창조한 하나님이 악도 만들었다고 주장한다(사 45:7).

아무리 악인이 승리하는 세상 같아도 궁극적으로 하나님의 정의가 승리할 것임을 보여 준다. 세계 역사도 이것을 증명한다. 캄보디아 대학살의 주인공 폴 포트의 통치가 끝날 것 같지 않은 시절도 있었지만, 아우슈비츠로 가는 기차가 끊어지지 않을 것 같았지만, 결국은 폴 포트도 히틀러도 권자에서 물러나야 했다. 구산 리사다임 같은 독재자들이 한때 세상을 통치했고 지금도 통치하기도 하지만, 그들은 성령(=정의의 영, 하나님의 영)에 충만한 사람들 앞에서 모두 물러났고 물러나야 한다. 이처럼 옷니엘의 이야기는 악을 궁극적으로 물리치는 분이 여호와 하나님임을 보여 준다. 하나님의 나라는 반드시 악과 싸워 이긴 후 이루어진다.

　이처럼 옷니엘의 이야기는 단순히 과거 어느 시점의 승리를 기록한 고대사의 단락이 아니라, 오늘을 살아가는 우리에게도 여전히 유효한 진리를 담고 있다. 악은 언제나 다양한 모습으로 다시 찾아오고, 그 정체는 모호하며, 때로는 감당할 수 없을 만큼 거대하게 느껴진다. 하지만 성경은 분명히 말한다. 하나님의 영이 임하신 자는, 그 어떤 악과도 맞설 수 있으며 결국은 승리하게 된다는 것을. 출신과 배경, 세상의 조건을 뛰어넘는 진정한 능력은 하나님의 임재에 있으며, 하나님의 정의는 결코 악에 침묵하지 않으며, 악과 싸워 승리한 후 찾아온다는 사실을 옷니엘은 우리에게 몸소 보여 준다. 옷니엘의 간결한 이야기 속에는 이처럼 시대를 초월한 신앙의 핵심이 담겨 있다.

토론과 나눔을 위한 질문들

1. 옷니엘의 이야기에서 중요한 인물로 등장하는 구산 리사다임은 '두 배로 악한 자'라는 뜻을 가진 별칭으로 불릴 뿐, 그의 정확한 정체는 알려지지 않았습니다. 성경 저자는 그의 실명을 밝히지 않음으로써 오히려 '악' 자체의 실체적 모호함과 공포를 강조합니다. 오늘날 우리가 마주하는 악도 종종 구체적이지 않고, 실체가 불분명한 채 우리 삶에 스며듭니다. 그렇다면 우리는 악의 정체를 반드시 파악해야만 할까요? 아니면 현상적 악에 대응하는 것이 더 합리적일까요? 악의 정체를 분명히 알 수 없을 때 우리는 어떻게 악과 싸워야 할까요? 여러분은 오늘의 세계에서 구산 리사다임처럼 악을 상징하는 존재가 누구 또는 무엇이라고 생각합니까?

2. 옷니엘이 구산 리사다임을 무찌를 수 있었던 결정적인 이유는 여호와의 영이 그와 함께하셨기 때문이었습니다. 이것은 아무리 강력한 악도 결국 하나님의 정의 앞에서는 무너질 수밖에 없다는 희망의 메시지를 전달합니다. 실제 역사 속에서도 폴 포트, 히틀러 같은 악한 권력자들은 결국 몰락했습니다. 하지만 동시에 우리는 여전히 악이 승리하는 것처럼 보이는 현실을 목격하기도 합니다. 그렇다면 우리는 하나님의 정의가 결국 승리한다고 믿을 수 있는 걸까요? 그 믿음은 어디서 오는 것일까요? 또 정의가 이뤄지기까지 기다리는 동안, 우리는 어떤 자세로 살아가야 할까요?

13. 천민 사사 삼갈

사사 옷니엘이 금수저에 속했다면, 이번 장에 소개하는 삼갈은 흙수저의 전형이라 할 수 있다. 아래서 밝히겠지만, 그는 이스라엘의 어떤 지파나 가문에도 속하지 않은 이방인이었다. 아버지 없이 홀어머니 밑에서 성장한 듯하다. 이런 삼갈도 이스라엘을 구원하는 사사가 되었는데, 그 비결은 무엇이었을까?

사사기 3장 31절

옷니엘이 가장 먼저 언급되는 주류 사사라면, 삼갈은 가장 먼저 언급되는 비주류 사사이다. 그에 대한 기록은 3장 31절, 단 한 절이다. 바로 앞에 묘사된 옷니엘과 에훗이나 바로 뒤에 묘사된 드보라와 같은 주류 사사들에 비하면 성경에서 전혀 주목받지 못하는 것 같은 사사다. 우리도 그에게 별로 주목하지 않는다. 더구나 삼갈은 다른 비주류 사사들 가운데서도 가장 짧게 노출된 사사이다. 돌라와 엘론은 두 절에 걸쳐, 입산, 압돈, 야일은 세 절에 걸쳐 언급되지만, 삼갈에게는 단 한 절만이 할애

되었다. 그럼에도 불구하고 삼갈은 비주류 사사들 중에서도 가장 신비하고 독특한 사사라고 말할 수 있다. 다음은 그의 행적에 대한 기록이다.

> **에훗 후에는 아낫의 아들 삼갈이 있었으니, 그는 소를 모는 막대기로 블레셋 사람 육백 명을 죽이고 이스라엘을 구원하였다.** 삿 3:31

그는 무엇을 했는가? 본문에 따르면 그는 "이스라엘을 구원했다". 이것은 다른 비주류 사사들에 대한 기록과 비교하면 놀라운 일이다. 왜냐하면 야일, 입산, 엘론, 압돈의 경우 이스라엘을 다스렸다고 기록될 뿐, 그들이 이스라엘을 구원했다는 언급은 나오지 않기 때문이다.[65] 삼갈과 관련해 또한 놀라운 것은 삼갈에 대해서는 '죽음'에 대한 언급이 없다는 것이다. 실제로 사사기에 묘사된 사사들 중 성경 저자가 죽었다는 말을 하지 않는 사사는 드보라와 삼갈이 전부이다. 이런 사실들은 삼갈에게 무엇인가 특별한 것이 있음을 암시한다.

그렇다면 삼갈은 누구인가? 성경 저자는 그를 단순히 "아낫의 아들"로만 소개한다. 아버지의 이름이나 가문, 그가 속한 지파명도 전혀 알려 주지 않는다. 이것은 다른 사사들의 경우와 매우 대조되는 특징이다. 삼갈 바로 앞에 언급된 사사 에훗은 베냐민 지파 게라의 아들로 소개된다. 그보다 앞에 나오는 옷니엘도 유다 지파 그나스의 아들로 명확하게 소개된다. 특히 옷

---

[65] 사사기 10장 1-2절에 따르면 돌라도 "이스라엘을 구원했다"고 기록되어 있다.

니엘의 경우에는 갈렙의 아우라는 추가 정보까지 덧붙여져 있
다. 성경 저자가 이처럼 사사들의 가문과 지파를 언급하는 이유
는 그들이 사사가 될 자격을 갖추었음을 보여 주기 위해서이다.

그러나 삼갈은 "아낫의 아들"로만 소개된다. 독자들 중의
일부는 아낫이 삼갈의 아버지가 아닐까 생각하는 분이 있을 수
있다. 그러나 그럴 가능성은 매우 적다. 왜냐하면 아낫은 당시
매우 유명했던 가나안 여신의 이름이기 때문이다. 따라서 학자
들은 아낫이 삼갈의 어머니 이름일 가능성을 말한다. 나아가 그
어머니는 아낫을 숭배했던 여인일 가능성이 있다. 그렇다면 성
경 저자가 삼갈의 지파와 가문을 말해 주지 않는 이유는 무엇일
까? 그것은 삼갈이 당시 어떤 지파나 가문에도 속하지 않는 사
람이었을 가능성을 말해 준다.

사사기 저자는 비주류 사사들의 경우에도 최소한 그들의
지파명, 나아가 아버지 이름은 알려 준다. 예를 들어 돌라라는
사사는 잇사갈 사람이며 도도의 손자이며 부아의 아들이다(삿
10:1). 사사 압돈은 비라돈(에브라임의 마을) 사람이며 힐렐의 아들
이다(삿 12:13). 그러나 삼갈에 대해서는 지파도, 아버지의 이름
도 알려 주지 않는다. 이는 삼갈이 지파와 가문을 말할 수 없는
계층의 사람이었음을 암시한다. 당시 이스라엘 사회에는 야곱
의 열두 아들의 후손들뿐 아니라 가나안인들이 함께 살았다(삿
3:1-6). 삼갈은 가나안인으로 이스라엘 사회 가운데 살고 있던
사람은 아니었을까? 지파와 가문을 말할 수 없는 이방인은 아
니었을까? 더구나 그의 어머니는 아낫 여신을 섬기던 사람이
다. 그렇다면 그가 이스라엘 사회의 주류에 들어가 리더가 될

가능성은 전혀 없어 보인다.

그런 그가 이스라엘을 구원한 사사가 된 것은 엄청난 반전이다. 더구나 블레셋인 600명을 총이나 폭탄도 아닌, 소 모는 막대기로 죽였다는 것은 기적에 가깝다. 보통은 소 모는 막대기로 한 명의 군인도 죽이기 힘들 것이다. 삼갈은 수퍼히로우급의 전투를 벌인 것이다. 이 때문에 어떤 사람들은 "아낫의 아들"이라는 말을 전사 계급을 가리키는 것으로 이해한다. 이스라엘이 가나안 땅에 정착하기 전에 살았던 가나안인들의 신화에 따르면 아낫은 전쟁의 여신이다. 그것도 잔인한 킬러로 유명하다. 적들의 피가 강물을 이루도록 잔인하게 사람들을 학살한다. 이 여신의 특징은 전투에 나가기 전에 꼭 예쁘게 화장을 한다는 것이다. 마치 '친절한 금자씨'라는 영화의 주인공처럼 말이다. 그리고 사람들을 무자비하게 학살하여 그들의 피가 바다를 이루면, 그 물을 거울삼아 화장을 정리한 후 집에 가는 여신이다. 그래서 어떤 학자들은 "아낫의 아들"이라는 말이 당시의 어떤 전사 계급을 지칭하는 말이라고 주장한다. 그러나 그가 사용한 무기가 소를 모는 막대기였음을 볼 때 그는 전문적 전사라기보다, 어떻게 하다 보니까 전투에 가담하게 된 아마추어 병사일 가능성이 더 높다. 본래 소를 키우던 농사꾼이었을 가능성이 있다.

반면에 그가 맞선 블레셋인들은 조직된 군단이었을 가능성이 높다. 600명이라는 숫자는 한 명의 장군이 이끄는 군단의 숫자다. 블레셋과의 대치 상황에서 사울이 친히 이끈 군단의 수가 600명이다. 사무엘상 14장에서 사울이 이끌던 군단의 수가 600명이었고(삼상 14:2), 다윗이 블레셋으로 두 번째 망명을 시도하며 데리고 간 군사의 수도 600명이었다(삼상 27:2). 압살롬을 피해 예루살렘을 빠져나가는 다윗을 호위한 것도 600명의 가드 사람들이었다(삼하 15:18). 이처럼 블레셋인 600명이라는 것은 전문 군사 훈련을 받은 정예부대일 가능성이 높다. 농사꾼, 아마추어 병사 이방인 삼갈이 이들을 물리쳤다는 것은 보통 일이 아니다.

어떻게 삼갈 같은 소 키우던 농사꾼이 600명의 블레셋 정예부대를 이겼을까? 어떤 사람들은 이 당시는 사사시대 초기였고, 블레셋인들도 가나안 땅에 이민 온 직후이기 때문에 가나안 고원지대에 대한 지리를 잘 몰랐을 것이라고 주장한다. 따라서 이들에 비해 지역을 잘 알았던 삼갈이 매복과 기습공격 등을 통해 전략적 우위를 점했을 수 있다고 주장한다. 그러나 사실, 블레셋이 지리를 잘 몰랐다 하더라도 족보 없는 삼갈이 소 모는 막대기만으로 600명의 정예 부대를 이겼다는 것을 설명하기 힘들다. 그리고 성경은 그가 다른 이스라엘 사람들을 동원했다는 말도 하지 않는다. 아마 동원하려 했어도 아무도 그를 따르는 자는 없었을 것이다.

삼갈이 블레셋의 정예부대를 무찌를 수 있었던 이유는 사사기 10장 11절에 암시되어 있다.

> **여호와께서 이스라엘 자손에게 말씀하셨다. "내가 이집트 사람들과 아모리 사람들과 암몬 자손과 블레셋 사람들에게서 너희를 구원하지 않았느냐?"**

사사기 11장까지 언급된 사사들 가운데 블레셋을 무찌른 사람은 단 한 사람이다. 따라서 하나님께서 "내가 블레셋 사람에게서 너희를 구원하지 않았느냐?"라고 말씀하실 때, 하나님은 삼갈을 염두에 두고 계신 것이다. 즉 삼갈을 통해 하나님이 블레셋의 정예부대를 무찌른 것이다.[66] 하나님이 삼갈을 통해 이스라엘을 구원하신 사건이다. 하나님이 삼갈로 하여금 승리하게 하셨다는 말이다. 삼갈과 같이 군사훈련을 받지 못한 농사꾼이 600명의 정예부대를 이긴 것은 하나님의 도움 때문이었다. 이것을 뒤집어 말하면 하나님께서는 족보 없는 삼갈일지라도 이스라엘의 구원자 사사로 만드시는 전능자임을 알 수 있다. 삼갈의 삼갈됨은 하나님의 은혜였다.

이런 관점에서 삼갈 본문을 다시 읽을 수 있다. 이때 주목해야 할 부분은 "에훗 후에"라는 말과, "그도"라는 말이다. "에훗 후에"라는 말은 히브리어 원문상 "에훗의 본을 따라" 즉 "에훗처럼"으로 이해될 수도 있다.[67] "그도"라는 말은 히브리어 원문상 "그도 또한"이라는 말에 가깝다.[68] 즉 31절이 주는 뉘앙스는 족보 없는, 아무도 주목하지 않는 삼갈도 위대한 에훗처럼 이스라엘을 구원한 사사라는 것이다. 삼갈도 어느 주류 사사 못지않게 하나님이 쓰시는 사사라는 것이다. 이것은 모든 비주류 사사의 경우로 확대 적용 가능하다.

---

[66]   Barry Webb, *Judges and Ruth: God in Chaos*(Wheaton, IL: Crossway), 90.

[67]   "에훗 후에"로 번역된 히브리어는 '아하라브'이다.

[68]   히브리어 원문에서 "이스라엘을 구원하였다"의 주어로 '감 후'가 사용되었다. 인칭대명사 후가 사용된 것도 강조의 의미가 있는데, "또한"을 의미하는 '감'이 추가적으로 사용되었다.

사도바울은 고린도전서 1장 26-28절에서 이렇게 말씀한다. "형제들아 너희를 부르심을 생각해 보아라. 육신으로 볼 때, 지혜 많은 자가 많지 않고, 능력 있는 자도 많지 않고, 가문이 좋은 자도 많지 않다. 그러나 하나님께서 지혜로운 자들을 부끄럽게 하시려고 세상의 어리석은 것들을 택하셨으며, 강한 것을 부끄럽게 하시려고 세상의 약한 것들을 택하셨다. 하나님께서는 있는 것들을 쓸모없게 하시려고 세상의 천한 것들과 멸시받는 것들과 없는 것들을 택하셨다."

혹시 나는 세상적으로 똑똑하지 못하고, 경제적 능력이나 인맥도 없고, 가문 즉 아버지 또한 나를 도와줄 수 없다고 생각하는 사람이 있는가? 요즘 흙수저 금수저 논쟁이 뜨겁다. 신학생들 사이에도 성골이니, 진골이니, 육두품이라는 말이 나온다. 혹시 자신이 흙수저이며 골품제도에 들지도 못하는 천민이라고 생각하는 사람이 있다면 하나님에 의해 '신비스럽게' 쓰임받은 삼갈을 생각하길 바란다. 오늘날도 하나님은 삼갈 같은 자들을 한국 교회에 일으킬 수 있다! 하나님은 삼갈로 인해 더 큰 영광을 받으실 것이다. 하나님 나라의 보배를 우리와 같은 질그릇에 담으심으로, 그분의 능력을 보여 주실 것이다.

에훗과의 동역

하나님이 쓰시는 사사 삼갈과 관련해 또 하나 주목해야 할 사실이 있다. 그것은 그의 통치가 에훗과 겹쳤을 가능성이 있다는 사실이다. 사사기 3장 12-30절까지 에훗의 이야기가 기록되어 있다. 30절은 사사 이야기의 전형적인 결말이다. "그 날 모압이 이스라엘 수하에 굴복하였으니 땅이 팔십 년 동안 평온하였다." 그리고 31절에 삼갈 이야기가 나온다. 흥미로운 것은 4장 1절이다. 에훗이 죽은 후에 이스라엘 자손이 다시 여호와 보시기에 악을 행하였다. 에훗 시대 후에 삼갈이 사사로 활약했다면, 4장 1절의 시작은 에훗이 죽은 후에가 아니라, 삼갈이 죽은 후에라는 말이 나와야 한다. 그러나 삼갈의 업적이 서술된 후, 에훗이 죽은 후에라는 말이 나온 것은 삼갈의 사사 통치가 에훗의 통치와 동시대적임을 보여 준다. 이것은 에훗의 사역으로 이루어진 80년의 평화기간이 블레셋의 기습적인 공격으로 깨지는 것을 삼갈이 막아 내었음을 보여 준다. 삼갈이 없었다면, 에훗이 80년간의 평화를 누리지 못했을 것이다. 이것을 뒤집어 말하면 에훗의 성공적인 80년의 통치에는 삼갈과의 동역이 필수적이었다는 말이다. 또한 에훗은 블레셋의 문제를 홀로 처리할 수 없었다는 말도 된다.

분명 에훗은 삼갈보다 훨씬 유명하고 위대했던 사사였을 수 있다. 베냐민 지파 출신의 용사로 18년간 지속된 모압왕 에글론의 전제적 통치로부터 이스라엘을 구원한 인물이다. 그 후 그의 통치 아래 80년간의 평화가 있었다. 어찌 보면 삼갈 같은 사람의 도움 없이 블레셋을 무찌를 수 있을 것 같은 사사다. 그러나 성경은 삼갈이 에훗처럼 블레셋으로부터 이스라엘을 구원했다고 기록한다. 분명 누구에게나 하나님이 맡기신 사명이 있는 것 같다. 그리고 그 사명은 그만이 할 수 있다. 그가 제일

잘할 수 있다. 인간적으로 볼 때, 에훗의 사역이 더 중요하고 큰 것이라고 말할 수 있지만, 성경은 그렇게 따지지 않았다. 삼갈도 이스라엘을 구원하였다고 말한다.

삼갈은 인간적인 기준으로 볼 때 이스라엘의 지도자가 될 자격이 전혀 되지 않는 사람이었다. 어떤 가문에도 지파에도 속하지 않는 당시 사회의 언터처블(untouchable) 계층의 사람이었을 수도 있다. 누구도 상종하려 하지 않는 최하층민의 사람이다. 그런 삼갈이 이스라엘의 구원자가 되었다는 것은 여기 있는 모두에게 위로가 된다. 왜냐하면 하나님은 삼갈 같은 우리, 질그릇 같은 우리를 통해 일하시기 때문이다.

금수저 흙수저 논쟁을 넘어서…

성경 속 사사들 중에서도 옷니엘과 삼갈만큼 대조적인 출신을 가진 인물들도 드물다. 옷니엘은 말 그대로 구약시대의 '금수저'였다. 유다 지파의 명문가 갈렙 가문 출신으로, 유명인사 갈렙의 후원을 받아 유다 여인 악사와 결혼하며 자연스럽게 이스라엘의 리더 자리에 올랐다. 요즘으로 치면 재벌 3세가 정계에 진출하는 격이랄까.

반면 삼갈은 정반대였다. 지파도, 가문도 불분명한 이방인으로 우상을 숭배하는 여인을 어머니로 두었다. 당시 이스라엘 사회에서는 절대로 리더가 될 수 없는 출신이었다. 현대식으로 표현하면 '신분 세탁'조차 불가능한 상황이었던 셈이다.

하지만 이 두 사사의 결정적 공통점이 있다. 바로 둘 다 성령의 도우심 없이는 아무것도 할 수 없었다는 점이다. 성골 옷니엘도, 천민 삼갈도 결국 하나님이 사용하신 도구에 불과했다. 마치 명품 브랜드와 무명 브랜드 연필이 똑같이 하나님의 손에 쥐어져 역사를 써 내려간 것과 같다.

옷니엘의 이야기는 이 세상에 구산 리사다임과 같은 정체불명의 무시무시한 악들이 득세할 때가 있지만, 결국 하나님의 공의 앞에서는 무너질 수밖에 없다는 교훈을 준다. 옷니엘이 악의 화신 구산 리사다임을 물리칠 수 있었던 것은 그가 하나님의 영에 충만한 정의의 화신이었기 때문이다. 이는 마치 슈퍼히어로 영화에서 악역이 아무리 강해 보여도 결국 정의가 승리하는 것과 같은 원리다. 다만 여기서 진짜 히어로는 옷니엘이 아니라 그를 통해 역사하신 하나님이셨다.

삼갈의 경우는 더욱 극적이다. 평범한 농부가 소 모는 막대기 하나로 블레셋 정예부대 600명을 물리쳤다니, 이보다 더 '언더독' 스토리가 또 있을까? 하지만 이 놀라운 사건 뒤에는 보이지 않는 하나님의 구원의 손이 있었다. "내가 … 블레셋 사람들의 손에서 너희를 구원하지 않았느냐?"(삿 10:11)라는 말씀이 이를 증명한다.

그렇다면 왜 옷니엘을 '성골' 사사라고 부르는 걸까? 이는 그가 유다 지파 출신이라는 사실과 밀접한 관련이 있다. 창세기를 보면 야곱의 열두 아들 중 누가 지도자 지파가 될 것인가를 두고 치열한 경쟁이 벌어진다. 본래 이스라엘의 리더 자리를 놓고 다섯 명이 경쟁했다. 르우벤, 시므온, 레위, 유다, 그리고 요셉. 하지만 결과는 다음과 같았다. 르우벤은 성적 스캔들로 탈락했고(아버지의 첩과 동침), 시므온과 레위는 과도한 폭력성으로 실격당했다(세겜 학살 사건). 요셉은 뛰어났지만 다른 이유로 제외되었다.

유다가 최종 승자가 된 이유는 그의 완벽함 때문이 아니었다. 오히려 그는 흠이 많은 사람이었다. 동생 요셉을 노예상인들에게 파는 데 앞장섰고, 나중에는 성적인 죄도 범했다. 그야말로 '흑역사' 투성이였다. 하지만 유다에게는 특별한 능력이 있었다. 바로 자신의 잘못을 공개적으로 인정하고, 그 경험을 통해 더 나은 사람으로 거듭나는 능력이었다.

이는 두 가지 사건에서 극명하게 드러난다. 첫째, 요셉이 벤야민을 인질로 잡아 두려 했을 때 유다가 벤야민을 대신해 인질이 되겠다고 자원했다. 더 이상 형제를 파는 유다가 아니라, 자신을 희생해서라도 형제를 살리는 유다로 변한 것이다. 둘째, 다말과의 성적 스캔들이 터졌을 때 유다는 다말을 거짓말쟁이로 몰고 자신의 죄를 덮을 수도 있었다. 하지만 그는 다말의 말을 인정하며 "그가 나보다 의롭다"고 고백했다. 자신의 체면보다 하나님의 정의를 선택한 것이다.

이런 의미에서 하나님 나라의 진짜 금수저는 유다와 같은 회개의 능력을 가진 사람들이다. 즉, 자신의 잘못을 솔직히 고백하고 이전보다 더 나은 사람이 되는 능력, 그리고 자신의 뜻을 꺾고 자기보다 높은 분의 뜻을 따를 수 있는 겸손함을 가진 사람들이 바로 진정한 '성골'인 것이다.

결국 옷니엘과 삼갈의 이야기는 우리에게 이런 메시지를

전한다. 하나님이 보시는 것은 출신이나 배경이 아니라, 그분 앞에서 겸손히 쓰임 받으려는 마음이라는 것을 말이다. 때로는 금수저보다 흙수저가, 때로는 명문가보다 무명씨가 더 큰 일을 해낼 수도 있다는 게 하나님 나라의 놀라운 역설이 아닐까.

토론과 나눔을 위한 질문들

1. 삼갈은 가나안의 여신 이름을 가진 '아낫의 아들'로 소개되며, 이는 그가 이스라엘 사회에서 철저히 비주류 계층에 속했던 인물일 가능성을 시사합니다. 그러나 그는 단순한 농사꾼의 신분으로 블레셋의 정예부대 600명을 무찌르는 놀라운 승리를 거둡니다. 사사기 저자는 그것이 삼갈 같은 자를 구원자로 만드시는 하나님의 능력 때문임을 시사합니다. 하나님과 이웃을 위해 일하는 과정에서 하나님의 능력을 체험한 경험을 나누어 봅시다.

2. 삼갈은 소를 모는 막대기라는 일상의 무기를 사용하여 블레셋 군대를 무찌릅니다. 이는 우리의 일상이 하나님 나라의 중요한 도구가 될 수 있음을 보여 줍니다. 여러분의 일상 중 삼갈의 '소 모는 막대기'와 같은 것이 있다면 무엇일까요?

3. 삼갈의 활동 시기는 에훗과 겹쳤을 가능성이 있으며, 이는 그가 사사로서 독립적으로 활동한 것이 아니라, 기존의 사역과 연결되어 있었음을 의미합니다.

이는 신앙 공동체에서 개별적인 역할뿐만 아니라 협력과 동역이 중요함을 보여줍니다. 서로 다른 배경과 역할을 가진 사람들이 신앙 안에서 조화를 이루는 방법은 무엇일까요?

14. 사울의 잘 알려지지 않은 일화

제4장에서는 왕이 되기 전 사울의 모습을 살펴보았다. 그 모습을 가장 단적으로 드러내 주는 표현이 "청년"이라는 말이다. 순수히 역사적인 관점에서 왕이 되기 직전의 사울은 청년의 나이를 훌쩍 넘겼을 뿐 아니라, 결혼하고 자식까지 두었을 가능성이 많지만 성경 저자는 그를 준수한 청년(삼상 9:2, 개역개정은 "준수한 소년")으로 소개한다. 이것은 우리를 청년이게끔 하는 것이 나이가 아니라 하나님의 의로운 통치에 대한 소망임을 보여 준다. 이번 장에서는 왕으로 기름 부음을 받은 사울이 사무엘 선지자를 통해 주신 하나님의 첫 명령에 실패하는 장면을 다루고자 한다(삼상 10:2-27).[69]

선지자 제도의 역할

세계 역사에서 이스라엘의 왕정은 매우 늦게 찾아왔다. 고대 이

---

[69]   이하의 내용은 김구원, 《사무엘상》(홍성사)에 기대고 있다.

집트와 메소포타미아에서는 적어도 1500년 이상 앞서 왕정이 도입되었다. 따라서 이스라엘에서 왕정이 처음 생길 때 그것이 무엇인지에 대해 이미 잘 정립된 개념이 존재했다. 문제는 그 개념이 고대 이스라엘에서는 허용될 수 없었다는 것이다. 고대 근동의 왕들과 달리 이스라엘의 왕은 절대로 신이 될 수 없다. 따라서 하나님이 이스라엘에 왕정을 허락하실 때에는 새로운 개념을 그 오래된 제도에 입혔다. 그것이 "순종하는 왕"이라는 개념이다. 그리고 이 순종하는 왕이라는 개념을 구체화한 사회적 제도가 선지자들이다. 성서학자들은 이스라엘의 선지자 제도가 왕정과 함께 도입되어 왕정의 소멸과 함께 사라져 갔다는 데 동의한다. 선지자 제도는 왕정과 짝을 이루어 고대 근동 역사에는 없는 독특한 왕의 개념을 세상에 소개했다. 이 때문에 이스라엘의 왕들에게 요구되는 가장 중요한 덕목이 선지자를 통해 주어지는 하나님의 말씀에 순종하는 것이다. 물론 그 제도가 실제 적용될 때에는 여러 복잡한 문제들이 생기지만 그 원칙만큼은 변하지 않았다.

    아래에 다루는 본문도 바로 이와 깊은 관련이 있다. 사울이 선지자를 통해 주어지는 하나님의 명령에 순종할 능력이 있는지를 가늠하게 하는 사건이다. 왕으로서 사울의 삶을 이해하는 핵심적인 사건이지만 잘 알려져 있지 않는 사울의 일화이기도 하다. 자, 왕으로 기름 부음을 받은 사울에게 무슨 일이 벌어지는지 지금부터 함께 알아보자.

간단한 줄거리

10장 2-27절의 내용을 요약하면 다음과 같다. 기름 부음을 받고 기브아로 돌아가는 사울에게 사무엘은 세 가지 징조를 예언한 후(삼상 10:2-6), 두 가지 명령(삼상 10:7-8)을 내린다. 세 가지 징조는 사울에게 소명에 대한 확신을 주기 위한 것이고, 두 가지 명령은 사울의 왕위를 증명하고 확증하기 위한 것이다. 사울은 사무엘이 예언한 징조들이 성취되었을 때 자신의 소명에 대한 확신을 가지고 선지자를 통해 주신 하나님의 첫 명령에 믿음으로 순종해야 했다. 하지만 사울은 그 명령에 순종하지 않았고 고향 마을에서 만난 숙부가 사무엘 선지자의 메시지에 대해 추궁했을 때 사울은 아무 일도 아닌 것처럼 침묵한다.

세 가지 징조

사울이 왕으로 임명되는 장면은 철저히 비밀스럽게 진행되었다. 사무엘은 아무도 보지 않는 가운데 사울을 왕으로 기름 부었다. 사울은 "여호와께서 너를 이스라엘의 지도자로 삼지 않으셨냐"는 사무엘의 선포를 분명히 들었지만, 자신이 정말 왕이 되었다는 사실이 그다지 실감 나지 않았을 것이다.

어제만 해도 사울은 평범한 농부의 아들이었다. 나라를 위해 걱정하고 기도했지만 스스로가 왕이 될 것이라고는 꿈에도 생각지 못했을 것이다. 더구나 사울은 왕정을 경험해 보거나 책으로 공부한 적도 없다. 왕이 된 지금 무엇을 어떻게 해야 할지 막막했을 것이다. 마치 갑자기 대기업 CEO 자리에 앉게 된 평범한 회사원의 심정이었을까?

설상가상으로 사울은 베냐민 지파 출신이었다. 그 문제 많은 베냐민 지파의 사울을 사람들이 왕으로 인정하고 따를 것인가? 베냐민 지파는 이스라엘 역사상 가장 큰 내전을 일으킨 지파였다. 기브아 사건으로 인해 거의 전멸될 뻔했던 지파에서 나온 왕을 누가 달갑게 여기겠는가? 아마 이런 염려도 지금 막 왕이 된 사울의 마음에 있었을 것이다.

사무엘 선지자와의 첫 만남, 산당에서 행해진 건국위원회 모임, 밤늦게까지 이어진 대화, 그리고 다음 날 아침 사무엘의 기름 부음까지 사울에게는 벅차고 감동적인 순간의 연속이었다. 하지만 그동안 세상은 아무 변화 없이 무심한 이틀을 보냈다. 사무엘과 헤어져 홀로 고향으로 돌아가는 사울은 아무것도 변하지 않는 세상을 보고 자신이 정말 왕이 된 것인지 의심했을 것이다. 그는 다시 평범한 일상으로 돌아가고 싶은 유혹을 느꼈을 것이다. 이때 사울의 기름 부음이 영원한 비밀로 남을 수도 있는 순간이었다.

우리도 사울과 비슷한 경험을 하지 않는가? 말씀과 성령이 충만한 집회에서 은혜를 받았지만, 내 삶의 현장에서는 아무 일도 없었던 것처럼 행동하지 않는가? 마치 여름 수련회에서 "인생을 바꾸겠다"고 다짐했다가 집에 돌아오자마자 원래대로 살아가는 것처럼 말이다.

사무엘이 세 가지 징조를 말한 것은 바로 이 때문이었다.

왕으로 기름 부음은 받았지만 자신의 소명을 확신하지 못하는 사울에게 소명에 대한 확신을 주기 위한 것이었다. 이는 마치 하나님이 사울에게 "네가 정말 왕이 맞다"는 것을 증명해 줄 세 가지 '인증샷'을 미리 예고해 주신 것과 같았다.

첫 번째 징조는 사울이 베냐민 땅 경계에 위치한 라헬의 무덤 근처에서 두 사람과 만난다는 내용이었다.[70] 사무엘은 그 두 사람이 무슨 말을 할지도 정확히 예언했다. "네가 찾으러 갔던 암나귀들을 찾은지라 네 아비가 암나귀들의 염려는 놓았으나 너희로 말미암아 걱정하여 이르되 내 아들을 위하여 어찌하리요"(삼상 10:2). 아버지가 이제 나귀보다 아들이 더 걱정된다는 뜻이었다. 부모 마음이란 참 그렇다.

두 번째 징조는 벧엘의 산당으로 예배하러 올라가는 세 사람에 관한 것이었다. 사무엘은 그 사람들이 산당으로 가져가던 예물의 일부를 상수리나무 아래에서 사울에게 줄 것이라고 예언했다. 낯선 사람이 소중한 예물을 나누어 준다는 것은 그 자체로 하나님의 특별한 섭리였다.

마지막 세 번째 징조는 사울이 자신의 고향에 진입할 때 발생하는 것이었다. 개역개정에서 "하나님의 산"(삼상 10:5)으로 번역된 부분은 "하나님의 기브아"로 번역하는 것이 옳다. 사울의 고향 기브아는 이후 "사울의 기브아"로 불리기도 한다. 사무

---

[70] 라헬에 대한 언급이 흥미롭다. 라헬에게 두 아들이 있었는데 그중 하나가 베냐민이었다. 유대 랍비들은 라헬과 그 후손들이 '갈르엣'("돌무더기") 저주 아래에 있다고 말한다. 즉 라반과 야곱이 맺은 언약 때문에 라헬과 그 후손들이 죽음과 실패의 저주 아래 있다는 내용이다(창 31:47-48). 라헬의 무덤은 그녀가 그 저주로 인해 일찍 죽었던 사건을 상기시킨다. 이제 베냐민 사람 사울의 운명은 어떠할 것인가?

엘의 예언에 따르면 사울이 자신의 고향에 도착했을 때 산당에서 내려오는 선지자 무리를 만날 것인데, 하나님의 영이 사울에게 임하여 사울도 그들과 함께 예언할 것이었다. 평소 과묵하고 내성적이던 사울이 갑자기 예언하는 모습을 본 동네 사람들은 얼마나 놀랐을까?

이 세 가지 징조는 사울에게 확신을 주기 위한 것이었다. 이 징조들이 성취되는 것을 보고 사울은 하나님이 그를 왕으로 세웠음을 확신해야 했다. 마치 하나님이 사울에게 "이제 믿겠느냐?"라고 물으시는 것 같았다. 그리고 사무엘이 왕이 된 사울에게 내린 첫 명령을 수행할 필요가 있었다.

두 가지 명령: 난해 구절

선지자의 첫 명령은 다음과 같다.

이 징조가 네게 임하거든 너는 기회를 따라 행하라 하나님이 너와 함께 하시느니라 너는 나보다 앞서 길갈로 내려가라 내가 네게로 내려가서 번제와 화목제를 드리리니 내가 네게 가서 네가 행할 것을 가르칠 때까지 칠 일 동안 기다리라 삼상 10:7-8

이 구절은 사무엘상 전체에서 가장 해석하기 어려운 구절 중 하나다. 먼저 7-8절은 상반된 두 개의 명령을 담고 있다. 7절의 명령은 사울의 원함대로 행하라고 말하는 듯하지만, 8절의 명령은 길갈로 내려가서 사무엘의 지시를 기다리라고 말한다. 그러나 이보다 더 심각한 문제는 사무엘이 사울에게 내린 이 명령들이 이후의 문맥에서 완전히 사라져 버린다는 점이다. 사무엘이 내린 명령을 사울이 언제 어떻게 순종했는지에 대한 기록이 없다. 이 명령들을 연상시키는 사건이 사무엘상 13장에 나오는데 그것은 (1절에 대한 개역개정역에 따르면) 사울이 왕이 되고 적어도 2년이 지난 후의 일이다. 즉 사울의 아들 요나단이 기브아에 있는 블레셋의 수비대를 공격했을 때 사울이 군대를 길갈로 이끌고 내려가 그곳에서 사무엘을 7일간 기다린 사건은 사울이 기름 부음을 받은 직후에 사무엘이 내린 명령들(삼상 10:7-8)에 대한 성취 사건이 될 수 없다. 사무엘이 내린 명령들 중 첫 번째 것은 세 가지 징조가 이루어졌을 때, 두 번째 명령은 그로부터 7일 안에 순종해야 하는 것이었기 때문이다.

    이제 여러분은 왜 앞서 인용한 사무엘상 10장 7-8절이 난해 구절인지 이해했을 것이다. 일부 학자들은 내러티브상의 그런 공백을 사무엘서 저자의 미숙 때문이라고 주장하지만 그것은 고대 저자들의 수사법에 대한 오해에서 나오는 말이다. 사무엘의 두 명령은 서로 모순되는 것도 아니고 이후의 이야기 전개와 상관없이 삽입된 사족도 아니다. 오히려 사울이 왕이 된 직후 저지른 잘못에 대한 놀라운 이야기를 담고 있다. 그 내용을 이해하기 위해서는 사무엘의 명령을 고대 근동의 왕위 등극 과정을 배경으로 읽어야 한다.

왕위 등극 과정의 서사: 지명, 증명, 확증

고대 근동 문학에서 왕위 등극 과정을 이야기할 때 사용하는 정해진 세 모티프가 있다. 그것은 각각 지명(designation), 증명(demonstration), 확증(confirmation)으로 불린다. 세습을 통해 왕이 된 사람은 그가 어떻게 왕이 되었는지를 설명할 필요가 없다. 하지만 세습 이외의 방식으로 왕이 된 사람은 그가 왕이 된 경위를 지명, 증명, 확증의 요소를 넣어 설명함으로 자신의 정당성을 인정받아야 했다. 먼저 '지명'은 신이나 신의 대리자가 그에게 나타나 "너는 왕이다"라고 말해 주는 사건이다. 이렇게 왕으로 지명된 사람은 자신의 통치 능력을 현장에서 증명해야 한다. 보통 전쟁에서 공을 세우는 것이 증명 사건에 해당할 수 있다. 그 후 제사장이나 선지자가 주관하는 대관식을 통해 왕권이 공식적으로 '확증'되어야 진정한 의미에서 왕이 된다. 사무엘상 10장 7-8절에 기록된 사무엘의 명령들도 바로 사울이 왕으로 등극하는 과정과 연결해 이해할 필요가 있다.

사무엘의 명령은 단계적 명령이다

농부 사울이 사무엘을 통해 기름 부음을 받은 것은 '지명'에 해당한다. 하지만 그것은 왕이 되는 과정의 첫 단계에 불과하다. 고대 근동의 왕위 등극 과정에 따르면 앞으로 사울은 그의 통치 능력을 현장에서 증명하고 선지자가 집례하는 의식에서 그의 왕권을 확증받아야 한다. 그리고 사울을 왕으로 지명한 직후 사무엘 선지자가 내린 명령들은 각각 사울이 어떻게 그의 통치 능력을 사람들 앞에서 증명하고, 또한 언제 어디서 왕권을 공식적으로 확증받게 될 것인지를 설명하는 것이다.

　이 때문에 우리는 7-8절을 하나의 명령이 아닌, 두 개의 명령으로 이해해야 한다. 7절은 '증명'과 관련된 명령이고, 8절은 '확증'과 관련된 명령이다. 그리고 증명과 확증은 단계적 절차로 증명 단계가 완수되지 않으면 확증 단계가 시작되지 않기 때문에, 확증에 대한 사무엘의 명령은 증명에 관한 명령에 사울이 순종했을 경우를 전제로 내려진 것이다. 즉 동시적 명령이 아니라 단계적 명령으로 그 둘은 내용상 모순이지만 실천하는 데에는 아무런 문제가 없다.

　사울은 사무엘이 예언한 징조가 모두 이루어지면, 7절의 명령에 먼저 순종해야 한다. 즉 기회를 따라 행해야 한다. 이 말의 의미는 곧 살필 것이다. 그 후 8절의 명령에 따라 길갈로 내려가 사무엘의 확증에 대한 지시를 기다리면 된다. 사무엘이 길갈로 내려가 사울의 왕위를 온 이스라엘 앞에서 확증해 줄 것이다. 그러나 사울이 7절의 명령에 순종하지 못한다면, 8절 속 명령의 효력은 발생하지도 않는다.

기회를 따라 행하라

그럼 사무엘이 7절에 내린 명령은 구체적으로 무엇인가? 개역개정의 "기회를 따라 행하라"는 말은 순리에 따라 행하라는 의미가 아니다. 히브리어 문장을 직역하면 "네 손이 발견하는 것을 하라"("do what your hand finds to do", ESV 참조)이다. 이것은 "네가 옳다고 생각하는 것을 주저 없이 하라"는 명령이다. 신중하게 행동하라는 주문이 아니다. 사무엘이 예언한 세 가지 징조가 성취되는 것을 보면 사울은 하나님의 세우심에 대한 확신을 가지고 왕으로 마땅히 해야 할 바를 주저 없이 단호하게 수행하라는 의미이다. 사울이 왕으로서 마땅히 행할 바가 구체적으로 무엇일까? 사무엘 선지자가 사울에게 한 말들을 잘 분석해 보면 그에 대한 답을 얻을 수 있다. 이에 관련해 가장 중요한 것이 세 번째 징조에 관한 사무엘의 예언이다.

> **그 후에 네가 하나님의 산에 이르리니 그 곳에는 블레셋 사람들의 영문이 있느니라** 네가 그리로 가서 그 성읍으로 들어갈 때에 선지자의 무리가 산당에서부터 비파와 소고와 저와 수금을 앞세우고 예언하며 내려오는 것을 만날 것이요 네게는 여호와의 영이 크게 임하리니 너도 그들과 함께 예언을 하고 변하여 새 사람이 되리라 삼상 10:5-6

사무엘은 5-6절에서 세 번째 징조를 말할 때 7절의 '증명' 명령을 대한 암시를 준다. 그 암시가 위의 인용에서 필자가 강조한 부분에 들어 있다. "그 후에 네가 하나님의 산에 이르리니 그 곳에는 블레셋 사람들의 영문이 있느니라." 여기서 "하나님의 산"은 사울의 고향 기브아에 대한 별칭으로, 히브리어 '기브아 엘로힘'을 번역한 것이다("Gibeath-Elohim", ESV 참조). 5절의 "하나님의 산"(기브아)이 10절에서는 "산"(기브아)으로 축약되는데, 이 둘 모두 사울의 고향 기브아를 가리키는 것이다. (히브리어 '기브아'가 지명이 아닌 보통 명사로 사용될 때는 "산"으로 번역된다. 따라서 지명 기브아를 "산"으로 번역한 개역개정은 수정될 필요가 있다.)

사무엘 선지자가 사울의 고향을 그냥 "기브아"로 부르지 않고, "기브아-엘로힘" 즉 "하나님의 기브아"라고 부른 이유가 무엇일까? 나아가 사울의 고향을 언급하면서 "그곳에는 블레셋 사람의 영문(주둔지)"이 있다고 말한 이유는 무엇일까? 우리는 이 구절을 통해 당시 사울의 고향 기브아의 정치적 상황을 짐작할 수 있다. 기브아는 본래 하나님의 땅이었지만, 지금은 내륙까지 침투해 들어온 블레셋 군의 영향 아래 있다. 블레셋은 군대를 기브아에 주둔시켜, 이스라엘 백성을 노략하고 억압하였던 것이다. 그런 일이 사울의 고향에서 벌어졌다. 사울이 민족의 미래를 염려해 기도한 이유도 이런 슬픈 현실 때문이었을 것이다. 사울은 민족의 고통을 눈앞에서 목격했다. 그런 사울이 비밀스럽게 사무엘 선지자에 의해 "블레셋의 손에서 구원할 왕"(9:16)으로 지명되었고, 그 지명을 확인해 주는 세 가지 징조도 체험했다.

그렇다면 "기회를 따라 행하라"라는 사무엘의 명령, 즉 사울이 왕으로서 마땅히 해야 할 일은 무엇이었을까? 그것은 자기 고향 기브아에 있는 블레셋의 주둔지를 공격하는 일이었음에 틀림없다. 더구나 하나님은 사무엘 선지자의 입을 통해 "내 백성을 블레셋 사람들의 손에서 구원"할 자가 이스라엘의 왕이라고 말씀하지 않으셨나? 사울이 기브아의 블레셋 군대를 물리치는 데 성공하면 왕으로서 자신의 능력은 물론, 하나님이 그와 함께하고 계심을 사람들 앞에 증명할 수 있다. 그리고 그 후 길갈로 내려가 7일을 기다리면 사무엘이 그를 왕으로 확증해 줄 것이다. 그러나 사울이 과연 이 증명 단계를 성공적으로 통과할 것인가?

"기회를 따라 행하라"는 사무엘의 명령이 블레셋 주둔지에 대한 공격을 의미함을 보여 준 또 하나의 증거는 7절 후반부에 있다. "하나님이 너와 함께 하신다"(7절). 사무엘은 사울에게 "기회를 따라 행하라"고 말한 후 곧바로 하나님의 함께 하심의 축복을 빌었다. 이 축복은 다윗의 기름 부음을 증명하는 사건에서도 사용된다. 다윗도 기름 부음을 받은 후 자신의 왕 됨을 증명할 필요가 있었다. 다윗에게 그 '증명' 사건은 사무엘상 17장에 묘사된 골리앗과의 전투인데, 사울이 다윗을 골리앗 앞으로 보내면서 한 말이 "하나님이 너와 함께 하시기를 원하노라"이다. 즉 다윗의 왕위 증명 사건에서도 하나님의 임재에 대한 축복이 블레셋의 전투와 연결되어 나타난다. 다윗은 하나님의 임재에 대한 축복을 듣고 블레셋 사람 앞에 나아갔지만, 사울은 그러지 못했다.

사무엘의 명령들에 대한 성취가 언급되지 않는 이유는?

너무 큰 사명을 받아 갑자기 용기가 없어진 것일까? 전에 암나귀를 찾다가 포기하고 "돌아가자"라고 했던 것처럼, 사울은 기름 부음을 받기 이전의 삶으로 다시 돌아가기 원했던 것 같다. 이미 말라 버린 머리의 기름이 블레셋의 군사들 앞에서 효과를 내지 못한 것 같았다. 사무엘 선지자의 축복과 기도는 받았지만, 그의 눈앞의 현실은 녹록지 않았을 것이다. 사울에게는 지지자도 군대도 없었다. 누구도 사울이 왕이 되었다는 사실을 모른다. 사람들에게 말한다 한들 누가 믿겠으며, 누가 베냐민 사람을 왕으로 기꺼이 모시겠는가? 마치 선거에서 당선되었다고 해서 바로 정치력이 생기는 것이 아닌 것처럼, 기름 부음을 받았다고 해서 바로 왕의 권위가 생기는 것은 아니었다. 사울에게는 기브아에 있던 블레셋 주둔지를 공격할 용기나 믿음이 없었을 것이다.

이것은 이후에 요나단이 비슷한 상황에서 블레셋의 군대를 선제공격한 것(13-14장)과 대조를 이룬다. 아버지는 망설이는데 아들은 과감하게 행동하는 아이러니한 상황이었다. 평소 블레셋 영문을 보면서 민족의 상황을 가슴 아파한 사울이었지만, 막상 역사의 현장에 던져지자 다시 구경꾼과 토론자의 입장으로 돌아가고 싶었을까?

산당에서 만난 숙부가 "사무엘이 너희에게 이른 말을 내게 말하라"라고 하자, 사울은 핵심을 쏙 빼먹고 대답한다. "사무엘이 말하던 나라의 일" 즉 자신에게 기름을 부은 일(지명), 기브아의 블레셋 영문에 대한 공격을 명한 일(증명), 길갈에서 사무엘을 기다리라는 말(확증) 등을 모두 생략한다. 단지 암나귀의 행방에 대한 사무엘의 말만 전달한다. 블레셋 공격 명령을 실천하지 못한 사울은 모든 것을 머릿속에서 지우고 싶었던 것이다. 더욱 아쉬운 것은 산당에서 만난 그 숙부가 이후 사울 왕국의 군대 장관이 되는 아브넬이었다는 점이다. 사울은 블레셋 공격 명령을 수행하기 위해 그 숙부의 도움을 우선적으로 요청했어야 했다. 하지만 이미 용기를 잃어버린 사울은 숙부에게 사무엘이 준 사명을 말하지 않는다. 절호의 기회를 놓친 셈이었다.

이처럼 사울은 라마에서 기름 부음을 받아 왕으로 지명되었지만, 그 후 증명과 확증으로 이어지는 왕위 등극 과정을 완수하지 못하고 기브아에서 은둔해 지내게 된다. 마치 합격 통지서는 받았지만 입학식에 나가지 않는 신입생 같은 모습이었다. 이스라엘의 왕이 고대 근동의 왕처럼 신 같은 존재가 아니라 하나님의 말씀에 순종해야 하는 존재라면, 사울이 사무엘을 통해 주신 하나님의 첫 명령에 순종하지 못했다는 것은 매우 중대한 사안이다. 첫 단추를 잘못 꿴 셈이었다. 그러나 하나님은 이후에도 계속해서 사울에게 순종의 기회들을 주신다.

현실 앞에 너무 작아지는 사울

사울이 기름 부음을 받았고, 그 후 세 가지 징조를 통해 그 소명에 대한 확증을 얻었음에도 불구하고, 사무엘을 통한 하나님의 명령에 순종하지 못한 것은 보이지 않는 하나님보다 현실의 블레셋이 더 크게 보였기 때문이다. 우리도 거인과 같은 세상과 맞설 때 그 거대함에 압도되어 하나님을 보지 못하는 경우가 많다. 우리가 사울이었다면 사무엘의 명령을 따라 블레셋의 영문을 공격할 수 있었겠는가? 사울은 분명 평소 하나님의 통치를 사모하던 청년이었다. 그러나 사울은 그 마음을 구체적 실천으로 옮기는 일에 실패했다. 이것은 '청년 사울'이 '지도자 사울'로 발전하는 것이 얼마나 어려운 일인가를 우리에게 교훈한다. 청년은 비판과 불평의 특권이 있다. 그러나 그곳에 안주해서는 안 된다. 하나님 나라를 이 땅에 이루기 위해서는 믿음의 결단과 순종이 필요하다. "너는 기회를 따라 행하라"는 말씀이 오늘 우리 각자에게 주는 의미를 되새겨 보자.

토론과 나눔을 위한 질문들

1. 사울은 기름 부음을 받았지만, 왕으로서의 소명을 확신하지 못하고 현실의 어려움 앞에서 주저했습니다. 특히, 블레셋의 주둔지를 공격하는 하나님의 명령을 따르지 않고 침묵하며 물러섰습니다. 이는 하나님의 부르심을 받았음에도 불구하고 현실의 장애물 앞에서 믿음이 흔들리는 모습을 보여 줍니다. 오늘날에도 신앙인들이 하나님께서 주신 사명 앞에서 현실적인

두려움이나 장애물 때문에 주저하는 경우가 많습니다. 우리는 이러한 상황에서 어떻게 하나님의 뜻을 확신하고 용기 있게 나아갈 수 있을까요?

2. 본문에서는 사울이 블레셋 주둔지를 공격하지 않은 것은 단순한 주저함이 아니라, 왕으로서의 책임을 회피한 것이었다고 설명합니다. 그러나 반면에 그의 아들 요나단은 나중에 비슷한 상황에서 블레셋을 먼저 공격하며 믿음으로 행동했습니다. 이것은 신앙에서 지도자가 가져야 할 가장 중요한 덕목이 '책임감 있는 순종'임을 보여 줍니다. 오늘날의 리더십에서 책임 있는 결단과 행동은 왜 중요한가요? 신앙 공동체의 리더는 어떤 방식으로 순종과 책임을 실천해야 할까요?

3. 사울은 처음에는 하나님 나라를 사모하는 청년이었지만, 실제로 하나님의 명령을 수행하는 자리에서는 현실적 두려움과 인간적인 계산 때문에 실패했습니다. 이는 믿음이 단순한 감정이나 이상적인 소망에 머물러서는 안 되며, 실제 행동과 실천으로 이어져야 함을 시사합니다. 우리의 신앙이 단순한 감정적 위로가 아니라, 실제 삶에서 적용하는 실천적 믿음이 되기 위해 필요한 것은 무엇인가요?

15.
사울이 버림받은 이유

사울에 관한 사무엘상의 서술은 크게 두 부분으로 나뉜다. 9-12장은 사울의 왕위 등극 과정을 묘사하며, 13-15장은 사울 왕의 통치를 서술한다. 이것은 다윗에 대한 사무엘서의 서술 구조와 대체로 동일하다. 사무엘상 16장 1절에서 사무엘하 5장 3절까지가 다윗의 왕위 등극 과정에 대한 묘사라면, 사무엘하 5장 4절부터는 다윗 왕의 통치에 대한 내용이다. 하지만 다윗의 경우와 달리, 사울의 통치에 대한 서술은 대부분 부정적이고, 사울 왕조가 망한 이유를 설명하는 듯한 이야기로 채워져 있다. 여기서는 종종 그 의미가 오해되는 사무엘상 13장에 집중하고자 한다.[71]

월권의 죄?

사무엘상 13장을 읽는 많은 사람들이 사울이 버림받은 이유를

---

[71] 이하의 내용은 김구원, 《사무엘상》(홍성사)에 기대고 있다.

제사 문제에서 찾는다. 즉 사울 왕이 제사장의 고유 업무인 제사를 친히 집행함으로써 신성한 권한을 침범했다는 것이다. 그리고 이 월권의 죄는 매우 심각한 것으로, 윤리적으로 실패한 다윗은 용서받아도 제의적 문제(예배)를 건드린 사울은 절대로 용서받지 못했다는 이야기로 연결된다. 나아가 오늘날 제사장의 직분을 계승한 목사의 권한을 평신도가 월권하는 일에 대한 엄한 경고로도 사용된다.

그러나 정말 성경 본문이 사울의 잘못을 제사장의 직무에 대한 월권으로 이야기하는가? 많은 성서학자들은 그렇지 않다고 증언한다.

먼저 사울이 제사를 직접 수행함으로써 월권했다는 주장의 근거 구절인 사무엘상 13장 9절을 검토해 보자.

사울이 가로되 번제와 화목제물을 이리로 가져오라 하여 번제를 드렸더니

이 구절을 잘못 이해하면 사울이 제사장의 직무를 월권한 것으로 생각할 수 있다. 사울이 동물들을 직접 죽여 제사를 지냄으로써 제사장의 고유 권한을 침범했다는 주장이다. 하지만 사울이 제물을 직접 죽였다 하더라도 그는 제사장의 고유 권한을 침범한 것이 아니다. 왜냐하면 본래 제물은 대속죄일과 같은 특별한 날을 제외하면 제물을 바치는 '제주'(祭主)가 직접 도살하고 각을 뜨는 것이 일반적이기 때문이다(레 1:3-6). 사무엘상 13장이 전제하는 상황—전쟁을 앞둔 왕이 신의 호의를 구하는 제사—에서도 사울은 제사를 드리는 주체로서 충분히 동물을 죽일 수 있었다. 제사장의 고유 권한은 제주가 동물을 죽인 후에 시작된다. 제사장만이 죽은 동물의 피를 거두어 하나님 앞에 가져갈 수 있다(레 1:5; 4:5-7). 그러나 본문은 사울이 "번제를 드렸다"라고 진술할 뿐, 그가 피를 직접 받아 단에 뿌렸다고는 이야기하지 않는다.

또한 제사장 사무엘이 그 제의 의식 중에 없었기 때문에, 사울이 도살 후의 과정도 직접 집행했을 것이라는 주장은 지나친 억측이다. 왜냐하면 당시 사울은 엘리 계열의 제사장을 거느리고 있었다("아히야", 삼상 14:3 참조). 따라서 다른 제사장들을 통해 사울은 제사장의 직무를 월권하지 않고도 충분히 제사를 합법적으로 진행할 수 있었을 것이다.

사울이 "번제를 드렸다"는 말에 근거해, 사울이 제의적 월권을 저질렀다고 주장한다면, 다윗도 솔로몬도 이런 비난에서 자유롭지 못할 것이다. 사무엘하 6장 17절에 따르면, 여호와의 궤를 예루살렘의 성막에 안치한 후 다윗도 "번제와 화목제를 여호와 앞에 드렸다." 열왕기상 9장 25절은 성전을 봉헌한 솔로몬이 일 년에 세 번씩 "번제와 감사제를 드렸다"고 기록한다. 사울의 경우나 다윗과 솔로몬의 경우, 모두 동일한 히브리어 숙어가 사용된다. 즉 "제사(번제, 화목제, 감사제 등)를 드렸다"(헤엘라 올라/올로트)라는 표현은 제사장뿐 아니라 모든 일반 제주에게 적용될 수 있는 것이다. 따라서 사울이 "번제를 드렸다"고 해서 그가 제사장의 직무를 월권했다고 주장하는 것은 지나친 억측임에 틀림없다.

그렇다면 사무엘상 13장의 상황에서 사울이 사무엘에게 꾸지람을 들은 이유는 무엇일까? 그 이유는 13-14절에서 찾을 수 있다.

> 사무엘이 사울에게 이르되 왕이 망령되이 행하였도다 왕이 왕의 하나님 **여호와께서 왕에게 명하신 명령을 지키지 아니하였도다** 그리하였더면 여호와께서 이스라엘 위에 왕의 나라를 영영히 세우셨을 것이어늘 이제는 왕의 나라가 길지 못할 것이라 **여호와께서 왕에게 명하신 바를 왕이 지키지 아니하였으므로** 여호와께서 그 마음에 맞는 사람을 구하여 그 백성의 지도자를 삼으셨느니라 하고 삼상 13:13-14

여기서 사무엘은 사울 왕에게 왕조의 단절을 선포하는데, 주목할 만한 사실은 그가 "여호와께서 왕에게 명하신 바(명령)를 지키지 않았습니다"라는 말을 두 번이나 반복한다는 것이다. 결론부터 말하자면, <u>사무엘이 말하는 사울의 죄는 '불순종'인 것이다.</u> 그러나 본문은 사울이 어떤 여호와의 명령에 불순종했는지를 명확히 말하지 않는다. 따라서 사울 왕이 왕조를 빼앗긴 이유를 정확히 이해하기 위해서 우리는 다음의 두 가지 질문을 던져야 한다.

첫째, 사울이 지키지 않았던 여호와의 명령은 무엇이었는가? 둘째, 그 불순종이 사울에게 그렇게 치명적인 죄가 된 이유는 무엇일까?

먼저 두 번째 질문부터 간단히 대답해 보자. 여호와의 명령에 순종하지 못한 사울이 왕조를 약속받지 못한 이유는 하나님이 이스라엘을 위해 예비하신 왕정 제도의 독특성 때문이다. 이를 이해하려면 먼저 고대 근동의 왕정 철학이 무엇인지 알아야 한다.

이스라엘이 역사의 무대에 등장하기 오래전부터 고대 근동의 사람들은 왕정을 이루고 살아왔다. 그들에게는 이미 오랜 세월 동안 확립된 왕정 철학이 있었다. 고대 근동의 왕정 철학에서 왕은 '신의 아들'로 불린다. 왕은 '인간의 아들'로 불리는 일반 백성과는 그 기원부터 다르다. 일반 백성은 신의 허드렛일을 맡도록 창조되었지만, 왕들은 신의 형상으로 창조되었다고 여겨졌다. 따라서 왕의 말이 곧 법이고 왕의 뜻이 곧 선이었다. 왕이 "하늘이 파랗다"고 하면 파란 것이고, "물이 아래서 위로 흐른다"고 하면 아래서 위로 흐르는 것이었다. 왕에게는 절대적 권력과 권위가 있었던 셈이다.

그러나 하나님이 이스라엘에 세운 왕정은 그 제도적 형식에 있어서는 고대 근동의 그것과 유사하지만, 내용에 있어서는 완전히 다른 것이었다. 이스라엘의 왕은 그의 말이 법이고 그의 의지가 선인 신적 존재가 아니라, 하나님의 법에 순종하며 하나님의 뜻을 행해야 하는 하나님의 대리통치자였다. 즉 왕이라도 보다 상위의 법에 순종해야 하는 것이다. 이런 의미에서 이스라엘의 왕은 하나님의 종의 개념에 가깝다. 마치 대통령이 국민의 공복(公僕)인 것처럼, 이스라엘의 왕은 하나님의 공복이었던 셈이다.

이런 왕에게 가장 요구되는 덕목은 순종이다. 왜냐하면

그는 자신의 생각과 뜻을 꺾고 하나님의 생각과 뜻을 펴는 존재이기 때문이다. 외교에서 실패하고, 경제를 망치고, 국방에서 패배하고, 내치에서 혼란을 일으킨 왕도 하나님께 용서받을 수 있다. 하지만 하나님의 뜻에 순종하지 않는 왕은 직을 유지할 수 없다.

이는 마치 실력은 부족해도 성실한 직원은 용납되지만, 아무리 능력이 뛰어나도 상사의 지시를 무시하는 직원은 해고당하는 것과 같은 원리다. 사무엘 선지자가 "여호와께서 왕에게 명하신 바를 왕이 지키지 않았습니다"라고 반복해 말한 것은 불순종이 왕의 해고 사유가 되는 중대한 죄임을 강조하는 것이다. 결국 이스라엘의 왕정에서는 '왕다움'이 권력의 크기가 아니라 순종의 깊이로 측정되었던 것이다.

명하신 바를 지키지 아니하였으므로

이제 사울이 불순종한 하나님의 계명이 무엇인지 알아보자. 많은 학자들은 사무엘이 두 번이나 말했던 "여호와께서 왕에게 명하신 명령"의 구체적 내용에 대해 불가지론적 입장을 취한다. 실제로 사무엘상 13장은 사울에 대한 어떤 신명(神命)도 기록하고 있지 않다. 이 때문에 어떤 사람들은 그 명령을 제사에 관한 율법과 연결시키는데 이것은 이미 증명한 대로 옳지 않다. 또한 사무엘의 꾸지람이 사울에 대한 질투에 의한 자의적이고 불공정한 것이라는 주장도 옳지 못하다. 이런 주장들은 성경 본문을 지나치게 문자적으로 접근해서 발생하는 오해이다. 성경 저자는 다양한 문학적 장치를 통해 메시지를 전달하기 때문에 저자의 의도를 파악하기 위해서는 본문에 사용된 문학적 기교에 주의해야 한다.

사울이 저지른 불순종의 성격과 관련해 주목해야 할 힌트는 "사무엘이 정한 기한대로 이레를 기다리되"라는 구절이다. 이 구절은 사울에게 내린 선지자 사무엘의 첫 번째 명령을 연상시킨다.

> 이 징조가 네게 임하거든 너는 (왕으로서) 마땅히 해야 할 일을 행하라 하나님이 너와 함께 하시느니라 너는 나보다 앞서 길갈로 내려가라 내가 네게로 내려가서 번제와 화목제를 드릴 것이다 내가 네게로 가서 너의 할 일을 가르칠 때까지 칠 일을 기다리라 삼상 10:7-8, 필자 사역

앞선 14장에서 이미 자세히 설명한 것처럼 사무엘의 이 명령들은 서로 유기적으로 연결된 두 단계의 명령을 포함한다. 첫 번째 단계 명령(삼상 10:7)에 순종했을 때, 두 번째 단계 명령(삼상 10:8)이 효력을 발휘하게 된다. 사무엘의 첫 번째 명령은 징조들이 성취되었을 때 사울 자신이 왕으로 부름받았음을 확신하고 왕으로서 마땅히 해야 할 일을 주저 없이 행하라는 내용이다. 그리고 그 일은 기브아("하나님의 산", 삼상 10:5)에 주둔하던 블레셋 군인들을 먼저 공격하는 일이었다. 만약 사울이 사무엘의 첫 번째 명령에 순종했다면 블레셋이 이스라엘에 전면전을 걸어 올

것이다. 이때 발효되는 사무엘의 두 번째 명령은 사울이 사람들을 이끌고 길갈로 내려가 그곳에서 선지자 사무엘의 지시를 기다려야 한다는 내용이다. 그러나 당시 사울은 첫 단계 명령에 순종하지 못하였고 그 때문에 길갈에서 7일을 기다리라는 둘째 단계 명령도 자연스럽게 취소되었다.

그로부터 시간이 흘러 사울이 왕이 된 지 어느덧 2년이 흘렀다. 그런데 2년 전 사울의 불순종을 연상시키는 사건이 다시 한 번 벌어진다. 사무엘상 13장 8절의 "사무엘이 정한 대로 이레를 기다리되"라는 언급은 사무엘상 10장 8절의 명령들을 상기시킨다. 물론 그 두 사건은 사실적으로 별개의 건이다. 왜냐하면 10장의 사건과 13장의 사건 사이에는 적어도 2년 이상의 시간차가 있기 때문이다. 그럼에도 불구하고 부정할 수 없는 것은 성경 저자가 "7일간 기다림"이라는 모티프로 그 두 사건을 분명히 연결시키고 있다는 것이다. 이런 문학적 연결을 더욱 분명하게 보여 주는 사건이 13장 3절에서 요나단이 게바('기브아'의 다른 이름일 가능성이 높음)에 있는 블레셋의 수비대를 공격한 사건이다. 이것은 사무엘상 10장 7절에 기록된 "(왕으로서) 마땅히 해야 할 일"(위의 사역 참조)의 구체적 내용을 실천한 것이다. 2년 전 사울이 용기를 내지 못해 순종하지 못했던 일을 13장에서 그의 아들 요나단이 늦었지만 순종한 것이다.

그러면 2년 전 사무엘이 사울에게 주었던 두 번째 명령 즉 길갈로 내려가서 7일 동안 사무엘의 지시를 기다리라는 명령이 2년 후 사울이 저지른 불순종의 성격을 이해하는 데에 어떤 도움을 줄까? 이 질문에 대답하기 위해 먼저 주목할 사실은 그 명령의 핵심이 7일에 있는 것이 아니라 사무엘의 지시에 있다는 점이다. 이런 관점에서 사무엘상 10장 8절의 명령을 다시 읽어 보자.

> 너는 나보다 앞서 길갈로 내려가라 내가 네게로 내려가서 번제와 화목제를 드리리니 내가 네게 가서 네가 행할 것을 가르칠 때까지 칠 일 동안 기다리라

인용된 사울을 향한 명령의 핵심은 선지자의 명령에 따라 행동하라는 것이다. 이제 사무엘상 13장으로 돌아가자. 사울은 분명 "사무엘이 정한 기한대로 이레 동안 기다렸으나 사무엘이 길갈로 오지 아니하자"(삼상 13:8) 제사를 집행한 것이다. 블레셋의 군대는 바다의 모래같이 진을 치고 있는데 아직 사울의 군대는 전쟁 개시를 위한 의례조차 행하지 못하자 일반 병사들 사이에 동요가 일어났다. "백성이 사울에게서 흩어지는지라"(삼상 13:8). 이런 동요를 빨리 막는 것이 중요하다고 판단한 사울은 사무엘의 지시를 기다리지 않고 전쟁을 시작하려 한 것이다. 제사는 전쟁의 개시를 알리는 의례이다. 여러분이 사울이라면 분명 사무엘에게 이렇게 따졌을 것이다. '선지자여, 저는 당신의 말씀을 따랐습니다. 약속을 지키지 않은 것은 선지자 당신입니다.' 그의 말대로 7일을 기다려도 오지 않는 것은 사무엘이었다. 그렇다면 어떤 의미에서 사무엘은 사울이 불순종했다고 말할 수 있었을까? 그것도 두 번씩이나. 이 질문은 참된 순종이 무엇인지를 생각하게 한다.

순종의 의미

참된 순종은 명령이나 율법의 문자적 의미를 기계적으로 따르는 것이 아니다. 하나님은 자유 의지를 가진 인간의 순종을 원하시지, 로봇의 기계적 복종을 원하는 것이 아니다. 자유 의지를 가진 인간은 신명의 문자적 의미보다 그 뒤의 의도를 파악하고 그것을 주체적으로 실천한다. 이것이 참된 순종이다.

이스라엘 초대 왕 사울의 이야기에서 하나님의 말씀이 사무엘 선지자를 통해 전달된다는 사실이 강조되는 것도 바로 순종의 이런 측면과 연결되어 있다. 율법의 기록과 달리 선지자의 '구두 명령'은 현장에 역동적으로 적응하여 내려진다.

'율법'은 모세 시대의 이스라엘 백성에게 전해진 후 문자로 기록된 것으로, 아무래도 후대의 변화된 상황에 적용되는 데에 많은 절차가 필요하다. 즉 현장의 필요에 재빠르게 적용되기 힘들다. 마치 헌법이 기본 원칙은 제시하지만 구체적인 상황에는 새로운 법률이 필요한 것과 같다.

반면 선지자를 통한 지시는 율법에 쓰여진 일반적이고 추상적인 규례가 아니라, 늘 현장에서 새롭게 발화되는 말씀, 즉 '새롭게 해석되는' 말씀이다. 전자가 말씀의 문자적 의미라면 후자는 말씀 문자 뒤에 있는 하나님의 의도인 셈이다. 참 순종은 문자가 아니라 영에 순종하는 것이다.

그런데 사울은 어떻게 했는가? 그는 선지자의 역동적 지시를 기다리지 않고 과거에 들었던 명령에만 집착했다. 이것은 제대로 된 순종이 아니었다. 사울이 정한 기한 대로 7일을 기다렸음에도 불구하고 여호와의 명령을 어긴 것으로 비난받는 이유가 바로 여기에 있다. 사울이 그 말씀의 의도와 상관없이 행동했기 때문이다. 결국 사울은 '형식적 순종'의 함정에 빠진 것이다. 겉으로는 명령을 따른 것 같지만, 실제로는 하나님의 마음을 읽지 못한 채 규칙만 지키려 했던 것이다.

사울 이야기를 통해 배울 수 있는 또 하나의 교훈이 있다. '순종은 하나님의 뜻이 무엇인지 주체적으로 분별하는 능력을 전제한다'는 것이다.

사무엘 선지자가 사울에게 내린 첫 번째 명령을 상기해 보자. "이 징조가 네게 임하거든 너는 기회를 따라 행하라 하나님이 너와 함께 하시느니라." 우리는 이전에 이 명령의 의미를 자세히 논의했다. 요약하면 "기회를 따라 행하라"는 명령은 왕으로서 마땅히 행해야 할 바를 용기 있게 실천하라는 뜻이며, 그것의 구체적 내용은 기브아에 주둔하고 있던 블레셋 주둔지를 공격하라는 의미였다.

여러분은 이 대목에서 의문을 품을 수 있다. 왜 사무엘은 단도직입적으로 말하지 않고 다소 우회적 어법을 사용했을까? 그의 뜻이 기브아에 있는 블레셋의 주둔지를 공격하는 것이라면 왜 사무엘은 그렇게 직접적으로 말하지 않았을까? 어떤 의미에서 사무엘의 말은 매우 애매한 것이다.

명령의 모호성 때문에 사울이 불순종할 수밖에 없었다고 핑계를 대고 싶겠지만, 이것은 우리에게 주어지는 하나님의 명령과 그분의 뜻의 성격을 오해한 데서 기인한 주장이다. 하나님께 순종하는 삶은 나를 향한 그분의 뜻이 무엇인지 주체적으로 알아 가는 과정을 포함한다.

하나님은 우리에게 일일이 해야 할 일과 하지 말아야 할 일을 말씀해 주지 않는다. 만약 그렇다면 하나님이 요구하시는 것은 기계적 복종에 가까울 것이다. 마치 내비게이션이 "100미터 후 우회전하세요"라고 세세하게 지시하는 것처럼 말이다.

사무엘의 첫 번째 명령이 다소 우회적인 방식으로 표현된 것도 사울로 하여금 왕으로서 마땅히 해야 할 바를 주체적으로 판단해 순종하라는 뜻이었다. 하나님은 사울이 스스로 생각하고 판단할 수 있는 여지를 남겨 두신 것이다.

물론 하나님의 뜻이 무엇인지에 대한 힌트는 선지자 사무엘의 말 속에 다 들어 있었다. 즉 하나님은 그분의 뜻이 무엇인지에 대한 충분한 단서를 그분의 말씀 속에 담아 놓으셨다. 마치 선생님이 시험 문제를 내기 전에 "이 부분이 중요하다"고 귀띔해 주는 것과 같다. 결국 참된 순종은 단순히 지시를 따르는 것이 아니라, 하나님의 마음을 읽고 그분의 의도를 파악하여 능동적으로 행동하는 것이다.

이 때문에 하나님 뜻에 순종하는 삶은 진리 추구의 삶과 분리되지 않는다. 하나님 말씀에 순종하기 원하는 사람은 하나님의 뜻이 무엇인지 늘 연구하는 사람이다. 소돔에 대해 하나님이 의인 열 명이 있으면 그 성을 멸망시키지 않겠다고 말했지만(창 18:32) 예루살렘에 대해서 하나님은 하나님의 진리를 구하고 그대로 행하는 사람 한 명만 있으면 그 성을 멸망시키지 않겠다고 말씀하셨다(렘 5:1). 의를 행하는 사람은 열 명이 있어야 한 성을 구하지만, 진리를 구하고 행하는 사람은 한 명만 있어도 한 도시를 구한다.

　이처럼 사울은 하나님께 순종한다는 것의 의미를 근본적으로 오해했던 것 같다. 그는 사무엘 선지자를 통해 전해진 하나님의 말씀을 자신의 삶의 자리에서 순종하는 일에 실패한다. 그 대신 말씀의 문자적 의미에 집착했던 것 같다.

　<u>말씀의 문자적 의미에 대한 집착은 사울의 제의와 주술에 대한 집착과 연결된다.</u> 이것을 단적으로 보여 주는 사건이 사무엘상 14장에 등장한다. 사무엘상 14장은 믹마스에서 벌어진 사울의 군대와 블레셋 사이의 전투를 그리는데 이 전투에서 사울과 요나단의 행동들이 매우 재미있는 대조를 형성한다. 하나님의 뜻을 이루기 위해 요나단은 늘 현장에 적합한 결정을 하는 반면, 사울은 제의와 주술에 의존한다. 요나단이 블레셋 군대에 대한 선제적 기습 공격을 단행할 때, 사울은 저주받은 가문의 제사장인 아히야의 에봇("궤")에 의존해 하나님의 뜻을 묻고 있었다. 요나단과 백성들이 현장에서 전력으로 전투할 때, 사울은 자기 백성들의 생명을 담보로 맹세를 한다. "사울이 백성에게 맹세시켜 경계하여 이르기를 저녁 곧 내가 내 원수에게 보복하는 때까지 아무 음식물이든지 먹는 사람은 저주를 받을지어다"(삼상 14:24). 일견 신앙의 행위로 보이는 사울의 금식 전략은 전쟁 '상식'을 뛰어넘는 것이었다. 상식적으로 전쟁에서 승리하려면 군인들이 잘 먹어야 한다. 한편 요나단은 보다 현장에 상식적인 판단을 하였고 사울의 금식 정책에도 반대했다.

> 요나단이 가로되 내 부친이 이 땅으로 곤란케 하셨도다 보라 내가 이 꿀 조금을 맛보고도 내 눈이 이렇게 밝았거든 하물며 백성이 오늘 그 대적에게서 탈취하여 얻은 것을 임으로 먹었더라면 블레셋 사람을 살육함이 더욱 많지 아니하였겠느냐? 삼상 14:29-30

최고 사령관이었던 사울 왕은 전쟁하는 병사들에게 금식을 명하는 것보다 현장에서 쉽게 구할 수 있는 식량을 적절히 활용하라고 명령했어야 한다. 사울의 일견 경건해 보이는 맹세는 전세를 어렵게 만들었을 뿐 아니라, 백성들로 하여금 더 큰 제의적 죄를 범하게 했다. 저녁이 되어 맹세가 풀리자, 굶주렸던 병사들이 탈취한 동물들을 피와 함께 먹기 시작한 것이다. 이에 놀란 사울은 병사들이 그런 죄를 짓지 않도록 간이 제단을 쌓도록 지시하였고, 그런 와중에 사울의 군대는 블레셋에 대한 전략적 우위를 모두 상실하게 된다. 그러나 사울은 자신의 잘못을 전혀 깨닫지 못하고, 전세가 열세로 돌아선 것이 누군가의 제의적 '죄' 때문이라고 판단하였다. 그리고 맹세를 통해 그날 전쟁의 진정한 영웅인 요나단의 사형을 명한다. 사울은 왕으로서의 판단력을 완전히 상실한 것이다. 백성들이 오히려 바른 판단과 맹세로 사울의 잘못된 판단과 맹세를 교정해 준다.

> 백성이 사울에게 말하되 이스라엘에 이 큰 구원을 이룬 요나단이 죽겠나이까 결단코 그렇지 아니하니이다 여호와의 사심으로 맹세하옵나니 그의 머리털 하나도 땅에 떨어지지 아니할 것은

그가 오늘 하나님과 동사하였음이니이다 하여 요나단을 구원하여 죽지 않게 하니라 삼상 14:45

책임지는 신앙 주체로서의 삶

어떤 점에서 사울은 자신이 하나님의 뜻을 지키기 위해 노력했다고 주장할 수 있다. 전쟁하기 전에 하나님의 은혜를 구하는 예배를 드렸고, 전쟁 중에는 인본적 수단을 배제하려는 듯 금식을 선포하였고, 금식 규정을 위반했을 때, 자신의 아들이라도 죽이려 하지 않았는가? 이보다 큰 경건의 모양이 어디 있을까? 그러나 문제는 이런 사울이 정작 하나님의 명령을 어긴 자라는 사실이다. 사울의 외적인 경건 가운데 하나님에 대한 순종은 전혀 없었다. 하나님에 대한 순종은 추상적인 규례를 기계적으로 문자적으로 따르는 것도 아니고, 제사를 자주 드리거나 주여, 주여 하며 맹세하듯 말한다고 되는 것도 아니다. 하나님의 명령에 대한 순종은 늘 현장에서 그분의 뜻을 주체적으로 책임 있게 분별하는 것을 포함한다. 그리고 이 분별의 기준이 되는 것이 하나님이 주신 소명이다. 그리스도인에게 이것은 하나님 나라 백성으로서 정체성과 소명일 것이다. 사울은 왕으로서 마땅히 백성을 블레셋의 손에서 구원해야 할 책임자였다. 그에게 있어서 하나님 뜻에 대한 순종은 그 책임을 다하기 위해 요나단처럼 현장에 가장 적합한 전술을 택하고, 그것을 용기 있게 실천하는 것이었을 것이다.

하나님의 뜻을 문자에 대한 기계적인 순종이나 제의나 주술적 행위에서 찾으려는 사람들의 특징 중 하나가 책임 회피이다. 즉 결과에 대해 자신이 책임지지 않는다는 것이다. 하나님을 탓하거나, 그것이 어려우면 주변 사람들을 핑계 댄다. 제사가 끝나자마자 나타난 사무엘을 맞으면서 사울이 한 말을 들어 보자.

> **사울이 가로되 백성은 나에게서 흩어지고 당신은 정한 날에 오지 아니하고 블레셋 사람은 믹마스에 모였음을 내가 보았으므로 이에 내가 이르기를 블레셋 사람은 나를 치러 길갈로 내려오겠거늘 내가 여호와께 은혜를 간구치 못하였다고 하고 부득이하여 번제를 드렸나이다** 삼상 13:11-12

이 사울의 말을 들어 보면, 자신의 책임을 인정하는 내용이 전혀 들어 있지 않다. 백성에게, 선지자에게, 블레셋 사람에게, 심지어 하나님께 그 책임을 돌리고 있다. 이것이 불순종하는 왕의 모습인 것이다. 주체적이며 자발적인 순종은 100퍼센트의 책임을 수반한다. 순종하는 사람은 주체적이며 책임지는 사람이다.

지금까지 우리는 13-14장의 내용을 통해 사울이 버림받게 된 이유가 여호와의 명령에 불순종했기 때문임을 말하고, 그의 불순종의 내용이 무엇이며, 하나님에 대한 참된 순종이 무엇인지를 살펴보았다. 한마디로 사울은 경건의 형식에 매여 사명의 현장에서 책임 있는, 그리고 책임지는 왕으로 살지 못했다.

하나님 말씀에 대한 수동적이고 문자적인 순종과 제의와 주술에 대한 집착은 결국 하나님의 뜻을 제대로 보지 못하게 하고, 책임 있는 신앙 주체로 그분의 뜻을 이루는 삶을 살아가지 못하게 했다. 하나님이 원하는 왕은 순종하는 지도자이다. 그 순종은 현장에서 하나님의 뜻을 스스로 주체적으로 발견하는 것을 포함한다. 이때 중요한 것은 하나님과 그의 나라, 그리고 하나님 나라를 위한 사명에 대한 확신이다. 이 확신 가운데, 책임 있게, 책임지며 사는 삶이 하나님이 원하시는 순종인 것이다.

토론과 나눔을 위한 질문들

1. 사울은 사무엘이 명령한 대로 7일을 기다린 후 번제를 드렸고, 외형적으로는 하나님의 말씀에 순종한 것처럼 보입니다. 그러나 사무엘은 그를 두 번이나 "여호와의 명령을 지키지 않았다"고 책망하며 왕조의 단절을 선언합니다. 이는 하나님의 명령이 단순히 형식적 실행을 요구하는 것이 아니라, 그 말씀의 의도와 하나님의 마음을 주체적으로 분별하고 따르기를 원하신다는 사실을 보여 줍니다. 많은 신앙인들이 말씀을 '지킨다'는 명분으로 문자나 형식에 집중하면서, 실제로는 하나님의 뜻을 놓치고 있는 경우도 많습니다. 여러분은 신앙생활 가운데 하나님의 뜻을 어떻게 분별하고 있습니까? 하나님의 말씀에 순종한다고 할 때, 여러분에게 그것은 어떤 의미입니까?

2. 사울은 전쟁을 앞두고 예배를 드리고 금식을 명하며, 신앙적인 자세를 취하는 듯 보였습니다. 그러나 그의 행동은 하나님의 뜻에 대한 실제적인 분별 없이 제의와 주술에 기대려는 모습이었고, 오히려 전쟁을 어렵게 만들었으며 백성들에게 더 큰 죄를 짓게 만들었습니다. 신앙생활 속에서 우리는 예배나 금식, 기도 등의 외적인 경건의 형식을 얼마나 중요하게 여기며, 그것이 하나님의 뜻과 어떻게 연결되는지를 늘 고민해야 합니다. 하나님의 의도를 따르기보다 종교적 행위로 신앙의 의무를 대신하고 있다 느낄 때가 있다면 그것은 어떤 순간이었는지 나누어 봅시다.

3. 사울은 자신의 불순종에 대해 변명으로 일관하며, 상황과 타인에게 책임을 전가했습니다. 반면, 그의 아들 요나단은 하나님의 뜻을 분별하고 주체적으로 행동하여 실제 전쟁의 흐름을 바꾸는 역할을 감당했습니다. 하나님은 단순한 복종이 아닌, 상황 속에서 뜻을 분별하고 책임 있게 순종하는 이들을 기뻐하십니다. 내가 주어진 삶의 자리에서 하나님의 뜻을 분별하고 실천하는 데 있어 여러분은 얼마나 책임 있게 행동하시나요? 믿음의 이름으로 책임을 피하려 하거나, 결정과 실행을 미루었던 경험이 있나요?

16. 다윗은 왜 벌거벗고 춤을 추었을까?

다윗은 여호와의 궤를 예루살렘에 들여오는 날에 춤을 추었다. 다윗의 춤이 어떤 장르인지 알지 못하지만 그가 춤을 춘 이유는 분명해 보인다. 사무엘하 6장 12절("다윗이 가서 하나님의 궤를 기쁨으로 메고")과 15절("다윗과 온 족속이 즐거이 환호하며 나팔을 불고 여호와의 궤를 메어 오니라")에 따르면 다윗의 춤이 언약궤에 대한 기쁨을 표현한 것처럼 보인다. 하지만 본문의 큰 문맥을 살펴보면 다윗이 춤을 춘 이유는 단지 기쁨을 표현하기 위함은 아니다. 춤을 추는 다윗의 깊은 마음을 이해하려면 사무엘하 6장 전체를 살펴야 한다. 사무엘하 6장은 다윗이 여호와의 궤를 예루살렘에 가져오는 일화를 담고 있으며, 내용상 크게 두 부분으로 나뉜다.[72]

I. 6:1-10 여호와의 궤를 옮기다가 웃사가 죽음
II. 6:11-23 다윗이 춤을 추며 궤를 예루살렘 안으로 맞이함

춤을 춘 다윗의 마음을 이해하기 위해서는 먼저 웃사를 죽

---

[72]   이하의 내용은 김구원, 《사무엘하》(홍성사)에 기대고 있다.

음으로 이끈 석연치 않는 상황들을 살펴야 한다.

웃사의 죽음

웃사는 누구인가? 웃사는 이스라엘 사람이 아니다. 그는 '바알레유다'로도 알려진 기럇여아림에 거주한 히위 사람—가나안 칠족 중 하나임—이다. 그들은 여호수아 시절 이스라엘과 평화조약을 맺은 탓에 다른 가나안 족속처럼 정복당하지 않고 기브온, 기럇여아림 등의 여러 이스라엘 도시들에 정착할 수 있었다. 사사시대 말에 블레셋에게 탈취되었던 언약궤는 벳세메스를 거쳐 기럇여아림에 안치된 후부터 다윗 때까지 그곳에 머물렀다. 그리고 그곳에서 3대에 걸쳐 언약궤를 돌본 집안이 웃사의 집안이다. 웃사는 할아버지 아비나답과 아버지 엘리아살을 도와 기럇여아림(=바알레유다)에서 언약궤를 모셨다. 이들은 율법에 정통하지 않는 이방인이었지만 자신들의 상식과 지식으로 신물인 언약궤를 귀히 모셨다. 그리고 언약궤가 그곳에 반세기 넘게 있었던 것으로 보아 하나님이 그것을 허락하셨던 것 같다.

다윗이 언약궤를 가지고 나오라고 명령한 그날도 웃사와 그의 형 아효는 그들의 이방 관행대로 언약궤를 수레에 실어 옮겼다. 형은 앞에 가고, 자신은 언약궤의 옆에 서서 만일의 사태에 대비했다. 그리고 소가 넘어져서 수레에서 언약궤가 떨어지려 했을 때 웃사는 언약궤를 손으로 안정시킨다. 여러분이 웃사의 입장이었다면 어떻게 했을까? 언약궤가 땅에 떨어져 훼손되도록 방치했겠는가? 언약궤를 땅에 떨어뜨리는 것이 언약궤를 손으로 잡는 것보다 훨씬 안 좋아 보인다. 아마 누구라도 웃사처럼 행동했을 것이다. 그런데 문제는 웃사가 죽었다는 것이다. 사무엘하 6장 7절에 따르면 하나님이 웃사에게 진노하여 그를 죽였다.

여러분이 길거리에서 벌어지는 살인을 목격했다고 가정해 보자. 개입하지 않으면 한 사람의 생명이 위태로워 보인다. 여러분은 문이 닫힌 잡화점의 창문을 깨고 들어가 그곳에서 장대를 들고 나와 살인범과 대치한다. 그리고 살인범은 여러분을 보고 그대로 달아났다. 하지만 후에 살인을 막은 여러분이 강도와 절도로 처벌되었다고 생각해 보라. 살인을 막는 과정에서 저지른 작은 범법에 대해 정상 참작 없이 처벌하는 것은 분명히 정의가 아닐 것이다. 웃사는 궤가 땅에 떨어져 파손되는 것을 막기 위해 손으로 궤를 안정시켰다. 그런 웃사가 벌을 받는 것이 정의로운 일일까? 더구나 3대에 걸쳐 언약궤를 모신 이방인 가문이 아닌가? 웃사는 율법의 세부 사항에 대해 일일이 인지하지 못했을 것이다. 그런 웃사가 선의로 궤를 보호하려 했을 때 갑자기 그를 죽이는 것이 옳은 일인가? 웃사가 죽게 된 진짜 이유는 무엇일까?

다윗의 책임

웃사의 죽음으로 언약궤를 예루살렘으로 옮기려던 다윗의 시도는 실패한다. 언약궤는 다시 이방인 오벧에돔의 집에 머문다. 이 실패가 정말 웃사 때문일까? 누가 언약궤 이송 작전의 최종 현장 책임자였는가? 언약궤 수송 작전은 다음의 구절로 시작된다.

> 이스라엘에서 뽑은 무리 삼만 명을 다시 모으고 다윗이 일어나 자기와 함께 있는 모든 사람과 더불어 바알레유다로 가서 거기서 하나님의 궤를 메어 오려 하니 삼하 6:1-2

언약궤 수송 작전은 처음부터 많은 인원이 동원된 큰 행사로 의도되었다. 삼만 명의 장정들은 전쟁에서나 동원될 법한 규모이다. 다윗도 현장에 직접 나간다. 다윗이 언약궤 수송의 모든 계획을 구체적으로 짜고 실행했을 것이다. 무엇보다도 웃사의 죽음으로 끝난 일련의 과정들을 승인한 것도 다윗이었다. 즉 언약궤를 제사장이 어깨에 메는 방식이 아닌 이방인들이 수레에 실어 나르는 것은 다윗의 허락 없이 가능하지 않았을 것이다. 그리고 무엇보다도 언약궤를 옮기라는 하나님의 명령이 없었다는 사실이 매우 흥미롭다. 다윗이 언약궤를 옮기는 것에 대해 하나님께 물었다는 내용이 없다. 이 모든 언약궤 수송 작전의 실패는 전적으로 다윗의 책임이다. 웃사는 다윗의 실패의 '부수적 피해'(collateral damage)를 입은 것이다.

하지만 다윗이 범한 잘못의 구체적 내용을 살피기 전에 풀어야 할 문제가 있다. 성경 본문은 분명히 웃사의 잘못과 그에 대한 하나님의 진노를 언급한다는 것이다. 그렇다면 우리도 모든 것이 웃사 잘못이라고 말해야 하지 않을까? 그리고 하나님의 언약궤는 거룩한 신물이기 때문에 죄인인 인간이 함부로 만지면 죽게 된다는 교훈에 만족해야 하는 것은 아닐까? 하지만 사무엘서 저자가 전하려는 메시지는 이것과 조금 다르다.

웃사의 잘못과 죽음에 대해 성경 본문은 매우 모호하다.

여호와 하나님이 웃사가 잘못함으로 말미암아 진노하사 그를 그곳에서 치시니 그가 거기 하나님의 궤 곁에서 죽으니라 삼하 6:7

사무엘하 6장 7절에 대한 우리말 번역은 매우 명확하게 하나님의 진노가 웃사에게 임했고 그 이유가 웃사의 잘못임을 확실히 말한다. 그리고 7절의 내용을 6절과 연결해 읽으면 "웃사의 잘못"은 그가 손으로 하나님의 궤를 붙잡은 것이다. 그리고 이런 해석은 역대상 13장 9-10절과 정확하게 일치한다. 하지만 사무엘하 원문은 우리말 번역보다 복잡하고 모호하다. "웃사가 잘못함"으로 번역된 히브리어 '알-하살'(על-השל)의 의미는 아무도 모른다. 개역개정역이 "웃사가 잘못함"으로 번역한 것은 같은 사건을 다룬 역대상 13장 10절과 조화시켜 번역한 것이다. 이런 번역의 방식이 때로는 유익하지만 때로는 성경이 주는 다양한 메시지를 획일화시키는 잘못도 범한다. 즉 같은 사건이라도 역대서와 사무엘서가 주는 교훈이 다를 수 있음을 간과하게 된다. 적어도 사무엘서의 저자는 웃사가 손으로 궤를 잡은 것을 "잘못"으로 특정하지 않는다. 히브리어 '알-하살'의 의미는 아무도 모른다.

또 하나, 우리말 번역에 따르면 하나님이 진노한 대상은 웃사이다. 하나님이 웃사에게 노하셨다. 하지만 원문에서는 이것도 확실하지 않다. 즉 "웃사"가 철자법에 따라서 인명(עֻזָּא)이나 지명(עֻזָּה)을 가리킬 수 있는데, 하나님의 진노가 임한 "웃사"의 철자(עֻזָּה)는 지명을 가리킨다. 언약궤를 옮기다 사람이 죽은 이 사건이 발생한 지역이 "베레스웃사"(פֶּרֶץ עֻזָּה)이다. 물론 지명 "베레스웃사"는 웃사가 죽은 사건 이후에 붙여진 이름이다. 하지만 성경 저자는 어떤 사건 후에 생긴 지명을 사건 자체를 묘사하는 데 선제적으로 사용하기도 한다. 대표적인 예가 "바알브라심"에서 블레셋을 격퇴한 후 그 땅을 "바알브라심"으로 붙인 사건이다(삼하 5:20 참조). 따라서 사무엘하 6장 7절에서도 하나님이 "웃사에게" 진노한 것이 아니라 "웃사에서" 진노하셨다는 해석이 전혀 불가능한 것은 아니다.

이 모든 것은 다윗의 책임하에 실시된 언약궤 수송 작전의 실패를 한 개인, 그것도 충실히 언약궤를 모신 이방인의 잘못으로 돌리는 일에 제동을 건다. 사무엘서 저자는 의도적으로 웃사가 손으로 언약궤를 만진 것이 정말 "잘못"인지에 대해 침묵하며, 하나님의 진노가 정말 웃사라는 사람에게 임한 건지 아니면 웃사라는 곳에서 다윗에게 임한 것인지에 대해 모호함을 유지한다. 여러분 중에는 다음과 같이 반문할 수도 있을 것이다. "그래도 결국 죽은 것은 웃사가 아닙니까? 웃사가 잘못해서 죽었겠지요." 하지만 그것은 웃사의 죽음이 웃사 개인의 비극일 때에만 옳다. 하지만 웃사의 죽음은 다윗 왕의 실패를 의미한다. 웃사의 죽음을 통해 다윗은 충실한 이방인 종을 잃은 것이다.

다윗은 웃사가 죽는 것을 보고 자신의 마음을 찢었을 것이다. 웃사의 죽음에 대한 궁극적 책임이 본인에게 있었기 때문이다.

다윗의 잘못

그렇다면 다윗의 잘못은 도대체 무엇이었을까? 앞에서 이미 지적했듯이 먼저 궤를 옮기는 방식을 지적할 수 있다. 출애굽기 25장 14절에 따르면 언약궤는 조각목 채를 고리에 걸어 제사장들이 메어 운반하도록 규정되어 있다. 하지만 다윗은 언약궤를 지키던 이방인들이 그들의 방식으로 궤를 옮기는 것을 허용했다. 다윗은 왜 그런 결정을 내렸을까? 추측하자면 다윗은 이미 검증된 사람과 방식을 율법보다 신뢰한 듯하다. 언약궤는 과거에 블레셋의 수레에 실려 무사히 이스라엘로 돌아온 기록이 있다. 또한 이방인 아비나답의 자손들의 보호 아래 기럇여아림에서 탈 없이 반세기 넘게 머물렀다. 한편 벳세메스의 유다 사람들은 언약궤 때문에 오만 명 이상이 죽었다. 따라서 치명적 신물인 언약궤를 옮길 때 다윗은 문제없이 최대한 '보수적'으로 옮기길 원했을 것이다. 지금까지 언약궤를 무탈하게 모신 이방인들을 통해 궤를 옮기는 것이 가장 안전하다 생각했을 수 있다. 이처럼 언약궤를 옮기는 방식에 있어 다윗은 율법을 따르지 않았다.

하지만 다윗의 더 큰 잘못은 그의 동기였다. 다윗이 언약궤를 옮기려는 동기가 불순했던 것이다. 다윗이 궤를 예루살렘에 가져오려 한 것은 하나님이 명령해서가 아니었다. 또한 하나님께 기도하고 응답받아서 결정한 것도 아니었다. 다윗이 스스로 솔선하여 추진한 일이었다. 그렇다면 왜 다윗은 반세기 동안 이스라엘의 삶에서 잊혀진 언약궤를 다시 전국적 관심의 중심에 세우려 했을까? 단순히 신앙을 다시 세우기 위함이었을까? 지금까지 다윗은 언약궤 없이도 대제사장의 에봇과 선지자들을 통해 하나님께 묻고 소통해 왔다. 그에게 갑자기 언약궤가 필요해진 이유는 무엇일까?

답은 의외로 정치적이었다. 다윗은 왕권 강화의 수단으로 언약궤를 이용하려 했던 것이다. 언약궤는 사울에게 충성하던 지역 사람들에게는 매우 중요한 신물이었다. 언약궤는 전통적으로 북이스라엘 지파들의 수도인 길갈, 벧엘, 실로 등에 모셔졌었다. 만약 다윗이 이방인들의 마을에 '방치'되어 있던 언약궤를 자신의 통치 수도에 옮겨 놓을 수 있다면, 그것은 북 지파 사람들의 마음을 얻는 데 큰 도움이 될 것이었다. 얼마 전 다윗이 예루살렘으로 수도를 옮긴 것도 북이스라엘 지파들을 염두에 둔 조치였다. 예루살렘은 지리적으로 남과 북 중간에 위치해 북이스라엘도 남유다도 '기득권'을 주장할 수 없는 곳이었다. 이 중립적 수도에 북이스라엘 지파들의 '최애' 언약궤도 모셔 놓으면 다윗이 유다 족속의 이익만을 위한다는 오해를 분명 불식시킬 수 있었을 것이다. 정치적으로는 매우 똑똑한 전략이었다.

하지만 신앙의 관점에서는 큰 죄가 될 수 있는데, 그것은 하나님을 인간의 수단으로 삼는 것이기 때문이다. 다윗이 자신을 위해 여호와의 궤를 수단으로 삼았다는 사실은 웃사가 죽은 후 다윗이 내뱉은 푸념에서 암시된다.

여호와의 궤가 어찌 내게 오리요 삼하 6:9

"내게"로 번역된 히브리어는 "나를 위해"라는 의미로도 해석할 수 있다. 언약궤를 자기를 위해 가져오려고 한 다윗의 속내가 이 한탄 속에 드러난 것이다. 하지만 하나님은 절대로 인간이 오라 하면 오고 가라 하면 가는 존재가 아니다. 인간의 노리개가 아니다. 아마 웃사가 죽은 이유도 바로 이 때문일 것이다. 다윗이 하나님을 자신의 수단 삼으려 했을 때, 그는 언약궤를 옮기는 일에 실패할 뿐 아니라 충성된 신하 웃사도 잃게 된다!

다윗이 왕권 강화를 위한 수단으로 언약궤를 예루살렘에 옮기려 했던 것을 간접적으로 보여 주는 것은 그 행사에 동원된 악기들이다.

다윗과 이스라엘 온 족속은 잣나무로 만든 여러 가지 악기와 수금과 비파와 소고와 양금과 제금으로 여호와 앞에서 연주하더라 삼하 6:5

이 구절이 묘사하는 것은 하나님께 올리는 예배보다는 인간의 흥을 돋우는 축제에 가깝다. 여기에 사용된 악기들이 이스라엘의 예배에 사용된 악기라는 착각은 시편 150편 때문이다. 하지만 시편 150편은 후대 이스라엘의 예배를 반영하는 것이다. 이스라엘 왕정 초기, 그것도 성전이 완성되기 이전의 예배에 사용된 악기가 아니다. 왕정이 처음 만들어졌을 때의 예배는 매우 단순한 형태의 음악이 사용되었을 가능성이 높다. 신전이 건축된 이후 시간이 지나면서 예배 음악들이 복잡하고 화려해진다. 즉 언약궤를 옮기는 첫 번째 시도에 동원된 악기들은 예배보다 흥을 위한 도구인 듯 보인다. 아마 다윗은 언약궤를 예루살렘으로 옮기는 행사를 모든 백성들 앞에서 화려하게 치러서 왕으로서 자신의 위엄을 과시하려 한 듯하다.

지금까지 우리는 언약궤를 옮기려다 웃사가 죽은 사건에서 정말 무엇이 하나님의 눈에 잘못된 것이었는지를 살폈다. 다윗은 잘못된 동기와 잘못된 방식으로 언약궤를 옮기려다가 충신 웃사를 잃고 언약궤도 예루살렘으로 옮기지 못하는 결과를 맞았다. 웃사의 죽음은 물론 언약궤 운반 실패의 총책임은 다윗 자신에게 있다. 다윗은 이런 실패를 체험한 후 '석 달 동안' 자숙의 시간을 가진 듯하다. 그리고 놀라운 회개의 능력을 보여 준다. 다시 언약궤를 옮기는 두 번째 시도에서 다윗은 이전의 잘못들을 모두 만회한다.

다윗이 춤을 춘 이유

다윗은 율법에 따라 제사장이 언약궤를 어깨에 메어 운반하게 한다(13절). 또한 언약궤를 옮기는 것이 자신의 영광이 아닌 하나님을 위한 예배의 장이 되게 한다. 그는 언약궤를 멘 제사장이 첫 여섯 걸음을 떼었을 때 소와 살진 송아지로 제사를 드렸다. 그리고 첫 번째 시도 때에 동원된 각종 화려한 악기들 대신 나팔 하나만을 불게 한다(15절). 또한 언약궤가 예루살렘 안 장막에 안치되었을 때 다시 번제와 화목제를 드린다. 더 이상 다윗이 행사의 중심에 있지 않다. 그날에 다윗이 아니라 여호와가 왕임이 선포되었다.

이 모든 것을 단적으로 보여 주는 것이 다윗 왕이 궤 앞에서 춤을 춘 사건이다. 이 사건에서 많은 사람들이 다윗의 살이 얼마큼 노출되었는지에 관심을 둔다. 하지만 본문의 핵심은 다윗의 춤에 있다. 춤을 출 때 어느 정도 옷을 걸쳤는지는 그다지 중요하지 않다. 그렇다면 다윗이 춤을 추었다는 것의 의미는 무엇인가? 단순히 기쁨을 표현하는 것이 아니다. 그것은 첫 번째 궤를 옮겼을 때 다윗이 범한 잘못을 치유하는 의미를 가진다. 다윗의 춤은 언약궤에 대해 품은 다윗의 불순한 동기가 깨끗해졌음을 의미한다. 이것을 이해하기 위해서는 다음의 질문에 답해야 한다. "고대 이스라엘에서 춤은 누가 추는가?"

고대 이스라엘에서 춤을 추는 사람은 언제나 여자들이다. 남자들이 전쟁에서 승리하고 돌아올 때 여자들이 길거리로 뛰어나와 북을 치며 춤을 춘다. 성경에서 남자가 춤추었다는 말은 없다. 다윗이 춤을 춘 유일한 남자이다. 아니 춤을 춘 유일한 왕이다. 그리고 다윗이 춤을 출 때 베옷을 입었다.

> **다윗이 여호와 앞에서 힘을 다하여 춤을 추는데 그 때에 다윗이 베 에봇을 입었더라** 삼하 6:14

왜 사무엘서 저자는 다윗이 베옷을 입고 있었다는 정보를 주는 것일까? 구약 내러티브에는 'TMI'가 없다. 성경 저자가 알 필요 없는 정보를 주는 법이 없다. 다윗이 춤출 때 베옷을 입었다는 것에는 특별한 의미가 있다.

베옷은 제사장의 의복이다. 일부 해석가들은 베옷을 속옷으로 해석하고 다윗이 춤을 출 때 거의 벌거벗은 상태였다고 생각한다. 그리고 나중에 미갈이 "몸을 드러냈다"고 꾸중한 것과 연결시킨다. 하지만 베옷을 언급한 진짜 이유는 노출을 지적하는 것이 아니라, 다윗이 춤을 출 때 왕의 의복을 벗었음을 강조하는 것이다.

고대 왕정에서 제사장은 왕의 신하에 불과했다. 고대 근동 종교에서 왕은 참된 유일의 제사장으로 신과 인간들을 중보했다. 하지만 왕이 전국의 신전으로 출근하여 일할 수 없기 때문에 그의 대리인들을 고용했는데, 그들이 바로 '제사장'이었다. 그들은 왕의 녹을 먹는 일꾼에 불과했다. 당연히 왕의 의복과 제사장의 의복은 달랐다. 그런데 다윗이 제사장 의복을 입고 춤을 추었다는 것은 다윗이 '나는 왕이 아닙니다'라고 선언하는 것이다. 그리고 여호와 앞에서 춤을 추었다는 것은 '여호와가 참된 왕입니다'라는 고백이다. 본래 언약궤를 예루살렘에 옮기려던 목적은 다윗 왕의 위엄을 백성들 앞에서 높이기 위함이었지만, 이제 다윗은 온 백성 앞에서 자신은 참된 왕 여호와 하나님의 종에 불과함을 몸으로 선포한 것이다.

이것이 다윗이 춤을 춘 진짜 이유이다. 춤을 추던 다윗의 마음에는 '내가 왕이 아니라 하나님이 왕입니다'라는 고백이 있었다. 다윗의 춤이 단순히 기쁨의 표현이 아니라 낮아짐의 표현이라는 사실은 창문에서 다윗을 내려다본 아내 미갈의 반응에서도 드러난다.

미갈은 다윗에게 "이스라엘의 왕이 오늘 얼마나 영화로우신지 모르겠습니다"라고 말했다(삼하 6:20). 물론 반어적인 어법이다. 비꼬는 말이었다. 왕이 체통 없이 왜 종들처럼 행동하느냐는 뜻이었다.

미갈의 입장에서는 다윗이 답답했을 것이다. 언약궤를 가져온 다윗이 무대의 중심에서 왕으로서 위엄을 보여야 하는 날에, 다윗이 왕의 모습이 아니라 종처럼 춤을 추었기 때문이다. 마치 시상식에서 주인공이 무대 뒤로 숨어 버린 것 같았을 것이다. 그러자 다윗은 22절에서 "내가 이보다 더 낮아져 비천하게 보여도 상관없다"라고 말했다. 이처럼 다윗의 춤은 그의 낮아짐을 의미한다. 왕권을 내려놓고 하나님 앞에 미천한 종으로 서는 겸손의 표현이었던 것이다.

이처럼, 다윗은 궤를 옮기는 두 번째 시도에서 이전의 잘못된 동기를 버렸다. 그리고 이전의 잘못된 방법도 버렸다. 다윗은 잘못했더라도 깨닫고 돌이키는 능력이 있는 왕이다. 그리고 그가 하나님의 마음에 합했던 이유도 완벽해서가 아니라 그의 회개하는 능력 때문이었을 것이다.

토론과 나눔을 위한 질문들

1. 다윗이 여호와의 궤를 예루살렘으로 옮길 때 춤을 춘 것은 단지 기쁨의 표현이 아니라, 처음의 잘못된 동기와 방법을 내려놓고 하나님 앞에서 낮아지는 행위였습니다. 처음에는 언약궤를 정치적 도구로 이용하려 했던 다윗이 결국 자신의 왕권을 내려놓고 하나님이 참된 왕임을 선포하는 모습으로 변화했습니다. 여러분의 신앙 속에서 하나님 앞에서 낮아짐은 어떤 의미를 가질까요?

2. 웃사의 죽음은 표면적으로는 언약궤를 만진 것에 대한 처벌로 보이지만, 본문에서는 그것이 단순한 율법적 위반이 아니라 다윗의 잘못된 동기에서 비롯된 사건이라고 분석합니다. 즉, 다윗이 자신의 정치적 목적을 위해 하나님의 임재를 이용하려 했을 때, 하나님은 이를 허락하지 않으셨습니다. 신앙인이 하나님의 뜻을 따르는 것처럼 보이지만, 실제로는 자신의 욕망을 이루려 하는 경우가 많습니다. 내 욕망으로 하나님을 이용하려는 우를 범했던 일이 있으면 고백해 봅시다.

3. 다윗은 언약궤를 옮기는 과정에서 처음에는 인간적인 방법을 선택했지만, 실패를 경험한 후 하나님의 뜻을 따르는 방식으로 변화했습니다. 그리고 그는 이 과정을 통해 스스로 낮아지고, 하나님 앞에서 진정한 경배를 드리는 자로 변모했습니다. 다윗의 이 과정은 신앙의 성숙이 단번에 이루어지는 것이 아니라, 시행착오와 회개를 통해 이루어진다는 점을 보여 줍니다. 여러분도 잘못과 회개를 통해 하나님과 더 가까워진 경험이 있다면 나누어 봅시다.

17. 하나님이 성전 건축을 좋아하시지 않는 이유

영원한 왕조?

다윗의 인생에서 가장 감격적인 순간을 꼽으라면, 아마도 여호와 하나님으로부터 영원한 왕조를 약속받았던 그때일 것이다. 사무엘에게 기름 부음을 받은 후 사울의 칼날을 피해 도망자 신세로 지낸 긴 세월을 생각해 보라. 그런 그가 마침내 이스라엘의 왕좌에 오르고, 사무엘하 7장에서는 자신의 왕조가 영원히 지속될 것이라는 놀라운 약속까지 받게 된 것이다. 이후 이스라엘 역사에서 다윗이 종말적 메시아의 예표로 여겨진 것도, 그리고 '다윗 언약'이 유대교와 기독교 신학의 핵심 주제가 된 것도 바로 이 때문이다.

하지만 여기서 한 가지 껄끄러운 문제가 생긴다. '영원한 왕조'가 다윗 언약의 핵심이라면, 그 약속이 문자 그대로 실현되지 않았다는 냉혹한 현실을 어떻게 설명할 것인가? 주전 1000년경 시작된 다윗 왕조는 주전 586년 바빌론 유배와 함께 역사의 무대에서 완전히 퇴장했다. 약 400년이라는 세월이 결코 짧지는 않지만, '영원'이라는 단어 앞에서는 한없이 초라해 보인다. 마치 "영원히 사랑한다"고 맹세했던 연인이 몇 년 후 이별을 고하는 것처럼 말이다.

이런 당혹감은 다윗 왕조의 몰락을 직접 목격한 역대기 저자에게서도 엿볼 수 있다. 그는 이스라엘 역사를 다시 서술하면서 다윗 언약의 표현을 미묘하게 수정했다. 사무엘하 7장 16절의 "네 집"이 역대상 17장 14절에서는 "내 집"으로 바뀐 것을 보라. 겉보기에는 사소한 변화지만, 그 안에는 깊은 신학적 고민이 숨어 있다.

이 모든 단서들은 우리에게 중요한 질문을 던진다. 혹시 사무엘하 7장에 기록된 나단의 예언에서 정말 중요한 것이 '영원한 다윗 왕조' 그 자체가 아닐 수도 있지 않을까?

그렇다면 나단의 예언이 진짜 강조하려는 메시지는 무엇일까? 결론부터 말하자면, 나단 예언의 핵심은 '하나님이 어떤 분이신가'와 '그분이 어떻게 이스라엘을 통치하실 것인가'에 대한 근본적인 선언이다. 왕조의 영속성보다는 하나님 통치의 영속성이 진짜 주제라는 것이다.

지금부터 본문을 통해 이 해석이 왜 더 설득력 있는지 차근차근 살펴보자.[73]

---

[73] 이하의 내용은 김구원, 《사무엘하》(홍성사)에 기대고 있다.

백성 중에 다니시는 하나님

사무엘하 7장은 크게 두 부분으로 나뉜다. 다윗에게 하신 하나님의 약속(1-17절)과 그 약속에 대한 다윗의 감사(18-29절)이다. 먼저 전반부의 핵심 구절인 5-7절을 살펴보자. 다음은 필자의 사역이다.

> **5** 너는 가서 내 종 다윗에게 말하라. '여호와께서 이렇게 말씀하시느니라 정말 네가 나를 위해 내가 살(야샤브) 집을 지으려느냐? **6** 나는 이스라엘 사람들을 이집트에서 불러낸 날부터 오늘날까지 집(=신전)에서 산 적(야샤브)이 없었다. 그리고 나는 '장막과 천막'에서 다니고 있다(미트할레크). **7** 내가 다니는(미트할레크) 현장은 이스라엘의 백성들이다. 내가 '왜 너희들은 내게 백향목 집을 지어주지 않았느냐'고 이스라엘 지파(혹은 지도자) 중 하나와 한 마디라도 상의한 적 있느냐? 오히려 내가 이스라엘 지파들(혹은 지도자들)에게 내린 명령은 내 백성, 이스라엘을 목양하라는 것이었다.'

사무엘하 7장 5절 전반부에 등장하는 "여호와께서 이렇게 말씀하시느니라"는 얼핏 보면 예언자들이 늘 사용하는 뻔한 관용구처럼 보인다. 마치 현대의 뉴스 앵커가 "다음 소식입니다"라고 말하는 것처럼, 그저 예언 전달의 형식적 도입부일 뿐인 것 같다. 하지만 1-4절의 맥락을 고려하면, 이 메시지 공식이 단순한 숙어를 넘어서 절묘한 문학적 장치 역할을 한다는 것을 알 수 있다. 상황을 다시 살펴보자. 다윗은 나단에게 여호와의 집, 즉 성전을 짓고 싶다는 뜻을 밝혔다. 그 이유도 꽤 그럴 듯했다. "내가 백향목 궁전에 거주하거늘 하나님의 궤는 휘장 가운데에 있도다"(2절). 요약하면 이런 뜻이다. '왕인 나는 이렇게 호화로운 궁전에 사는데, 하나님은 아직도 천막에서 지내고 계시다니!' 비록 직설적으로 표현하지는 않았지만, 다윗의 속마음은 분명했다. 하나님을 위해 자신의 궁전 못지않은 백향목 성전을 지어 드리겠다는 것이었다.

나단 선지자의 반응도 매우 긍정적이었다. "마음에 있는 바를 다 행하소서 여호와께서 왕과 함께 하시나이다"(3절). 이보다 더 확실한 지지를 표현할 수 있을까? 나단은 다윗의 계획에 완전히 동조했던 것이다.

그런데 여기서 문제가 생겼다. 이 선지자의 조언이 하나님의 뜻과 정반대였던 것이다! 아무리 믿음직한 선지자라 해도 때로는 하나님의 음성이 아닌 자신의 생각으로 조언할 때가 있는 법이다. 심지어 나단 같은 참선지자도 예외는 아니었다. 이에 하나님께서는 서둘러 나단의 조언을 정정해 주셨다. 4절의 "그 밤에"라는 표현에 주목해 보라. 마치 급한 불을 끄듯, 바로 그날 밤에 여호와의 말씀이 나단에게 임했다는 것이다. 하나님의 개입이 얼마나 신속했는지를 보여 주는 대목이다. 바로 이런 맥락에서 5절의 "여호와께서 이렇게 말씀하시느니라"는 단순한 관용구를 넘어서는 깊은 의미를 갖는다. 이 메시지 공식은 앞서 나단의 '인간적 조언'과 이제 시작될 '하나님의 말씀' 사이에 선명한 경계선을 그어 준다. 성경 저자가 의도적으로 만들어 낸 문학적 대조법인 셈이다.

그렇다면 성경 저자는 왜 나단의 조언과 하나님의 말씀을 이렇게 극명한 문학적 대조로 제시했을까? 이는 독자들에게 중요한 메시지를 전하기 위한 장치로 보인다. 나단은 인간의 시각에서 성전 건축이라는 '표면적' 이해에 머물렀지만, 하나님의 말씀은 그보다 훨씬 깊은 차원의 진리를 드러낼 것이다. 즉 이 문학적 대조는 독자들로 하여금 앞으로 펼쳐질 예언을 단순히 다윗 왕조에 관한 약속으로만 읽지 말고, 그 이면에 숨겨진 하나님 나라의 더 큰 그림을 발견하도록 유도하는 것이다.

나단을 통한 예언은 여호와의 질문으로 시작한다. 여호와는 백향목 집(성전)을 지어 주겠다는 다윗의 요구에 "정말 네가 나를 위해 내가 살 집을 지으려느냐?"라고 질문하신다. 이 질문에는 두 가지 방점이 찍혀 있다. 첫 번째 방점은 "내가 살 집"이라는 말이며, 두 번째 방점은 "네가 나를 위해"라는 구절이다. 이 두 구절은 모두 다윗을 위한 매우 중요한 교훈들로 이어진다. 먼저 "내가 살 집"이라는 말은 하나님이 누구신지에 대한 '다윗과 나단 선지자'의 오해를 교정하기 위해 의도된 말이다.

하나님의 반문 "내가 살 집?"

고대 근동 세계에서 신전은 말 그대로 신이 거주하는 주택이었다. 마치 왕궁에서 신하들이 왕을 모시듯, 신전의 제사장들은 신을 섬기는 '가정부' 역할을 했다. 아침에 신을 깨우고, 세수할 물을 준비하고, 새 옷을 입혀 드리고, 정성스럽게 차린 식사를 올리고, 신전을 청소하는 것까지 모든 것이 인간 집안의 일상과 똑같았다. 고대 근동 사람들에게 신은 정말로 신전에 '거주하는'(야사브) 존재였던 것이다. 바로 여기에 다윗의 문제가 있었다. 그는 여호와 하나님을 고대 근동의 여느 신들과 같은 존재로 이해했던 것이다. 즉, 인간이 지어 준 멋진 집에서 '살면서' 인간의 정성스러운 대접을 받는 수동적인 신으로 말이다.

하지만 이런 관점에는 더 심각한 함의가 숨어 있다. 다윗이 여호와를 위해 집을 짓겠다는 것은, 다른 고대 근동 왕들처럼 하나님을 자신의 정치적 목적을 위한 수단으로 활용하겠다는 의도로도 해석될 수 있기 때문이다. 신을 '내 집'에 모시고 '내가' 돌보면서, 결국 신이 '나의' 왕국을 축복하도록 만드는 전략 말이다.

왕궁 옆 개인 채플: 신을 길들이는 정치학

고대 근동의 건축 양식을 보면 이런 의도가 더욱 명확해진다. 당시 신전은 왕궁과 함께 하나의 '복합 단지'를 이루었다. 마치 현대의 대기업 회장실 옆에 개인 접견실이 있는 것처럼, 신전은 왕의 전용 채플 역할을 했다. 왕이 신과 일대일로 만나는 개인적이고 은밀한 공간이었던 셈이다. 흥미롭게도 신전은 항상 왕궁보다 작게 지어졌다. 이는 우연이 아니다. 신전의 크기가 곧 신과 왕의 관계를 상징적으로 보여 주는 것이었다. 후에 솔로몬이 지은 성전 역시 솔로몬 궁전보다 훨씬 작았던 것으로 추정된다. 신은 왕의 '곁'에 있지만 왕보다는 '작은' 존재여야 했던 것이다.

이런 맥락에서 볼 때, 고대 근동 왕들에게 신전 건축은 성공적 통치를 위한 필수 수단이었다. 신을 가까이 두되 통제 가능한 범위 안에 두는 것이 목표였다. 다윗도 자신의 백향목 궁전을 완공한 후, 이제 안정적 통치를 위한 다음 단계로 하나님의 집을 건축하려 했을 가능성이 높다. 물론 성경이 표면적으로 드러내는 것은 천막에 거하시는 하나님에 대한 다윗의 순수한 안타까움이지만, 그 이면에는 이런 정치적 계산이 숨어 있을 수 있다.

이런 다윗의 제안에 하나님은 자신은 한 번도 '집에 산 적'(야샤브)이 없다고 말씀하시면서, 자신은 '장막과 천막'에서 다니고 있다(미트할레크)고 말씀하신다. 즉 하나님은 신전에 사는 고대 근동과 달리, '장막과 천막에 다니는 신'이다. 히브리어 '야샤브'가 고대 근동의 신들을 대표하는 말이라면 '미트할레크'는 여호와 하나님의 기능적 본질을 표현하는 말이다.

먼저 '집'과 '장막과 천막'의 대조에 유의해 보자. 여기서 집은 신의 거처, 신전을 지칭한다. 따라서 많은 사람들은 그 집과 대조되는 '장막과 천막'을 광야에서 이스라엘과 동행했던 하나님의 장막 거처 즉 성막의 의미로 이해한다. 그러나 히브리어 원문 '오헬'과 '미슈칸'은 간이 거처 혹은 이동 가능한 거처를 통칭하는 말로, 광야 생활 당시 이스라엘 백성의 주된 주거 수단을 지칭한다. 물론 광야 시절에 여호와의 궤가 '장막 혹은 천막'에 보관되었기 때문에, '오헬'이나 '미슈칸'이 때때로 "성막"으로 번역되기도 한다. 그러나 일차적으로 '오헬'과 '미슈칸'은 이스라엘 백성의 진영을 가리키는 말이다. 이처럼 장막과 천막이 이스라엘 사람들의 삶의 자리를 의미한다면, "장막과 천막에 다니시는 분"이라는 표현은 하나님의 본성에 대한 깊은 내용을 담고 있다고 말할 수 있다. 즉 하나님은 고대 근동의 신들처럼 한곳에 국한되어 대접받는 신이 아니라, 이스라엘 백성의 삶의 자리, 즉 '장막과 천막'에 다니시는 분이라는 것이다.

그렇다면 "다니신다"는 말은 무슨 뜻일까? "다니신다"로 번역된 히브리어 '미트할레크'는 문자적으로는 이리저리 자리를 옮긴다는 의미이지만, 은유적으로는 '행한다, 생활한다'의 의미를 가진다. 성경에 자주 나오는 숙어 "빛 가운데 다녀라"도 양지를 찾아 자리를 옮기라는 뜻이 아니라, 진리 혹은 말씀을 따라 행하라, 생활하라는 의미인 것이다. '미트할레크'가 천지창조 이야기에서는 하나님의 통치행위를 가리키는 말로 사용된다. 창세기 1-3장에 기록된 하나님의 행위를 요약하는 두 단어가 있다. 하나는 '바라크' 즉 창조하다는 말이고, 다른 하나가 '미트할레크'인데, 후자는 창조된 피조세계에 대한 하나님의 통치행위를 지칭하는 말이다. 창세기 3장 8에서 "그 날 바람이 불 때 동산을 거니시는 여호와 하나님"이라는 표현이 등장하는데, 여기서 "거니시니"로 번역된 히브리어가 '미트할레크'이며, 그것의 의미는 하나님께서 한가로이 산책하신다는 뜻이 아니라, 동산을 다니시며 통치하신다는 말이다. 따라서 여호와 하나님이 '장막과 천막'에 다니시는 신이라는 뜻은 그분이 섬김을 받는 신이 아니라, 인간들의 삶의 자리를 다니시면서 목자가 양을 돌보듯이 인간들을 돌보시고 섬기시는 분이라는 뜻이다.

하나님이 인간들의 삶의 현장에 다니시는 분이라는 사실은 그분을 대신해 백성들을 통치하는 지도자들에게 큰 교훈을 준다. 7절에서 하나님은 바로 그 교훈을 이야기한다. 하나님께 성전을 지어 드리겠다고 자원한 지도자 다윗에게 하나님은 "내가 언제 백향목 집을 지어 달라고 '이스라엘 지도자'(개역개정 "이스라엘 지파") 중 하나와 한 마디라도 상의한 적이 있느냐"라고 말씀하시면서, "오히려 내가 이스라엘 지도자에게 내린 명령은 내 백성, 이스라엘을 목양하는 것"이라고 교훈하신다. 개역개정역이 마소라 본문(Masoretic Text)을 따라 "지파"로 번역한 부분은 칠십인역을 비롯한 다른 고대 사본에 근거해 "지도자"라는 말로 대신할 수 있다. 그리고 필자의 판단에는 "지도자"라는 말이 문맥상 더 적합한 듯하다. 하나님의 지도자들이 성전을 짓는 일보다는 백성들을 목양하는 일에 더 많은 힘을 쏟아야 하는 이유는 하나님 자신이 '집에 거하는 신'이 아니라 '백성들 가운데 거니는 신'이기 때문이다. 그분을 대신해 통치하는 지도자들은 성전을 짓는 일이 아니라, 백성을 목양하는 일에 매진해야 한다.

네가 나를 위한다고? 다윗 언약

앞서 우리는 나단의 예언이 "정말 네가 나를 위해 내가 살 집을 지으려느냐?"라는 질문으로 시작되며, 이 질문에는 두 가지 방점이 찍혀 있음을 지적했다. "내가 살 집"이라는 말은 이미 설명한 바와 같고, 이제 "네가 나를 위해"라는 표현이 가지는 뉘앙스를 살펴보자. 다윗의 후손이 왕위에서 끊어지지 않을 것이라는 약속이 바로 이 뉘앙스와 연결된다. 거할 집을 지어 주겠다는 다윗의 제안에 여호와는 "네가 나를 위해 '집'(=신전)을 지어 주겠느냐? 아니다 내가 너를 위해 '집'(=왕조)을 세울 것이다"라고 말한 것이다. 16절은 하나님이 다윗을 위해 세워 줄 그 왕조가 영원할 것이라고 증거한다. "네 집과 네 왕국이 영원히 내 앞에 설 것이요, 너의 왕좌가 영원토록 굳건할 것이다"(필자 사역). 이처럼 하나님은 다윗에게 영원한 나라를 약속해 주셨다. 그러나 다윗 왕조의 영속성은 다윗 언약의 핵심은 아니다. 이것은 다윗의 왕조가 역사적으로 400년만에 멸망했다는 사실에 의해 증명된다.

그러면 다윗 언약의 핵심은 무엇인가? 다윗 언약의 핵심은 '하나님과 이스라엘의 친밀한 관계'에 있다. 14절에서 하나님은 "나는 그에게 아버지가 되고, 그는 내게 아들이 될 것이다"라고 말씀하신다. 다윗은 감사 기도에서 "주께서는 이스라엘을 영원한 백성으로 세우시고, 주께서 그들의 하나님이 되셨습니다"(24절)라고 고백한다. 이 두 구절은 모두 고대 근동의 결혼 공식을 변형한 것이다. 고대 근동 사회에서 신랑과 신부는 'X는 Y의 남편이 되고, Y는 X의 아내가 된다' 혹은 'X는 Y의 형제가 되고, Y는 X의 자매가 된다'는 말을 결혼식에서 주고받았다. 결혼이 인간 관계에서 가장 신비롭고 친밀한 관계임을 생각할 때, 하나님이 자신과 다윗 왕조, 그리고 이스라엘 백성과의 관계를 이런 결혼 공식을 통해 표현하신 것은 여호와와 이스라엘 백성이 그만큼 친밀한 관계라는 뜻이다. 하나님이 다윗과 그가 대표하는 이스라엘 백성에게 약속하신 것은 세상 무엇도 끊을 수 없는 친밀한 관계이다. 이처럼 사무엘하 7장에 증거된 언약의 핵심은 그런 '친밀한 관계'에 있다. 특히 하나님과 이스라엘의 언약 관계를 구속사에서 완성시킬 메시아에 대한 약속이 들어 있다. 그 메시아는 하나님의 아들로 불릴 다윗의 후손인 것이다. 다윗에게는 자신의 왕조가 영원토록 견고할 것이라는 내용이 크게 들렸겠지만, 하나님이 나단을 통해 강조하신 바는 이스라엘을 순종의 백성으로 재창조할 '다윗의 후손'과 하나님 사이의 영원한 언약 관계였던 것이다. 계시된 말씀을 통해 이 사건을 듣게 되는 우리는 어떤 면에서 다윗보다 나단의 예언을 더 잘 이해할 수 있다.

하나님의 마음에 합한 자

지금까지 논의한 것에도 불구하고 우리는 다윗이 축복의 사람이라는 점은 부정할 수 없다. 다윗은 하나님 언약의 핵심적 중보자가 되었고, 실제로 그의 왕조는 400년이라는 오랜 세월 동안 지속된다. 그렇다면 다윗이 그런 축복을 받게 된 이유는 무엇일까? 이 질문에 대한 답은 다음의 다윗이 드린 감사 기도에 암시되어 있다.

> 다윗이 당신께 더 말할 것이 무엇입니까? 당신이야말로 당신의

종을 아십니다. 오 내 주여! 당신의 말씀을 위하여 그리고 당신의 마음에 합당한 대로('after your heart'), 당신은 이 큰 일을 행하셨습니다. 이는 당신의 종으로 (당신의 마음을) 알도록 하기 위함입니다. 삼하 7:20-21, 필자 사역

"주께서 이 큰 일을 행하셨습니다"라는 고백에서 '큰 일'은 목동에 불과했던 다윗을 이스라엘의 왕으로 만드신 하나님의 역사를 지칭한다(8절). 다윗이 목동에서 왕으로 변화되는 것은 하루아침에 이루어진 것이 아니다. 사울의 경우와 달리 다윗은 왕으로 기름 부음을 받은 후 수십 년이 흐른 다음에야 실제 왕위에 앉게 되는데, 그 수십 년 동안 다윗은 사울에게 쫓기며 살아야 했다. 다윗은 이 모든 것을 하나님이 하신 '큰 일'이라고 말하며, 그 가운데서 하나님의 섭리를 찾았다. 다윗에 따르면 여호와께서 자신에게 오랜 연단의 기간을 주신 것은 그로 하여금 하나님의 말씀과 하나님의 마음을 "알도록 하기 위한" 것이었다. 왜냐하면 다윗이 맡게 될 왕직은 고대 근동의 왕직과 달리 자기 뜻대로 통치하는 것이 아니라 하나님의 말씀과 하나님의 마음에 합당하게 통치하는 것이기 때문이다. 우리가 흔히 다윗을 "하나님의 마음에 합한 자"(행 13:22)라고 표현하는데, 이 개념은 단순히 하나님이 좋아하는 사람이라는 뜻이 아니라 하나님의 마음을 알고 순종하는 사람이라는 뜻이다. 다윗이 영원한 왕조를 약속받을 수 있었던 것도 그가 오랜 연단을 통해 하나님이 이스라엘 백성에게 주시고자 하셨던 '순종하는 왕'의 이상에 가깝게 되었기 때문이다.

나가는 말

사무엘하 7장에 수록된 나단의 예언은 하나님이 어떤 분이시며, 하나님의 나라가 어떻게 통치되는지에 대한 중요한 통찰을 준다. 여기서 여호와는 신전에 수동적으로 거하며 대접받는 고대 근동의 신들과는 대조적으로, 백성들의 삶의 현장을 '다니시는 분', 즉 백성의 삶의 자리에서 행동하시는 분으로 그려진다. 그리고 그분의 통치는 그분의 말씀과 마음을 알고 그대로 순종하는 지도자들을 통해 이루어진다. 예수님은 그런 순종하는 지도자들의 실체로 오신 분이다.

인간들은 늘 고대 근동의 왕들처럼 스스로를 신으로 만들려는 유혹에 빠진다. 이런 사람들에게는 신앙도 자기 왕국 건설을 위한 수단이 될 뿐이다. 표면적으로는 경건한 언어를 사용하지만, 내면 깊숙이는 자기 자신을 신으로 섬기는 우상 숭배자이다. 한국 교회에서는 이런 탐욕이 성전 건축에 대한 광기로 표현되곤 했다. 사무엘하 7장 6-7절의 말씀이 한국 교회에 다시 한번 들려져야 한다.

'나는 장막과 천막에 다니는 신이다. 내가 다니는 현장은 이스라엘 백성이 있는 곳이다. 내가 너희 지도자 중 한 명에게라도 백향목 집을 지어 달라고 말한 적이 있느냐? 오히려 내가 이스라엘 지도자들에게 내린 명령은 내 백성 이스라엘을 목양하라는 것이다!'

토론과 나눔을 위한 질문들

1. 다윗은 하나님을 위해 성전을 건축하려 했지만, 하나님은 이를 허락하지 않으시고 오히려 "내가 너를 위해 집(왕조)을 세우겠다"고 말씀하셨습니다. 이는 신앙에서 인간이 하나님을 섬기는 것처럼 보이지만, 실제로는 하나님이 우리를 위해 일하고 계심을 보여 줍니다. 하나님이 여러분을 위해 일하고 계시다고 느낀 경험이 있다면 함께 나누어 봅시다.

2. 하나님은 "나는 장막과 천막을 다니는 신"이라고 말씀하시며, 특정한 장소에 머무는 신이 아니라 백성들과 함께 다니시는 분임을 강조하셨습니다. 이는 하나님이 인간이 만든 특정한 건물이나 제도를 통해 제한될 수 없음을 의미합니다. 그러나 많은 종교 전통에서 특정한 성전이나 의식을 신앙의 중심으로 여기고 있으며, 이를 통해 하나님의 임재를 경험하려 합니다. 우리가 삶의 현장에서 하나님의 임재를 경험하고 구현하기 위해서는 어떻게 해야 할까요?

3. 하나님은 다윗에게 "너는 성전을 짓지 말고, 백성을 목양하라"고 말씀하셨습니다. 이는 하나님의 지도자들이 건축이나 사업과 같은 외형적인 성취보다, 백성을 돌보고 섬기는 일을 우선시해야 함을 강조합니다. 그러나 현실에서는 많은 종교 지도자들이 건물과 재정을 우선시하며, 신앙 공동체가 본질적인 사명을 잊어버리는 경우가 많습니다. 오늘날 교회와 신앙 공동체가 건물과 제도보다 '사람'을 우선하는 방식으로 변화하기 위해서는 어떤 노력이 필요할까요?

18. 유다 왕 다윗의 딜레마: 정의와 번영 사이

왕이 된다는 것은 마치 줄타기를 하는 것과 같다. 한쪽 손에는 '정의'라는 무거운 추를, 다른 쪽 손에는 '백성의 번영과 행복'이라는 또 다른 추를 들고 균형을 잡아야 하기 때문이다. 이상적으로는 정의가 곧바로 백성들의 번영과 행복으로 이어진다면 얼마나 좋겠는가? 하지만 현실은 그리 호락호락하지 않다. 때로는 정의를 고집하면 백성들이 당장 굶주리고 고통받게 되고, 때로는 정의롭지 못한 수단을 써야만 백성들의 번영과 행복을 지킬 수 있는 상황이 벌어지기도 한다. 마치 의사가 환자를 살리기 위해 아픈 부위를 도려내야 하는 것과 같다. 만약 여러분이 한 나라의 왕이 되어 이런 기로에 선다면, 어떤 선택을 하겠는가? 정의를 지키되 백성들의 번영과 행복이 뒷전이 되는 것을 감수할 것인가, 아니면 백성들의 번영과 행복을 위해 정의라는 원칙에서 잠시 벗어날 것인가? 바로 이것이 다윗왕이 직면했던 딜레마이다. 다윗의 딜레마를 이해하기 위해서는 그의 아들들 사이의 갈등관계를 먼저 살필 필요가 있다.[74]

[74] 이하의 내용은 김구원, 《사무엘하》(홍성사)에 기대고 있다.

압살롬이 암논을 죽인 정치적 이유

다윗에게는 왕위를 이을 만한 여러 아들이 있었다. 마치 여러 명의 후보자가 한 자리를 놓고 경쟁하는 선거판과 같았다. 그 중에서도 장남 암논은 아버지의 각별한 사랑을 받는 아들이었다. 이 암논이 이복 누이 다말을 강간하는 끔찍한 일을 저질렀을 때, 다윗은 크게 분노했지만 암논을 따로 벌하지는 않았다. 칠십인역은 이에 대해 "그가 암논을 사랑했기 때문이다"(호티 에가파 아우톤, 삼하 13:21)라고 기록한다.

아버지의 편애를 잘 알고 있던 암논은 아마도 '설령 죄를 지어도 처벌받지 않는다'고 생각했을 가능성이 있다. 궁에서 그가 겁탈한 여자가 다말뿐이었을까? 물론 다윗이 암논을 사랑했다고 해서 반드시 그를 후계자로 여겼다고 단정할 수는 없다. 솔로몬이 태어났을 때 하나님께서 주신 이름 '여디디아'(여호와께서 사랑하신다는 뜻)는 사실상 '다윗 2세'를 의미하며, 하나님의 후계자 계획을 분명히 보여 주기 때문이다.

그런데 흥미롭게도 다윗과 밧세바는 이 특별한 이름 '여디디아'를 일상적으로 사용하지 않았다. 마치 보물을 감춰두듯 말이다. 이를 고려하면 당시 궁정과 백성들 눈에는 솔로몬이 아니라 장남 암논이 차기 왕으로 비쳤을 가능성이 높다.

하지만 암논에 대한 다말의 친오빠 압살롬의 평가는 매우 달랐다. 그는 암논의 악한 행실을 보고 '저런 자가 어떻게 유다의 왕이 될 수 있단 말인가?'라고 생각했다. 훗날 압살롬이 다윗에게 반란을 일으킬 때 내세운 명분을 보면 이를 짐작할 수 있다. 압살롬은 "내가 정의를 베풀기를 원하노라"(삼하 15:4)라고 외쳤는데, 그는 정의에 대한 열정을 가진 것으로 짐작된다. 이런 점을 고려하면 압살롬의 암논 시해는 단순히 누이에 대한 복수가 아니라, 불의한 자가 이스라엘의 왕좌에 오르는 것을 막으려는 의도가 있었을 것이다. 물론 암논의 죽음이 압살롬의 왕위 계승 가능성을 높인 것은 분명한 사실이다. 하지만 정치적 이익과 공적 명분이 반드시 상반되는 것은 아니다. 현실 정치에서 정치인들의 행위는 진정으로 공익을 추구하는 동시에 자신의 권력 기반을 다지는 역할을 할 수 있기 때문이다. 압살롬의 경우도 마찬가지였을 것이다.

그술에서 잠룡이 된 압살롬

문제는 다윗이다. 다윗은 자식에 대한 사랑 때문에 정의의 문제에 소홀했다. 암논이 궁에서 아무리 제멋대로 행동해도, 다윗에게는 여전히 사랑스러운 장손이었다. 이런 다윗의 마음을 합리적으로 설명하기는 어렵다. 부모가 자식을 사랑하는 데 무슨 논리적인 이유가 필요하겠는가? 하지만 자식에 대한 부모의 사랑이 때로는 공동체 전체에 독이 되기도 한다. 암논에 대한 다윗의 맹목적인 사랑이 바로 그랬다. 암논은 이런 아버지의 편애를 잘 알고 있었다. 그래서 어떤 범죄를 저질러도 처벌받지 않는다고 확신했을 것이다. 다말을 강간하고 차갑게 내버리는 대담한 일을 할 수 있었던 것도 이런 배경이 있었기 때문이다.

이런 관점에서 보면 압살롬이 암논을 죽인 것은 다윗에게는 큰 상처였지만, 나라 전체로는 필요악이었을지도 모른다.

하지만 다윗은 암논을 죽인 압살롬에 대해 완전히 오해한다. 압살롬이 주관한 축제에서 다른 왕자들이 모두 살해당했다는 소문이 퍼졌을 때, 다윗은 압살롬과 직접 소통하여 사건의 진상을 파악하는 대신, 떠도는 '가짜 뉴스'를 그대로 믿어 버린다. 즉 "압살롬이 왕이 되기 위해 암논뿐 아니라 모든 다른 왕자들까지 죽였다!"(삼하 13:30)라는 소문을 확인 없이 믿어 버린 것이다. 그 순간 다윗의 머릿속에서는 '압살롬이 언젠가는 나까지 죽일 것이다'라는 확신이 생긴다. 이렇게 압살롬은 다윗에게 반드시 제거해야 하는 존재가 되어 버렸다. 아버지의 살의를 눈치챈 압살롬은 어머니의 나라 그술로 망명길에 오른다.

그곳에서 삼 년을 머물면서 압살롬이 구체적으로 무엇을 했는지는 분명하지 않다. 하지만 역사를 보면 망명한 왕자가 몇 년 후 정복자로 고국에 돌아오는 이야기는 결코 드물지 않다. 아시리아의 삼시아닷이 그랬고, 알렙포의 이드미리 왕이 그랬으며, 다윗 자신도 사울을 피해 도망 다니다 결국 왕이 되었고, 모세도 이집트에서 도망쳐 나와 이스라엘의 지도자가 되었고, 여로보암도 마찬가지였다. 이는 무엇을 의미하는가? 압살롬이 비록 멀리 떨어져 있어도, 그의 존재 자체가 다윗의 권력에 잠재적 위협이 된다는 뜻이다.

압살롬에 대한 다윗의 이중적 마음

이때 다윗의 사촌이자 장군인 요압이 움직였다. 요압은 냉철한 정치적 안목을 가진 인물이었다. 그는 암논의 죽음 이후 실질적 장남이자 유력한 왕위 계승 후보가 된 압살롬이 다윗과 화해하지 않고 해외에 오래 머무는 것을 국가 안보에 대한 심각한 위험으로 보았다.

요압의 계산은 이랬다. 압살롬이 반란의 뜻을 품었다 하더라도, 그를 유다 땅에 두고 지켜보는 것이 쿠데타와 같은 급작스러운 정변을 예방하는 데 도움이 된다는 것이었다. 마치 멀리서 폭탄이 날아오기를 기다리기보다는 그것을 가까이 두고 감시하는 것이 안전하다는 논리였다. 문제는 다윗의 마음을 돌리는 일이었다. 다윗에게 압살롬은 단순히 아들이 아니었다. 자신이 가장 사랑하던 장손을 죽인 원수였다. 더욱 괴로운 것은 압살롬이 암논을 죽인 일에 대해 단 한 번도 유감이나 사과를 표한 적이 없다는 점이었다. 형을 살해한 직후 그는 어머니의 나라 그술로 도망가 버렸고, 그 후로 편지 한 통 보내지 않았다.

3년이 지난 시점에서 압살롬에 대한 다윗의 감정은 마치 동전의 양면처럼 복잡했다. 한편으로는 왕위를 이을 만한 자격과 재능을 갖춘 왕자 압살롬은 다윗이 국가의 대사를 위해 협력해야 할 소중한 인재였다. 하지만 다른 한편으로는 다윗의 장손을 죽인 냉혹한 살인자였다. 당시 '피의 보복' 관습에 따르면, 피해 가족 중 누군가가 압살롬을 죽여야만 정의가 실현되는 것이었다. 암논을 살해한 압살롬을 그냥 넘어갈 수는 없는 문제였다. 그렇다고 유력한 '대권' 후보인 아들을 죽일 수도 없는 노릇이었다.

이런 다윗의 복잡한 심경을 성경 본문도 절묘하게 표현하고 있다. "왕의 마음이 압살롬에게 향(反)하는 줄 알고"(레브 하멜렉크 알 압살롬, 삼하 14:1). 여기서 히브리어 전치사 '알'('al)은 찬성과 반대의 의미를 모두 가질 수 있어서, 다윗의 애매한 감정을 그대로 드러낸다. 마치 사랑과 미움이 한 마음속에서 동시에 끓어오르는 것처럼 말이다.

요압의 중재

이렇게 왕이 마음을 정하지 못하고 있을 때, 요압이 중재에 나섰다. 요압이 이런 역할을 할 수 있었던 것은 그의 독특한 가족적 위치 때문이었다. 그는 다윗 왕의 조카이면서 동시에 왕자들의 사촌이라는 미묘한 자리에 있었다.

고대 왕실에서 왕의 조카는 특별한 존재였다. 왕위를 직접 이어받을 수는 없었지만, 그렇기 때문에 오히려 왕위 계승 경쟁에서 한 발 물러나 객관적인 시각을 유지할 수 있었다. 마치 경기장에서 뛰지 않는 코치가 전체 게임을 더 냉정하게 볼 수 있는 것과 같았다. 이런 위치 덕분에 왕자의 사촌들은 왕위 계승의 조력자 역할을 하곤 했다. 왕위 계승의 직접적인 이해 당사자인 왕자들은 서로를 경계하고 견제했지만, 사촌과는 친구처럼 지내며 그의 조언에 크게 의존했다. 암논이 사촌 요나답의 조언을 들었던 것(삼하 13:3)도 바로 이런 맥락에서였다. 요압이 다윗의 집안에서 바로 그런 역할을 담당했던 것이다.

드고아 여인의 비유

요압은 다윗과 압살롬 사이를 중재하기 위해 묘책을 썼다. 드고아의 지혜로운 여인을 다윗에게 보낸 것이다. 이 여인은 단순한 시골 여자가 아니었을 가능성이 높다. 아마도 드고아에서 선지자 역할을 했던 것으로 보인다. 이것은 요압의 치밀한 계산이었다. 선지자가 왕에게 찾아와 조언하는 것은 유다 왕국에서 헌법적으로 보장된 권리였기 때문에, 그녀는 상복이라는 이례적인 옷차림으로도 궁 안까지 들어올 수 있었다(에 4:3 참조). 마치 외교관이 외교 면책 특권으로 어디든 갈 수 있는 것처럼 말이다.[75]

드고아의 여인이 다윗 앞에서 말한 이야기는 다음과 같다.

한 과부가 있었다. 그녀는 최근에 남편을 잃고 두 명의 아들만 남았는데, 그 둘이 인적 없는 들판에서 싸우다가 한 명이 다른 한 명을 때려 죽이게 되었다. 이제 과부에게는 한 명의 아들만 남게 되었다. 그런데 더 큰 문제가 생겼다. 여인의 친족들이 찾아와 하나뿐인 아들마저 죽이려 한다는 것이다.

---

[75] 모르드개는 상복을 입고 페르시아 궁에 들어가려다 제지당했다. 드고아의 여인이 상복을 입고 다윗 앞에 설 수 있었던 것은 그녀가 선지자였음을 암시한다. 이것은 그녀가 전한 말이 선지자들의 어법을 연상시킨다는 사실에 의해 확인된다. 그녀는 선지자들의 전형적인 어법—다윗에게 먼저 제3자적 비유를 말하고, 다윗이 그 비유에 반응했을 때, 다윗이 그 비유의 주인공임을 밝히는 어법—에 따라 말했다.

아버지가 죽은 후 발생한 두 아들 간의 분쟁은 상속 문제 때문인 것으로 보인다. 비유가 명시적으로 그 싸움의 원인을 말하지는 않지만, 후에 친척들이 살인자 아들을 "상속자"라고 부른 것으로 볼 때 상속 문제로 다투다 살인이 발생했을 가능성이 매우 높다. 즉 '누가 아버지의 이름을 이어 갈 것인가'라는 문제가 갈등의 핵심에 있었던 것이다.

이 상속 갈등 때문에 한 아들이 다른 아들을 죽였는데, 더 큰 문제는 그 다음에 발생했다. 살인자 아들에 대한 '피의 복수법'이 발효된 것이다. 이 피의 복수법에 따르면 억울하게 살해당한 사람의 친족들이 그를 위해 복수해야 한다. 이 법에 근거해 "온 족속이 일어나서 … 그의 동생을 쳐죽인 자를 내놓으라. 우리가 그의 동생 죽인 죄를 갚겠다"(삼하 14:7)고 말한다.

정의와 생존 사이에서 고민하는 어머니

하지만 드고아 여인에게는 이런 상황이 절망적이었다. 피의 복수법이 시행되면 기계적인 정의는 실현되겠지만, 그녀는 하나뿐인 아들마저 잃게 되고 남편의 가문은 완전히 끊어지게 되기 때문이다. 마치 집안의 마지막 등불마저 꺼뜨리는 것과 같았다. 따라서 그 과부는 피의 복수를 멈추고 살인자인 아들을 상속자로 인정해 아버지의 이름을 이어 가기를 원했다. 그녀의 관점에서 보면, 친족들이 하는 일은 겉으로는 정의를 위한 것 같지만 실제로는 "내게 남아 있는 숯불을 꺼서 내 남편의 이름과 씨를 세상에 남겨 두지 않는" 악한 일이었다.

이 비유는 한 마디로 이런 질문을 던지고 있었다. '완벽한 정의를 추구하다가 가문 전체가 멸망하는 것과, 불완전하지만 생존을 선택하는 것 중 어느 것이 더 지혜로운가?' 바로 다윗이 압살롬 문제로 고민하고 있던 딜레마와 정확히 일치하는 상황이었다.

정의와 생존, 양립할 수 없는 두 가치의 충돌

여기에서 우리는 상충하는 두 가지 가치를 본다. 하나는 피의 복수법이 대표하는 '정의'이고, 다른 하나는 아버지의 이름과 유업이 상징하는 '공동체의 생존과 번영'이다. 어느 것도 소홀히 해서는 안 되는 소중한 가치다. 다윗이 직면한 딜레마도 정확히 이와 같은 내용이다. 아버지 다윗은 아들의 죽음에 대한 복수를 함으로써 정의를 구현해야 한다. 동시에 그는 왕으로서 국가의 생존과 번영도 책임져야 한다. 만약 정의를 위해 압살롬과 원수가 된다면 유다 왕국은 내전으로 멸망할 수도 있다. 다윗의 이름과 유업이 영영 사라질 수도 있는 것이다.

하지만 반대로 압살롬이 아무런 벌도 받지 않고 유다의 왕자로 정치를 재개한다면 어떨까? 그것은 암논을 사랑한 모든 사람들의 마음에 다시 한번 못을 박는 일이다. 마치 가해자가 아무 일도 없었다는 듯이 떵떵거리며 사는 것을 지켜보는 피해

자 가족의 심정과 같을 것이다. 정말 해결하기 힘든 딜레마다. 다윗이 3년이 지나도록 압살롬에 대한 마음을 정하지 못한 것은 바로 이 때문이다.

이때 요압은 "이 일의 형편을 바꾸려 하여" 다윗을 설득한다(삼하 14:20). 그는 압살롬이 해외에 머물며 다윗에 대한 적대감과 증오를 키울 경우 초래될 재앙적 상황을 우려했다. 마치 화산이 언제 터질지 모르는 상황에서 미리 압력을 빼내는 것이 안전하다고 판단한 것이다. 요압의 노력 덕분에 다윗도 결국 압살롬의 귀국을 허락한다. 하지만 그가 마음속의 딜레마를 완전히 극복한 것은 아니었다. 다윗은 3년 만에 돌아온 압살롬을 그 후 2년 동안 만나지 않는다. 같은 하늘 아래, 같은 예루살렘에 살면서도 말이다. 5년 만에 (그것도 요압의 중재로) 압살롬을 대면했을 때에도, 아버지는 아들과 완전히 화해하지 못했다. 겉으로는 포옹하고 입을 맞췄지만, 속마음의 응어리는 여전히 남아 있었던 것이다. 얼마 후 압살롬의 난으로 다윗의 나라가 근간까지 흔들리게 된 일은 절대 우연이 아니다. 미완성된 화해, 해결되지 않은 갈등의 필연적 결과였다.

정의는 생존과 번영을 위한 수단적 가치!

적어도 고대 문명에서 공동체의 정의는 공동체의 생존과 번영을 위한 수단적 가치를 지녔다. 왜 나라가 정의로워야 하는가? 그 이유는 정의로울 때 나라가 잘 되고 백성들이 번성하기 때문이다. 다시 말해 나라의 생존과 번영을 위한 수단일 때에 비로소 정의가 의미를 가졌다. 문제는 역사적 현실은 정의론보다 매우 복잡하다는 것이다. 우리는 때때로 정의의 가치와 공동체의 생존과 번영이 상충하는 상황을 만난다. 다윗은 압살롬과의 관계에서 이런 딜레마를 체험했다. 그리고 그 딜레마를 잘 다루지 못해 결국 나라를 잃을 뻔했다.

한국 사회에는 공정에 매우 민감한 사회이다. 공공의 영역에서 형평성은 무엇보다도 중요한 가치가 되었다. 하지만 그것도 생존과 번영을 위한 수단임을 잊지 말자. 형평성의 가치가 생존과 번영에 기여할 때 그것의 정당성이 강화된다. 하지만 형평성이 사회의 부정적 자산으로 작동할 때도 있다. 예를 들어 형평성에 대한 강조는 능력에 따른 차별을 불가능하게 만든다. 얼마 전에 한강 작가의 노벨상 수상 소식이 들려왔지만 아직 우리나라는 과학 분야에서 한 명의 수상자도 내지 못하고 있다. 많은 식자들은 그 원인을 능력 있는 과학자들에 대한 지원이 부족한 데서 찾는다. 이것은 한국 사회가 강조하는 공정이 특정 분야에서 부정적 자산이 될 수 있음을 보여 준다. 다윗과 압살롬의 관계에서 우리는 정의가 생존과 번영의 수단적 가치이며, 기계적 정의는 복수의 악순환을 불러일으킬 뿐 아니라 궁극적으로 공동체의 생존과 번영을 방해함을 다시 한번 깨닫게 된다.

토론과 나눔을 위한 질문들

1. 다윗은 암논이 다말을 강간했을 때 크게 분노했지만, 그를 처벌하지 않았습니다. 이는 암논에 대한 사랑 때문이었다고 성경은 기록하고 있습니다. 그러나 결과적으로 암논의 범죄를 방관한 것은 압살롬의 복수를 촉발시켰고, 결국 왕국의 내부 분열로 이어졌습니다. 정의를 실현해야 하는 위치에 있는 지도자가 사적인 감정 때문에 공정한 판단을 내리지 못할 경우, 공동체에 어떤 영향을 미칠 수 있을까요? 여러분의 경험을 나누어 봅시다.

2. 다윗은 요압의 설득으로 압살롬을 귀국시키지만, 2년 동안 그를 만나지 않으며 완전한 화해를 이루지 못했습니다. 이후 압살롬은 반란을 일으켰고, 결국 다윗의 왕국은 큰 위기에 처하게 되었습니다. 이는 미해결된 갈등이 시간이 지나면서 더 큰 문제로 발전할 수 있음을 보여 줍니다. 공동체 내에서 갈등이 발생했을 때, 방관하지 않고 진정한 화해를 이루기 위해 필요한 요소는 무엇일까요?

3. 다윗의 딜레마는 정의와 공동체의 생존이 충돌하는 상황에서 어떻게 결정해야 하는가 하는 문제였습니다. 압살롬을 처벌하면 정의가 실현되지만, 왕국의 내부 분열을 초래할 수 있습니다. 반면, 압살롬을 용서하면 공동체의 안정을 유지할 수 있지만, 정의를 희생하는 결과를 낳을 수도 있습니다. 이는 오늘날에도 정치, 기업, 신앙 공동체 등에서 중요한 결정의 순간마다 등장하는 딜레마입니다. 우리는 이러한 갈등 상황에서 어떤 기준으로 결정을 내려야 하며, 정의와 공동체의 생존 사이에서 균형을 유지하기 위해 어떤 노력을 해야 할까요?

19. 히엘, 최초의 부동산 디벨로퍼 이야기

최근 몇 년 간 부동산 디벨로퍼(real estate developer)라는 말이 우리나라에서도 어색하지 않게 되었다. 부동산 디벨로퍼는 단순히 집을 짓는 회사가 아니라 이윤 분석, 기획, 마케팅, 땅 매입, 건축, 판매, 사후 관리까지 총괄하는 부동산 개발 회사이다. 과거에는 이런 일들이 각 분야 전문가들에 의해 개별적으로 수행되었는데 지금은 부동산 디벨로퍼가 필요한 전문가들을 고용하여 그 일들을 총괄 수행한다. 물론 이렇게 부동산 개발 업무를 총괄하는 디벨로퍼가 최근에 많아지게 된 것은 부동산 시장으로 유입되는 엄청난 규모의 돈 때문인데, 이들은 부동산의 전략적 개발과 운영을 통해 부동산 이윤의 극대화를 노린다. 그리고 이윤의 추구를 무한 긍정하는 자본주의 사회에서는 큰돈을 버는 부동산 개발업이 사람들의 선망의 대상이 된다. 미국의 45대, 47대 대통령 도널드 트럼프가 뉴욕의 유명한 부동산 디벨로퍼였다는 것은 주지의 사실이다.

    고대 근동 사회에도 이런 부동산 개발업자가 존재했을까? 고대 사회에도 엄청난 규모의 건축 프로젝트가 많이 시행되었다. 아브라함의 도시 우르(Ur)에는 지구라트가 건설되었고, 느부갓네살의 도시 바빌론에는 세계7대 불가사의 중 하나인 공중 정원(Hanging Garden)이 세워졌다. 고대 이집트에도 기자(Giza)의 피라미드와 아부심벨(Abu Simbel)의 람세스 2세 신전과 같은 거대 구조물들이 건축되었다. 하지만 이 거대 건물들은 판매나 이윤을 목적으로 지어진 것은 아니었다. 더구나 고대 메소포타미아나 고대 이집트에서 땅은 엄밀하게 말하면 왕이나 신의 것이다. 사람들도 땅을 '소유'했지만 그것은 경작이나 거주를 위한 실용적 용도에 국한되었다. 따라서 수익을 낼 목적으로 땅 위에 건물을 지어 판매하는 부동산 사업은 존재할 수 없었다. 그렇다면 정말 고대 사회에는 이윤을 위한 부동산 개발이 시도되지 않았을까?

이 질문과 관련해 흥미로운 본문이 열왕기상 16장 34절에 등장한다. 이 본문은 여리고성을 무너뜨린 직후 여호수아가 그 성을 재건하는 사람에 대해 선포한 저주(수 6:26)가 아합의 시대에 어떻게 성취되었는지를 보여 준다. 그 저주에 명시된 대로 벧엘 사람 히엘이 여리고성의 재건축을 시작했을 때 그의 큰 아들 아비람이 죽었고 재건축을 완성했을 때는 막내아들 스굽이 죽게 되었다. 하지만 이 본문은 단순히 예언 성취에 관한 것이 아니다. 본문의 깊은 의미를 이해하기 위해서는 이 본문의 문맥을 살펴야 한다. 아래서 밝혀지듯이 이 본문은 아합의 통치에 대한 신학적 평가의 일부이다.

아합 정부와 부동산 디벨로퍼 히엘

본문의 문맥에 해당하는 아합 왕에 대한 설명은 열왕기상 16장 29절부터 시작된다. 여기서 성경 저자는 북이스라엘을 22년이나 다스린 아합을 매우 부정적으로 평가한다. 아합은 "그의 이전에 모든 사람보다 여호와 보시기에 악을 더욱 행하"였는데(왕상 16:30), 그것이 어느 정도였는가 하면, 우상 숭배의 기원으로 인용되는 여로보암의 죄가 그의 죄 앞에서는 경범죄 정도로밖에 보이지 않는다(왕상 16:31).

성경 저자는 이어서 아합의 죄를 구체적으로 나열한다. 첫째, 아합은 바알(Baal)을 섬기는 이방 왕 엣바알의 딸 이세벨과 결혼하고 그녀의 바알 숭배를 허용한다(왕상 16:31). 그녀와 그녀의 아버지 이름은 모두 바알을 찬양하는 의미를 가진다. 둘째, 아합은 아내의 바알 숭배를 허용하는 일에 멈추지 않고 스스로 바알 숭배자가 된다(왕상 16:31). 셋째, 그는 바알의 제단과 신전을 수도 사마리아에 건설한다(왕상 16:32). 뿐만 아니라 바알의 아내 아세라 우상을 바알 신전에 함께 만들어 놓는다(왕상 16:33).

여기서 성경 저자가 아합의 악들을 나열하는 방식에 유의하라. 가벼운 것에서 중대한 것으로 이동하는 점증법(漸增法)을 사용한다. 그리고 히엘의 여리고 재건에 대한 본문은 바로 이런 점증법의 가장 마지막 클라이맥스에 위치한다. 다시 말해 히엘의 여리고 재건에 대한 본문은 아합의 가장 큰 악행을 설명하기 위한 것이다. 지금부터는 열왕기상 16장 34절을 좀 더 자세히 살펴보면서 히엘이 최초의 부동산 디벨로퍼로 간주되는 이유를 생각해 보자.

> 그[아합의] 시대에 벧엘 사람 히엘이 여리고를 건축하였는데 그가 그 터를 쌓을 때에 맏아들 아비람을 잃었고 그 성문을 세울 때에 막내 아들 스굽을 잃었으니 여호와께서 눈의 아들 여호수아를 통하여 하신 말씀과 같이 되었더라 왕상 16:34

여리고는 요단 동편에서 예루살렘으로 통하는 교통의 요지에 있는 오아시스 도시이다. 요단 동편 '왕의 도로'(King's Highway)를 따라 여행하던 사람들이 예루살렘으로 가려면 싯딤에서 요단을 건너 여리고를 통과해야 한다. 그리고 여리고의 풍부한 물과 각종 실과들이 여행객들에게 필요한 휴식을 제공했을 것이다. 부동산 개발업자의 관점에서 볼 때 이런 여리고는 금싸라기 같은 땅이다. 하지만 아합의 시대에 여리고는 황무지였다. 400년 전 여호수아가 저주한 이래 이 금싸라기 같은 땅이 개발되지 않고 옛 폐허 그대로 남아 있었던 것이다. 일종의 '그린벨트' 지역처럼 말이다.

그러면 왜 여호수아는 애초에 여리고가 다시 재건되지 못하게 만들었을까? 왜냐하면 폐허가 된 여리고는 하나님의 승리에 대한 실물 교재가 되기 때문이다. 즉 폐허의 여리고성은 이스라엘이 가나안 땅에서 왕국을 이룰 수 있게 된 근본 원인이 하나님의 은혜임을 보여 준다. 지난 400년 동안 어느 누구도 여리고성의 재개발을 시도하지 않은 것은 단순히 저주 때문이 아니라 이런 신학적 이유 때문이다. 하지만 지금 벧엘 사람 히엘이 여리고성을 다시 건축하려 한다. 히엘은 여호수아의 저주를 몰랐을까? 아니다. 그럴 가능성은 희박하다. 그렇다면 왜 그는 위험을 무릅쓰고 여리고성을 재건하려는 것일까? 그에게는 돈이 아들의 목숨보다 중요한가? 아무리 돈에 눈이 멀었더라도 돈을 아들의 목숨과 바꿀 사람은 없다. 그 점에서 히엘도 마찬가지였을 것이다. 그럼에도 불구하고 히엘이 여리고성의 재건을 강행한 이유는 무엇일까?

이 질문에 대한 답은 "그[아합의] 시대에"라는 말에 숨어 있다. 아합의 시대의 시대정신은 '바알 숭배'이다. 아합은 수도 사마리아에 바알을 위한 제단과 신전을 건축했다. 바알은 어떤 신인가? 고대 농경 사회에서는 비와 풍요의 신이었지만, 오늘날의 용어로 바꿔 말하면 그것은 돈의 신이다. 아합의 시대는 돈이 하나님인 시대였다. 사람들은 여호와보다 바알을 더 두려워했다. 북이스라엘에 여호와의 성전이 없고 바알 신전만 존재했다는 사실은 결코 우연이 아니다. 아합의 시대에 여호수아의 저주는 한갓 도시 전설처럼 여겨졌을 것이다. 그들에게 폐허로 남은 여리고성은 개발해야 할 땅이지 하나님의 승리를 상징하지 않는다. 히엘이 겁도 없이 여리고성을 짓기 시작한 것이 이제 이해될 것이다. 그리고 여리고의 기초를 놓자마자 첫아들이 죽었지만 히엘은 그것을 우연으로 치부한다. 불신앙의 사람들에게 하나님의 역사는 우연에 불과하다.

히엘이 여리고를 재건한 것은 그의 잘못만은 아니다. 앞서 지적했듯이 열왕기상 16장 34절은 아합의 가장 큰 악행을 설명한다. 즉 히엘이 여리고를 재건한 일에 아합의 책임도 크다. 히엘이 개발 계획을 세웠더라도 정부의 승인이 없었더라면 그 계획을 실행에 옮기지 못했을 것이다. 히엘이 여리고를 재건할 수 있었던 것은 아합이 그 일을 직접 명령하려 했거나 적어도 적극적으로 그 일을 지원했기 때문일 것이다. 아합도 여호수아의 저주를 두려워하지 않았고, 무너져 있는 여리고성이 국익에 도움이 되지 않는다고 생각했을 가능성이 있다. 이처럼 여리고성의 재건은 아합 정부와 부동산 디벨로퍼 히엘이 각자의 이익을 위해 공모하여 벌인 일이다.

오늘 우리가 사는 시대도 아합의 시대와 크게 다르지 않다. 하나님의 말씀보다 돈이 존중받는 시대에 우리는 살고 있다. 히엘(חיאל)의 이름은 "하나님의 살아계심으로 맹세하노니"라는 의미이다. 그의 고향도 "하나님의 집"을 의미하는 벧엘이다. 하지만 그가 한 일은 하나님의 살아계심으로 맹세한 여호수아의 저주를 무시하고 하나님이 주신 땅에서 하나님의 집을 무너뜨리는 행위였다. 말씀의 진리보다 부동산 수익에 더 짜릿함을 느끼는 그리스도인들이 여호수아의 저주를 무시하고 여리고를 재건한 벧엘 출신 히엘과 겹쳐 보이는 것은 왜일까?

토론과 나눔을 위한 질문들

1. 히엘은 아합 왕 시대에 여리고를 재건하면서 자신의 아들들을 희생시켰다고 기록되어 있습니다. 이는 단순한 도시 재건이 아니라, 당시 고대 근동에서 행해지던 인신제사의 관습과 연결될 수 있습니다. 하지만 현대적인 시각에서 보면, 이는 부동산 개발과 경제적 욕망이 신앙적 가치를 압도하는 시대적 흐름을 보여 주기도 합니다. 오늘날에도 돈에 대한 욕심이 신앙적 원칙이나 윤리적 가치를 희생하는 사례가 많습니다. 그렇다면, 신앙인들은 경제적 번영과 신앙적 가치를 어떻게 조화롭게 유지할 수 있을까요?

2. 여호수아는 여리고성을 재건하려고 하면 그 기초와 성문을 놓을 때 각각 장자를 잃을 것이라는 저주를 선포했습니다. 히엘의 사례는 이 저주의 성취로 해석되며, 이는 하나님의 경고가 단순한 선언이 아니라 실제로 이루어진다는 점을 보여 줍니다. 그러나 현대 사회에서는 하나님의 심판이나 경고가 눈에 보이지 않는 경우가 많으며, 사람들은 신앙적 원칙을 쉽게 무시하고 자신들의 이익을 추구하려 합니다. 그렇다면, 오늘날 신앙 공동체는 어떻게 하나님의 말씀을 현실 속에서 생생하게 기억하고 실천할 수 있을까요?

20. 우상 숭배란 무엇인가: 제1-2계명 다시 읽기

유일신 신앙에서 가장 큰 죄로 간주되는 것은 우상 숭배다. 일반적으로 우상 숭배는 유일신 외의 다른 신을 섬기는 행위를 의미한다. 다신교 문화 속에서 살아간 고대 이스라엘인들에게 우상 숭배 금지는 매우 현실적인 계명이었지만, 과학의 세례를 받은 기독교인들에게는 다소 시대에 뒤떨어진 규율처럼 보일 수 있다. 그럼에도 불구하고 우상 숭배 금지 계명은 그리스도인의 정체성에 있어 핵심적이라 할 수 있다. 이번 장에서는 오늘날 우상 숭배 금지 계명이 가지는 의미를 탐구하려 한다.

신약 성경에서는 탐심이 우상 숭배에 비유된다. 탐심을 의미하는 그리스어 플레오넥시아(πλεονεξία)는 어원적으로 '더 가지려는 마음'(πλέον + ἔχειν)을 뜻한다. 그렇다면 왜 우상 숭배가 '지칠 줄 모르는 소유욕'에 비유될까? 이것은 '탐심'으로 번역된 그리스어의 초기 용례가 가지는 정치적 의미와 연관 있다. 헤로도토스의 《역사》에서 플레오넥시아는 '권력욕'을 의미하며, 철학자 쇼펜하우어의 개념을 빌리자면 '권력 의지'(will to power)와도 연결된다. 결론을 앞서 말하자면, 이처럼 우상 숭배를 권력 추구 욕망과 동일시하는 것은 우상 숭배의 본질을 정확히 간파한 해석이라 할 수 있다.

제1, 2계명의 기본 의미

> 너는 나 외에는 다른 신을 네게 두지 말라 너를 위하여 새긴 우상을 만들지 말고 또 위로 하늘에 있는 것이나 아래로 땅에 있는 것이나 땅 아래 물 속에 있는 것의 어떤 형상도 만들지 말며 그것들에게 절하지 말며 그것들을 섬기지 말라 출 20:3-4

제1계명은 여호와 하나님 외에는 다른 신을 섬기지 말라고 명한다. 제2계명은 신상의 제작은 물론 신상을 통한 예배 행위를 전면 금지한다. 이것은 여호와를 위한 제의에도 적용된다. 즉 여호와의 신상도 만들어서는 안 되며 여호와의 신상에 절해서도 안 된다.[76] 보통 우리는 1계명의 "다른 신"을 2계명의 "우상"과 동일시하는 경향이 있는데, (그래서 '바알'이나 '아세라' 등과 같은 이방 신을 우상이라고 말하곤 하는데), 그 둘은 엄연히 다르다. 제2계명이 금지하는 "우상"(히브리어 '페셀')은 돌과 나무 등을 깎아 만든 신상을 의미한다. 이론적으로 여호와도 "우상"을 가질 수 있다. 제1계명은 예배의 대상에 관한 것이고 제2계명은 예

---

[76] 고대 이스라엘의 제의에서 여호와의 신상이 사용되었는지에 대해 학자들 사이에 논쟁이 있다. 또한 여호와의 신상이 사용되었다면, 여호와의 신상이 사람 모양이었는지 동물의 형상을 본뜬 것인지, 그것이 북이스라엘에서만 사용되었는지, 남유다에서도 사용되었는지에 대해 논쟁한다. 만약 여호와의 신상이 존재했다면, 이스라엘 백성이 다른 계명들처럼 제2계명도 자주 무시했음을 방증한다.

배의 방법에 대한 것이다. 그리고 제2계명은 피조물의 모양으로 제작된 신상을 성소나 신전에 놓고 섬기는 것을 금지한다.

제1-2계명의 배경으로서 고대 근동의 다신교

십계명의 첫 두 계명의 배경은 고대 근동의 다신교이다. 과학의 시대를 사는 우리에게 다신교는 미신과 크게 다르지 않지만, 고대 이스라엘인들에게 다신교는 오늘날의 과학과 같은 것이었다. 우리가 과학적 세계관에서 살아가듯 그들은 다신교적 세계관 안에서 살았다. 현대인들은 비를 대기 중의 수증기가 응축되어 지상으로 떨어지는 현상으로 설명하지만, 고대인들에게 비는 풍우신이 주는 선물이었다. 비뿐만 아니라 인간의 생명 보존에 필요한 다양한 자연 현상들 뒤에는 신들의 역할과 작용이 숨어 있다. 비는 바알, 출산은 아세라, 햇빛은 세메쉬, 정의는 호루스, 병은 레세프 등 자연이나 인간 사회의 여러 요소들이 신의 활동으로 이해되었다. 이것이 그들의 상식적 세계관이었다.

다신교 신학의 핵심 1: 신들은 서로 다른 능력 권역을 가진다

다신교 신학의 근본적인 특징은 복수의 신들이 존재하되, 그 어떤 신도 절대적이고 전능한 권력을 독점하지 않는다는 점이다. 다신교 체계에서 각 신은 고유한 전문 분야를 담당한다. 비바람을 다스리는 신, 태양을 관장하는 신, 출산과 풍요를 책임지는 신, 농업의 수호신, 질병과 치유의 신, 학문과 지혜의 신, 그리고 죽음을 관할하는 신 등이 각자의 영역에서 권한을 행사한다. 더욱 흥미로운 점은 이들 신들 사이에 엄격한 위계질서가 존재한다는 것이다. 최고신을 정점으로 하는 신들의 계급구조는 인간 사회의 권력구조를 그대로 반영한다. 개별 신의 영향력이 항상 제한적이기 때문에, 아무리 강력한 신이라도 자신의 전문 영역을 벗어나서는 영향력을 행사할 수 없다. 이 때문에 하위의 신들이 상위의 신들에게 반란하는 경우가 종종 있다. 다신교적 세계관에 따르면 신들이 때로는 협력하고 때로는 갈등하는 역동적 상호작용을 통해 우주의 질서가 유지된다.

그렇다면 왜 전능한 유일신을 섬기는 종교보다 다신교가 고대인들에게 더 매력적으로 다가왔을까?

가장 핵심적인 이유는 다신교가 당시 인간 사회의 작동 원리를 더욱 사실적으로 반영했기 때문이다. 신들의 세계가 다양한 존재들의 상호작용으로 유지되는 것처럼, 인간 사회도 여러 구성원들의 복잡한 협력과 갈등 속에서 질서를 형성한다. 이는 고대인들이 일상에서 경험하는 현실과 정확히 일치했다.

또한 다신교적 신앙은 고대인들의 생존 전략과도 완벽하게 부합했다. 현대 직장인이 다양한 인맥을 구축하는 것처럼, 고대인들은 삶의 여러 영역에서 도움을 받기 위해 다수의 신과 관계를 맺었다. 이는 매우 합리적인 선택이었다. 위기의 순간에 도움을 청할 수 있는 '연줄'이 많을수록 생존 가능성이 높아지기 때문이다. 현대 사회에서는 대부분의 필요를 화폐를 통해 해결할 수 있다. 배가 고프면 돈을 주고 음식을 사고, 아프면 병원비를 지불하면 된다. 하지만 화폐 경제가 발달하지 않은 전통 사회에서는 인맥이 곧 생존의 열쇠였다. 예를 들어 보자. 만약 당신이 고대 사회에서 정육점 주인과만 친분이 있다면, 고기는 실컷 먹을 수 있겠지만 병에 걸렸을 때는 속수무책이 될 것이다. 반면 의사, 농부, 대장장이, 상인 등 다양한 직업군의 사람들과 관계를 맺고 있다면 훨씬 안전하고 풍요로운 삶을 살 수 있다. 다신교 신앙도 마찬가지였다. 농업신과만 관계를 맺었다면 풍년은 기대할 수 있겠지만, 전쟁이 일어나거나 질병이 돌 때는 무력해진다. 따라서 다양한 신들과 골고루 관계를 맺어 두는 것이 현명한 생존 전략이었다.

다신교는 단순히 미신이나 원시적 사고의 산물이 아니었다. 오히려 당시 사회 구조와 생활 방식에 가장 적합한 신앙 체계였던 것이다. 복잡하고 다원적인 현실을 신들의 세계에 투영함으로써, 고대 다신교도들은 자신들의 삶을 이해하고 통제하려 했다.

제1계명의 맥락적 의미

삶의 유혹 가운데 여호와께 충성

여호와도 이런 다신교적 문맥에서 이스라엘 사람들에게 계시되었다. 여호와가 국제 무대에 처음 등장했을 때 그는 시내 산 출신의 전사 신(a warrior god)으로 알려졌다. 이 명성은 출애굽과 더불어 생겨났다. 히브리인들의 하나님 여호와가 파라오의 군대를 격파했다는 소문이 그런 명성에 일조했다. 그리고 이스라엘이 가나안 땅을 정복하면서 그 명성은 더욱 강화되었다. 출애굽과 가나안 정복의 시기의 이스라엘 사람들에게는 전쟁의 신이 가장 절실했을 것이다. 하지만 정복 후 가나안 땅에서 농사를 짓고 도시를 이루며 살기 시작하면서 이런 상황이 변하게 된다.

자기 땅을 일구며 정착 생활을 시작한 이스라엘인들은 농사와 도시 문명에 특화된 신들에 매료된다. 이러한 배경을 고려할 때, 초기 이스라엘인들은 여호와를 여러 신들 중 하나로 인식했을 가능성이 높다. 후대의 이스라엘인들처럼 여호와를 유일신으로 받아들이지 않았으며, 고대 근동의 다신교적 세계관에 익숙했던 그들에게는 여호와도 여러 신들 중 하나였을 것이다. 다시 말해, 이집트나 바빌론이라는 나라의 존재를 부정할 수 없었던 것처럼, 그들이 섬기는 신들도 고대 이스라엘인들에게는 매우 실재하는 신들이었을 것이다. 이것이 다신교가 지배하던 세상의 순리였고, 상식이었다.

교회에서는 제1계명이 유일신 신앙의 선언으로 해석되지만, 십계명을 처음 계시받은 고대 이스라엘 백성은 아직 유일신교의 개념을 온전히 이해하거나 받아들일 준비가 되어 있지 않았다. 따라서 "다른 신들은 존재하지 않으며, 그들의 우상은 단순한 나무와 돌에 불과하니 무시하라"는 의미로 이 계명을 해석하는 것은 당시의 역사적 맥락을 고려하지 않은 것이다. 출애굽 직후의 이스라엘 백성은 다신교 사회였던 이집트에서 오랜 기간 노예 생활을 했으며, 그들의 세계관 또한 다신교적 사고에 깊이 물들어 있었다. 이런 상황에서 하나님이 처음부터 유일신 개념을 강요하셨다면, 그들은 이를 이해하지 못했을 것이다. 성경에서 하나님이 언제나 백성들의 인식 수준에 맞춰 계시하셨다는 점을 고려하면, 십계명 역시 그런 방식으로 주어졌다고 볼 수 있다.

많은 학자들은 제1계명이 다른 신들의 존재를 부정하는 것이 아니라, 오히려 그 존재를 전제하고 있다고 해석한다. 즉, 이 계명의 핵심은 다른 신들의 존재 여부가 아니라, 이스라엘 백성이 여러 신들 중 누구를 섬길 것인가에 대한 문제였다. 즉 제1계명은 이스라엘 백성이 오직 여호와만을 섬기도록 명령한다.

이러한 해석의 단서는 신명기 32장 8-9절에서도 암시된다. 이 구절에서는 하나님이 열국을 분배하시면서 각 나라에게 고유한 신들을 배정하셨고, 오직 이스라엘만을 자신의 백성으로 삼으셨다고 기록되어 있다. 이는 당시 사람들의 신 개념을 반영한 것으로, 하나님이 다른 신들의 존재를 완전히 부정하기보다는, 이스라엘에게만 특별한 관계를 요구하셨다는 점을 시사한다.

> 지극히 높으신 자가 민족들에게 기업을 주실 때에 인종을 나누실 때에 **신들의** 수효대로 백성들의 경계를 정하셨도다 여호와의 분깃은 자기 백성이라 야곱은 그가 택하신 기업이로다 강조 부분을 제외하면 개역개정

"신들의 수요대로 백성들의 경계를 정하셨다"는 구절에 주목해 보자. 개역개정 성경은 마소라 본문을 따라 이 구절을 "이스라엘 자손의 수효대로"라고 번역했지만, 필자는 칠십인역을 따라 "신들의 수효대로"라고 번역했다. 어느 번역이 더 정확한지에 대한 논쟁은 여기서 다루지 않기로 하자. 다만, 많은 학자들이 칠십인역의 번역을 선호한다는 점은 주목할 만하다. 그리고 본 논의를 위해 "신들의 수효대로"라는 번역이 옳다고 가정하고 이야기를 이어 가겠다.

이 번역에 따른다면, 신명기 32장 8절은 하나님이 열국을 나누실 때 각 민족에게 특정한 신을 배정하셨음을 의미하게 된다. 즉, 고대 이스라엘의 관점에서 신들은 민족 단위로 존재했고, 여호와는 이스라엘의 신이 되셨다는 해석이 가능해진다. 이는 당시의 다신교적 세계관을 반영하는 구절로 볼 수 있다.

이런 관점에서 제1계명의 "나 외에"라는 표현을 다시 살펴볼 수 있다. 히브리어 '알 파나이'는 공간적인 의미를 지닌 표현으로, 일반적으로 번역되는 "나 외에"(except me)보다 "내 곁에"(beside me)라는 번역이 더 적절하다. 즉, 하나님은 이스라엘 백성이 여호와 곁에 다른 신들을 두고 함께 섬기는 것을 금하신 것이다. 이는 단순히 다른 신들의 존재를 부정하는 것이 아니라, 그들의 존재를 인정하면서도 이스라엘이 오직 여호와만을 섬길 것을 명령한 계명이었다. 이러한 신앙 형태를 학자들은 단일신교(monolatry)라고 부른다.

이렇게 제1계명을 해석하면, 그것이 단순한 유일신 선언("다른 신들은 허구다")이 아니라, 다른 신들이 존재하고 능력을 지닌다고 해도, 이스라엘은 오직 여호와만을 섬겨야 한다는 '충성 서약'임을 알 수 있다. 이는 가나안 땅에 정착한 이스라엘 사람들이 다신교적 유혹을 받을 것임을 하나님이 미리 아시고 주신 계명으로 이해할 수 있다. '너희가 다른 신들을 섬기고 싶은 유혹을 잘 알고 있다. 하지만 명심해라. 너희는 지극히 높으신 여호와의 분깃이며, 기업이다. 그러므로 그분만을 섬겨야 한다.'

이러한 단일신 신앙의 개념은 신명기 6장 4절에서도 동일하게 강조된다.

이스라엘아 들으라 우리 하나님 여호와는 오직 유일하신 여호와시니…

여호와가 유일하시다는 말은 단순히 세상에 여호와 한 분 밖에 존재한다는 의미가 아니다. 오히려 그것은 많은 신들 가운데 오직 여호와께 충성해야 한다는 뜻이다.

제1계명과 신명기 6장 4절에서 "유일하신"으로 번역된 히브리어 '에하드'는 단순히 숫자로 '하나'를 의미하는 것이 아니라, '독특함' 또는 '특별함'이라는 의미를 담고 있다. 즉, 여기에는 선택이라는 뉘앙스가 포함된다. 주목할 만한 사실은 히브리어 '에하드'가 여호와 하나님뿐 아니라 이스라엘에도 적용된다는 것이다. 즉 여호와만 '유일한' 신이 아니라, 이스라엘도 '유일한' 백성이다.

> 주의 백성 이스라엘과 같이 세상에서 하나뿐인 민족이 누구입니까? 하나님께서 친히 가셔서 그들을 구속하시고, 주의 백성으로 삼으시며, 당신의 이름을 드러내시고, 그들 앞에서 위대하고 두려운 일들을 행하셨습니다. 당신께서 이집트에서 그들과 그들의 신들을 몰아내시며, 그들을 주를 위한 백성으로 구속하셨습니다. 삼하 7:23, 필자 사역, 대상 17:21 참조

이 개념은 언약(covenant)이라는 법적 관계로 구체화된다. 이스라엘이 여호와를 유일한 신으로 선택하고 충성해야 하는 이유는 여호와가 먼저 이스라엘을 유일한 백성으로 선택하셨기 때문이다. 따라서 다른 신들을 섬기는 행위는 단순한 우상숭배가 아니라, 이스라엘의 정체성을 부정하는 행위가 된다.

우리의 논의와 관련해 기억해야 할 것은, 다른 민족들은 다른 신들을 섬기도록 허락되었다는 점이다. 성경은 다른 민족들이 각자의 신을 섬기는 것을 정죄하지 않는다. 하지만 이스라엘만큼은 오직 여호와를 섬기도록 선택된 민족이었다.

이러한 개념은 완전한 의미의 유일신 신학과는 차이가 있다. 여호와가 다른 신들의 존재나 능력을 즉각적으로 부정하지 않으신 듯 보인다. 이것은 계시의 점진성으로 설명되어야 한다. 즉 하나님은 이스라엘을 조금씩 단계적으로 진리의 빛으로 인도하신다. 때가 되면 유일신교의 진리가 이스라엘 백성에게 온전히 전해질 것이다. 고대 이스라엘인들이 다신교적 세계에서, 처음으로 하나님과 관계를 맺을 때에는 유일신 사상보다는 단일신 사상에 근거한 것이었다. 이런 관점에서 제1계명의 핵

심 메시지는 다음과 같이 정리할 수 있다.

> 여호와만이 왕이시다.
> 아문레도, 마르둑도, 바알도 왕이 아니다.
> **이스라엘, 너 자신도 왕이 아니다.**
> **네가 스스로를 왕으로 섬겨서도 안 된다.**
> 오직 여호와만을 섬기고, 그분께만 충성해야 한다.

이 계명은 단순한 유일신교 헌장이 아니라, 다신교적 환경에서 정체성과 충성의 문제를 다룬다. 즉, 선민 이스라엘이 누구에게 충성을 바칠 것인가 하는 문제이며, 이는 다신교적 문화 속에서 이스라엘이 흔들리지 않도록 하는 강력한 언약적 요구였다.

다신교적 신학의 핵심 2: 인간은 신상을 통해 신을 만나 예배한다

제2계명 또한 당시의 다신교적 세계관 속에서 이해해야 한다. 다신교에서 신 숭배는 예외 없이 신상을 통해 이루어졌다. 모든 신전에는 사람, 동물, 식물 모양의 신상이 존재했으며, 신상 없이 이루어지는 예배는 상상조차 할 수 없었다. 하지만 제2계명은 여호와를 포함한 모든 신들의 신상 제작을 금지한다. 이는 단순히 우상 숭배 금지를 넘어, 신을 어떠한 형상으로도 표현하지 못하도록 한 것이다. 이 점을 고려할 때, 제2계명은 제1계명보다 더욱 급진적이고 파격적인 선언이었다. 한 민족이 한 신을 섬기는 단일신교(monolatry)는 이스라엘뿐만 아니라, 모압, 암몬, 에돔과 같은 주변 국가들에서도 존재했다. 하지만 이들조차 신상을 통한 예배는 허용했다. 즉, 신상 없는 예배는 당시 어떤 민족도 상상할 수 없는 개념이었다.

하지만 여기서 궁금해지는 것이 있다. 만약 신상을 통한 예배만이 예배라는 상식이 압도하는 시대에 이스라엘 사람들이 여호와의 신상 없는 예배를 쉽게 받아들일 수 있었을까? "죽는 메시아"가 신약의 유대인들에게 모순적 개념이었던 것처럼 "신상 없는 예배"도 고대 이스라엘인들에게는 말이 되지 않는 개념이었을 것이다.

눈높이 교육: 언약궤와 성경

이 때문일까? 여호와의 신상이 금지된 이유에 대해, 모세는 다음과 같이 기록한다. "여호와께서 호렙 산 불길 중에서 너희에게 말씀하시던 날에 너희가 어떤 형상도 보지 못하였은즉"(신 4:15).

즉, 이스라엘 백성은 하나님을 직접 본 적이 없기 때문에, 그분의 형상을 만들 수 없었다. 다신교에서 신상은 신의 모습을 시각적으로 표현하는 역할을 했지만, 여호와는 형상으로 규정될 수 없는 존재였다.

그러나 하나님은 신상을 대신하여 그의 임재를 상징하는 언약궤의 사용을 허락하셨다. 언약궤는 성전의 지성소(다른 신전에서 신상이 위치하는 곳)에 놓였으며, 이는 신상 없는 예배가 이스라엘 백성에게 주었을 충격과 혼란을 완화해 주는 역할을 했다. 그러나 중요한 것은, 언약궤조차도 어디까지나 임시방편이었다는 점이다. 즉 하나님을 더 깊이 이해하면 할수록, 이스라엘은 궁극적으로 하나님을 상징하는 어떤 물건도 필요하지 않음을 깨닫게 될 것이다.

그러나 신의 임재의 상징물인 언약궤도 신을 형상화한 신상처럼 참된 여호와 신앙에 위험 요소가 될 수 있다. 이것을 이해하기 위해 우리는 앞으로 "신상"이라는 말보다 넓은 의미를 가진 "표상"(representation)이라는 말을 사용할 것이다. 제2계명이 금지한 신상은 신의 생김새에 근거한 표상, 다시 말해 외형적 유사성에 근거한 표상이라 할 수 있다. 하지만 외형에 근거한 표상 이외에 다른 종류의 표상들도 있다.

신에 대한 다양한 표상들

모세 할버탈(Moshe Halbertal)과 아비샤이 마르갈리트(Abishai Margalit)는 신에 대한 표상을 세 가지 유형으로 분류한다.

1) 외형적 유사성에 근거한 표상

이것은 신의 모습을 직접 형상화한 조형물로, 성경에서는

"신상"(히브리어 '페셀')이라 불린다. 이러한 신상은 보통 2차원(그림, 부조) 또는 3차원(조각상, 석상) 형태로 존재하며, 다신교적 신앙에서는 신전의 중심에 놓여 숭배의 대상이 되었다. 그러나 제2계명은 이러한 유형의 표상을 철저히 금지한다.

2) 상징적 표상

이 유형은 신의 생김새가 아니라, 신의 임재나 현현을 기념하는 상징물을 의미한다. 대표적인 예가 하나님의 임재를 상징하는 언약궤이다. 언약궤는 하나님이 좌정하시는 보좌로 여겨졌으며, 지성소에 놓여 여호와의 임재를 상징했다. 신약에서는 비둘기가 성령의 임재와 활동을 나타내는 상징적 표상으로 사용된다. 고고학적 자료에 따르면, 고대 이스라엘 사람들은 날개 달린 원반(winged disk)을 여호와의 상징으로 사용했다(히스기야의 인장 참조). 이러한 상징적 표상들은 신의 외모를 묘사하는 게 아니라, 신의 임재와 역사를 상기시키는 역할을 한다.

히스기야의 인장 태양과 빛을 상징하는 원형 디스크에 날개가 달려 있다. ⓒ BIBLIA

3) 언어적 표상

이 유형은 신을 묘사하는 언어적 표현을 의미하며, 성경에서 "하나님의 얼굴", "하나님의 손", "하나님의 눈동자" 같은 표현—학자들은 이것을 '신인동형적 표현'이라 부름—이 이에 해당한다.

흥미로운 점은 물질적 표상은 금지되지만, 언어적 표상은 허용된다는 사실이다. 성경에서는 신인동형적 '물질' 표상(신상, 조형물 등)은 철저히 금지되지만, 신인동형적 '언어' 표상은 허용된다. 이는 하나님을 형상으로 표상할 수 없지만, 인간이 하나님을 이해하기 위한 비유 언어는 사용할 수 있도록 허락하셨다는 점을 시사한다. 즉, 보이는 형상으로 신을 표상하는 것은 금지되지만, 하나님을 설명하는 언어적 개념은 허용된다는 것이다.[77]

외형적 표상을 금지한 이유는 무엇일까

하나님이 신상을 금지하신 이유는 표면적으로는 매우 자명해 보인다. 앞서 인용된 모세의 말처럼 아무도 하나님의 형상을 본 사람이 없기 때문일 것이다. 따라서 여호와의 생김새에 근거한 표상, 즉 신상은 필연적으로 하나님에 대한 잘못된 표상이 될 수밖에 없다. 하지만 이는 단지 피상적인 이해에 불과하다.

---

[77] Moshe Halbertal and Avishai Margalit, "Idolatry and Representation", *RES: Anthropology and Aesthetis*, 22 (1992): 19-32.

외형적 표상의 보다 근본적인 문제는 신학적인 것이다. 하나님이 신상을 금지하신 것은 단지 그를 본 사람이 없기 때문이 아니다. 신상이 금지된 보다 근본적 이유는 창조주 여호와가 어떤 피조물로도 환원될 수 없는 초월적 존재이기 때문이다.

다신교 신앙에서 신상은 예배의 보조 수단이 아니라 신 그 자체였다. 신상 안에 신의 본질이 담겨 있다고 믿었던 것이다. 이는 고대 근동 지역에서 우상 장인이 우상을 완성한 후 올리는 '개구의식'(mouth-opening ceremony)에서 잘 드러난다. 개구의식은 장인이 제작한 신상에 생명을 불어넣어 신이 되게 하는 의식이다. 흥미롭게도 장인은 이 의식에서 다음과 같이 고백한다.

"비록 내가 나무나 돌을 깎았지만, 이들을 창조한 것은 내가 아니라 아누(Anu)이다."

이는 기독교 신학자들이 인간이 성경책을 썼지만 진짜 저자는 하나님이라고 고백하는 것과 놀랍도록 유사하다. 신전에 안치된 신상은 겉보기에는 인간이 만든 조형물처럼 보이지만, 실제로는 창조자 아누가 직접 만든 신이라는 것이다.

이런 의미에서 고대 근동 종교는 일종의 물신숭배적 성격이 강했으며, 고대 근동의 신들은 신상, 즉 물질로 온전히 환원될 수 있었다. 여기서 '우상·신상·물질=신'이라는 등식이 성립된다. 신이 물질 속에 완전히 들어올 수 있다고 믿었던 것이다.

반면 여호와 하나님이 신상을 통한 표상을 거부하신 이유는 그분이 절대로 물질로 환원될 수 없는 초월적 신이기 때문이다. 물론 하나님이 물질에 의한 '표상' 자체를 완전히 거부하신 것은 아니다. 언약궤, 성막, 성전은 하나님의 임재를 상징적으로 표상한다. 이런 상징적 표상들이 우상으로 전락할 위험에도 불구하고 하나님이 그것들을 허락하신 것은 인간과 소통하기 위함이었다. 인간 저자에 의해 인간의 언어와 문학을 빌려 기록된 성경도 마찬가지다.

하지만 이런 소통의 노력에도 불구하고 하나님이 결코 타협하지 않으시는 것이 있다. 바로 그분이 창조주라는 사실이다. 그분은 절대로 물질로 환원되지 않는다. 언약궤나 성전은 하나님의 임재를 상징할 뿐, 하나님 자체가 아니다. 하지만 다신교의 신상은 신 자체를 담고 있다고 여겨졌다. 여기에 결정적인 차이가 있다.

따라서 신상은 절대로 하나님을 담을 수 없다. 무한하고 초월적인 하나님을 유한한 물질 속에 가두려는 시도 자체가 하나님의 본질에 대한 근본적 오해인 것이다. 이것이야말로 하나님이 신상 제작을 금지하신 가장 깊은 신학적 이유였다.

신에 대한 표상들의 위험성

논의를 더욱 확장하기 위해 가설적인 질문을 던져 보자. 일종의 사고 실험이다. 만약 하나님이 신상을 통한 예배를 허용하려 하셨다면, 어떤 방식을 택하셨을까?

우리는 성경에서 하나님이 기존의 문화적 요소에 새로운 영적 의미를 부여하는 방식으로 계시하셨음을 여러 번 확인할 수 있다. 예를 들어, 할례는 이미 고대 근동 지역에 널리 퍼져 있던 풍습이었다. 그러나 하나님은 그것을 이스라엘에게 허락하실 때 단순한 성인식이 아닌 언약의 표시로 새롭게 정의하셨다. 왕정 제도도 마찬가지다. 하나님이 이스라엘에게 왕정을 허락하실 때, 이방 국가의 전제군주와는 전혀 다른 개념으로 왕의 역할을 재정의하셨다. 이스라엘의 왕은 하나님의 대리인이며 율법에 순종하는 종으로 이해되었다.

이런 패턴을 고려할 때, 하나님이 신상을 허용하려 했다면 충분히 그럴 수 있었을 것이다. 신상을 다신교에서처럼 신의 본질 자체로 여기는 것이 아니라, 보이지 않는 하나님을 예배하는 보조 도구로 재정의하실 수도 있었을 것이다. 즉, 신상이 하나님 자체가 아닌 하나님의 임재를 상징하는 기념물로 기능하도록 설정하시면 되었을 것이다. 그러나 하나님은 그렇게 하지 않으셨다. 왜일까?

이런 가정적 질문이 신학적으로 바람직한 것은 아니지만, 일종의 사고 실험을 통해 하나님이 신상을 통한 예배를 금하신 깊은 이유를 찾을 수 있을지 모른다. 하나님이 신상을 그렇게라도 허락하지 않은 이유에 대한 필자의 생각은 이렇다. 처음에 상징 혹은 기념물로 기능하던 신상이 시간이 지나면서 결국 물신(物神)이 되어 버렸을 것이기 때문이다.

이스라엘 사람들은 당시 다신교적 문화에 필연적으로 영향을 받을 수밖에 없었다. 주변의 모든 민족이 '신상=신'의 공식을 당연한 것으로 받아들이는 세계에서, 이스라엘 사람만이 신상을 여호와로 착각하지 않을 가능성은 매우 희박해 보인다. 인간의 연약함을 고려할 때, 아무리 올바른 의도로 시작되었다

해도 결국 왜곡될 것은 불 보듯 뻔했다.

실제로 이스라엘의 역사를 보면 하나님의 임재나 역사의 상징물이 후에 우상으로 숭배된 예들을 찾을 수 있다. 가장 대표적인 것이 북이스라엘을 건국한 여로보암 왕이 단과 벧엘 성소에 설치한 송아지이다. 성서학자들에 따르면 여로보암은 처음에 예루살렘에 있는 언약궤를 대체하는 의미로 송아지를 설치했다. 즉 벧엘 성소에서 송아지는 여호와의 임재에 대한 상징물 역할을 했다는 것이다. 하지만 후대 이스라엘인들은 그 송아지를 이방인들의 우상처럼 섬겼다.

또 하나의 예는 놋뱀이다. 광야에서 이스라엘 백성이 모세를 원망하고 이집트 시절을 그리워했을 때, 하나님이 불뱀을 보내어 그들을 징계하셨다(민 21:4-9). 모세가 만든 놋뱀을 쳐다본 사람들만 살 수 있었는데, 그 놋뱀이 '느후스단'이라는 이름으로 예루살렘 성전에 안치되었다. 처음에는 하나님의 구원 역사에 대한 소중한 기념물이었지만, 시간이 흐르면서 우상이 되어 사람들에게 숭배받게 되었다. 결국 종교개혁가 히스기야 왕이 느후스단을 성전에서 철거해 버리는 일이 벌어졌다.

이런 관점에서 보면, 하나님이 임시방편적으로 허용하신 하나님의 임재와 역사에 대한 상징물들이 모두 이스라엘 역사 가운데 소멸된 것은 오히려 은혜라고 할 수 있다. 우림과 둠밈이 들어 있는 에봇이나, 만나와 아론의 지팡이, 십계명이 들어 있던 언약궤는 더 이상 전해지지 않는다. 심지어 여호와의 성전도 파괴되었고, 다윗의 혈통도 끊어졌다. 만약 이런 것들이 오늘날까지 남아 있었다면 우리의 우상이 되었을 가능성이 높다.

그렇다고 해서 하나님이 과거에 이런 상징물들을 허용하셨다는 사실 자체가 변하는 것은 아니다. 하지만 여기에는 중요한 차이가 있다. 하나님이 직접 제정하신 이런 상징물들조차 결국 우상이 될 위험성을 보여 준다면, 인간이 만든 신상이 얼마나 더 위험한지는 자명하다. 이것이야말로 하나님이 처음부터 신상 제작을 완전히 금지하신 지혜로운 이유였던 것이다.

제2계명의 맥락적 의미

우상을 만드는 것은 하나님을 통제하려는 인간의 욕망이다

지금까지 우리는 하나님이 신상을 금지하신 이유를 하나님의 초월적 성격에서 찾았다. 신상 금지 명령은 단순한 예배 방식의 차이가 아니라, 다신교 신학의 핵심 전제인 "신 = 신상"이라는 등식 자체를 근본적으로 거부하는 선언이었다.

다신교 신학에서 신상과 신을 동일시하는 관념은 표면적으로는 신에 대한 경외심을 드러내는 것처럼 보인다. 고대인들은 실제로 신상에 신의 본질이 깃들어 있다고 믿었고, 최고급 재료로 정교하게 조각된 신상을 지극정성으로 돌보며 섬겼다. 그러나 이러한 종교적 헌신 뒤에는 교묘한 역설이 숨어 있었다. 신상을 통해 신을 섬기는 것처럼 보이지만, 실제로는 인간이 신을 통제할 수 있는 수단을 확보하는 것이었다.

아무리 화려한 종교적 수사로 포장한다 해도, 한 가지 부인할 수 없는 사실이 있다. 인간은 신상을 자유자재로 만들고,

원하는 곳으로 옮기고, 필요에 따라 부수거나, 심지어 훔치기까지 한다는 것이다. 신을 섬긴다고 하면서도 동시에 그 신을 물리적으로 완전히 통제하고 있는 셈이다.

고대 근동 지역의 종교 축제를 보면 이러한 모순이 더욱 명확해진다. 왕은 의례적 필요에 따라 신상들을 한 도시에서 다른 도시로 대규모로 이동시켰다. 더 노골적인 경우는 전쟁에서 승리한 왕이 정복한 민족의 신상을 전리품처럼 자국으로 가져가는 것이었다. 이는 단순한 약탈이 아니라, 정복당한 민족의 신의 능력까지 탈취한다는 상징적 의미를 담고 있었다. 신상을 소유한 자가 곧 그 신의 권능을 소유한다고 믿었기 때문이다.

이스라엘의 역사도 이러한 위험성에 대해 경고한다. 사사시대 말, 이스라엘 백성은 블레셋과의 전투에서 언약궤를 전쟁터로 가져와 승리를 확보하려 했다(삼상 4장). 당시 이스라엘은 특별히 신실한 상태도 아니었지만, 언약궤를 통해 하나님을 강제로 움직이게 할 수 있다고 믿었다. 그들은 언약궤를 가져오면 하나님의 능력도 따라올 것이라 생각했지만, 결국 전쟁에서 패배했고 언약궤마저 블레셋에게 빼앗겼다. 이는 신상을 통한 종교의 본질을 적나라하게 보여 준다. 즉, 신의 임재를 강제로 불러오고 신을 인간의 목적에 따라 이용하려는 시도인 것이다.

북이스라엘의 왕 여로보암이 단과 벧엘에 송아지를 설치한 사건도 같은 맥락에서 이해할 수 있다. 여로보암은 백성들이 예루살렘 성전에 가는 것을 막기 위해 단과 벧엘에 송아지 우상을 세웠다(왕상 12:28-30). 그는 백성들에게 "이스라엘아, 이는 너희를 애굽에서 인도하여 낸 너희의 신이니라"라고 선언했다. 하나님은 분명히 예루살렘 성전에서 예배받으시겠다고 하셨지만, 여로보암은 신상을 세우면 하나님을 그곳으로 데려올 수 있다고 믿었던 것 같다. 그러나 이것은 결국 하나님의 자유와 주권을 무시하고, 인간이 신을 조작할 수 있다는 착각에서 비롯된 행위였다.

이러한 관행들은 다신교 신학의 치명적 결함을 드러낸다. 신이 물질적 형태로 제한될 때, 그 신은 필연적으로 인간의 조작 대상이 된다. 신상을 관리하는 제사장이나 왕은 자신의 정치적, 경제적 목적을 위해 신을 이용할 수 있게 된다. 이는 종교가 권력의 도구로 전락하는 위험한 길을 열어 놓는다.

신상을 통한 예배는 하나님의 절대 주권과 자유에 정면으로 배치된다. 참된 하나님은 인간이 소유하거나 통제할 수 있는 대상이 아니다. 오히려 인간이 하나님의 주권 아래 있어야 하는 것이다. 신상 제작을 금지하심으로써 하나님은 당신이 인간의 욕망을 실현해 주는 수단이 아니라, 인간이 복종해야 할 절대적 존재임을 분명히 하셨다.

결국 신상 금지 명령은 단순히 조각상을 만들지 말라는 지시가 아니다. 그것은 하나님과 인간 사이의 올바른 관계를 설정하는 근본적 원칙이다. 하나님은 인간이 통제할 수 있는 존재가 아니며, 인간의 욕망을 충족시켜 주는 도구도 아니다. 오히려 인간이 하나님의 뜻에 순복해야 하는 것이다. 이것이야말로 신상을 금지하신 하나님의 진정한 의도였던 것이다.

하나님은 절대적으로 자유로운 존재

하나님은 어떠한 물질적 대상에도 속박되지 않으시며, 인간에 의해 조작될 수도 없다. 신상을 금지한 목적은 단순한 우상 숭배 금지 차원이 아니라, 하나님이 왕이심을 분명히 하기 위함이었다. 신이 특정한 형상 속에 갇히게 되면, 인간은 그 신을 통제할 수 있다고 믿게 된다. 하지만 하나님은 어떤 물체, 어떤 장소, 어떤 인간의 행위에도 제한되지 않으며, 오직 하나님의 뜻에 따라 역사하신다. 결국, 제2계명은 인간이 왕이 아니라, 하나님이 왕임을 보여 주기 위함이었다. 신상 숭배는 신을 인간이 통제할 수 있는 존재로 만들고, 제2계명은 그런 시도를 철저히 거부한다.

이러한 신학적 원리는 현대 신앙에도 적용된다. 우리가 하나님을 특정한 교리, 행위 혹은 물질로 환원한 후, 그것을 통해 하나님을 조정하려 한다면, 그것 역시 신상 숭배의 또 다른 형태일 수 있다. 하나님은 오직 그의 뜻에 따라 역사하시며, 그 어떤 인간의 도구로도 환원될 수 없는 절대적으로 자유로운 존재이시다.

나가는 말

제1계명은 세상에 다양한 '신들'의 유혹이 있지만 이스라엘 백성은 여호와 하나님만을 예배하라는 의미를 가진다. 이런 충성은 하나님이 이스라엘 백성에게 보여 주신 큰 은혜에 대한 응답이다. 하나님은 이 계명을 주시기 전에 이스라엘을 이미 이집트의 억압에서 해방시켜 주었다. 이스라엘인들은 더 이상 파라오나 아문레가 아니라 하나님을 유일한 신으로 섬겨야 한다. 나아가 이스라엘이 섬기지 말아야 할 신들 중에는 '이스라엘' 자신도 포함되어 있음을 기억하자.

제2계명은 하나님이 인간 욕망의 수단이 되는 것을 방지한다. 신상 제작은 전지, 전능, 무소부재한 하나님을 시공간의 형상 안에 가두려는 시도이다. 우상 속에 갇힌 신은 인간에 의해 통제가 가능했다. 인간들은 자신의 필요와 욕구에 따라 신을 만들고 없애고, 빼앗고 되찾아온다. 신상을 통한 예배는 인간이 스스로 신이 되는 행위에 다름없다. 하나님이 자신에 대한 형상을 허락하지 않은 이유는 그분은 어떤 표상 안에도 갇히지 않기 때문일 뿐 아니라, 그렇게 갇힌 표상은 인간의 통제 대상이 되기 때문이다. 자신의 욕심을 위해 종교를 이용하는 사람들은 그것을 가능하게 하기 위해 늘 하나님을 특정 건물, 물건, 제도, 교리로 환원시키려는 경향을 가진다. 특정한 교리 체계, 특정한 교회 제도, 특정한 인물이 하나님의 뜻을 독점한다고 여겨지는 순간 그것이 우상이 됨을 기억해야 한다.

글머리에 언급한 것처럼 신약 성서는 우상을 탐심으로 정의한다. 탐심으로 번역된 그리스어가 정치적 함의를 가지는 것은 우연이 아니다. 즉 플레오넥시아가 '권력 의지', '권력 욕구'로 번역될 수 있다. 이것은 구약 성서에서 금지한 우상 숭배에 대한 십계명의 첫 두 계명의 본질을 정확히 반영하는 것이다.

우상 숭배 금지는 우리가 하나님을 통제하는 것을 금하는 것이다. 우리는 하나님을 예배해야 하는 존재이다. 하나님을 예배한다고 하면서 동시에 그것을 나의 명예와 부의 수단으로 삼는다면 그것이 우상 숭배다.

토론과 나눔을 위한 질문들

1. 성경에서 제1계명은 다른 신을 섬기지 말라는 명령이며, 제2계명은 우상을 통한 예배를 금지하는 내용입니다. 본문에서는 이를 단순한 유일신 사상의 천명이 아니라, 하나님에 대한 절대적 충성 서약으로 해석합니다. 우리는 하나님 외에 다른 신을 섬기지 않는다고 생각하지만, 실제로는 돈, 명예, 권력 등 다양한 요소들이 우리의 신앙을 압도할 때가 많습니다. 오늘날 신앙인들은 자신이 하나님 외에 무엇을 우상처럼 섬기고 있는지 어떻게 분별할 수 있을까요?

2. 성경에서는 하나님의 임재를 나타내는 언약궤와 같은 상징물조차도 시간이 지나면서 우상으로 변질되었습니다. 이처럼 원래 신앙을 돕기 위한 요소가 오히려 하나님보다 중요해지는 경우가 많습니다. 본문에서는 특정 교리 체계, 제도, 혹은 특정한 지도자가 하나님을 대체할 위험성을 경고합니다. 교회가 특정한 전통이나 교리를 우상화하지 않기 위해 어떤 노력이 필요할까요?

3. 본문에서는 우상을 숭배하는 것은 단순히 신의 형상을 만드는 행위가 아니라, 궁극적으로 인간이 신을 통제하려는 욕구에서 비롯된다고 설명합니다. 고대 이스라엘뿐만 아니라 오늘날에도 사람들은 종교를 이용하여 신을 조작하거나 자신의 뜻을 정당화하려 합니다. 우리가 신앙을 통해 하나님의 뜻을 구하기보다, 우리의 욕망을 정당화하려 하는 순간은 어떤 때인가요? 진정한 신앙과 자기중심적인 신앙을 구별하는 기준은 무엇이어야 할까요?

21. 요나서 뒤집어 읽기

주전 8세기 북이스라엘의 선지자 요나를 주인공으로 하는 요나서는 여호와 하나님의 자비와 은혜를 강조하는 책이다. 아울러 요나를 풍자적으로 묘사함으로써 이스라엘의 배타적 선민주의를 신랄하게 비판한다. 요나서의 이 두 가지 주제를 이해하기 위해 독자들이 던져야 하는 질문은 왜 요나가 하나님의 명령에 순종하지 않고 다시스로 도망했는가이다.

왜 요나는 하나님의 명령에 불순종하고 다시스로 가려 했을까

요나서는 다음과 같이 시작한다. "여호와의 말씀이 아밋대의 아들 요나에게 임하니라 이르시되 너는 일어나 저 큰 성읍 니느웨로 가서 그것을 향하여 외치라 그 악독이 내 앞에 상달되었음이니라 하시니라"(욘 1:1-2). 비록 요나를 선지자로 부르지는 않지만, "여호와의 말씀이 아밋대의 아들 요나에게 임하니라"라는 말씀은 요나가 선지자로서 특별한 소명을 받고 있음을 암시한다. 그 소명의 내용은 "큰 성읍" 니느웨로 가서 하나님의 심판을 전하는 것이다. 선지자는 일반적으로 하나님이 주신 소명에 순종하지만 요나는 그렇지 않았다. 요나는 여호와의 말씀이 끝나기가 무섭게 "여호와의 얼굴을 피하려고" 다시스 행 배에 몸을 싣는다(욘 1:3).

다시스는 오늘날 스페인 지역을 지칭하는 것으로, 당시 지도에서 가장 서쪽에 위치한 도시다. 니느웨가 이스라엘의 북동쪽에 위치한 도시임을 고려하면, 요나는 하나님의 명령에 정반대로 움직이는 것이다. 이런 이상한 행동은 반드시 설명되어야 한다. 선지자가 하나님의 말씀에 순종할 때는 그 순종의 이유를 굳이 설명할 필요가 없겠지만, 하나님의 말씀에 불순종할 때는 그것도 정면으로 불순종할 때는 분명 설명이 필요하다. 그러나 요나서 저자는 1장에서 독자에게 아무런 설명도 없이 요나의 불순종의 행위를 묘사할 뿐, 요나가 불순종한 이유를 설명하지 않는다. 독자들은 요나가 니느웨로 가지 않은 이유를 나중에 가서야 듣게 된다. 요나서 4장 2절에 그 이유가 기록되어 있다.

> 요나가 여호와께 기도하여 이르되 여호와여 내가 고국에 있을 때에 이러하겠다고 말씀하지 아니하였나이까 그러므로 내가 빨리 다시스로 도망하였사오니 주께서는 은혜로우시며 자비로우시며 노하기를 더디하시며 인애가 크시사 뜻을 돌이켜 재앙을 내리지 아니하시는 하나님이신 줄을 내가 알았음이니이다

용서와 사랑의 하나님

요나가 니느웨로 가지 않은 이유는 여호와 하나님이 은혜롭고 자비하셔서 뜻을 돌이켜 재앙을 내리지 않으실 것이라고 판단했기 때문이다. 요나가 말한 바처럼 요나서가 보여 주는 하나님은 바로 용서와 사랑의 하나님이다. 니느웨와 같은 죄악의 도시라도 하나님께 전심으로 회개하면 그들에게 제2의 기회, 제3의 기회를 주시는 분이다. 에스겔 선지자의 말씀대로 우리 하나님은 "악인이 죽는 것을 기뻐하지 아니하고 악인이 그의 길에서 돌이켜 떠나 사는 것"을 원하신다(겔 33:11).

그런데 이 용서와 사랑은 값싼 용서와 사랑이 아니다. 이것을 말하기 위해 요나서 저자는 요나가 하나님의 명령을 거부한 이유를 1장 3절이 아닌 4장 2절에 제시한 것이다. 이것을 문학 용어로 '지연 확인'(delayed identification)이라 한다. 만약 요나서 시작에 하나님의 용서와 자비에 관한 주제가 누설되면, 3장에 선포될 하나님의 심판의 엄중함이 반감될 것이다. 40일이 지나면 니느웨가 망할 것이라는 예언이 언제나 취소될 수 있는 것이 된다. 하나님의 용서와 자비가 진정한 용서와 자비가 되려면, 그 직전의 상황 즉 죽음과 심판이 참으로 죽음과 심판이어야 한다. 요나서 저자는 용서와 사랑이라는 주제를 요나서의 맨 마지막에 배치함으로써, 그것이 값싼 용서나 사랑이 아니라, 죽음의 심판을 넘은 값비싼 대가를 치른 것임을 보이려 했던 것이다. 이처럼 저자는 요나서의 신학적 메시지를 효과적으로 전달하기 위해 다양한 문학적 장치를 사용한다.

요나는 왜 용서와 사랑의 하나님이 그렇게 못마땅했을까

요나서의 긴장은 주인공인 요나가 용서와 사랑의 하나님에 불만을 가진다는 사실에서 생겨난다. 요나는 니느웨가 반드시 멸망해야 한다는 입장이다. 그러나 니느웨에 대한 요나의 증오는 잘 이해되지 않는다. 요나가 활동했던 주전 8세기에 이스라엘을 괴롭힌 것은 아람이었지 아시리아가 아니었기 때문이다. 오히려 요나가 활동할 당시 북이스라엘이 아람의 억압에서 벗어날 수 있었던 것은 아시리아의 아닷-니라리 3세(Adad-nirari III, BC 811-783)가 아람을 공격했기 때문이다. 어떤 의미에서 아시리아는 이 당시 이스라엘 사람들의 "구원자"였다(왕하 13:5). 더구나 니느웨는 그 당시 아시리아의 수도도 아니었다. 비록 살만에셀 1세(Shalmaneser I, BC 1273-1244) 이래 여러 왕들이 니느웨에 별궁을 설치했지만 니느웨가 횡단하는 데만 3일이 걸릴 정도(욘 3:3)로 큰 성읍이 된 것은 주전 7세기 산헤립 때(Sannecherib, BC 705-681)이다. 따라서 요나가 니느웨에 대한 무조건적 증오를 가질 만한 충분한 근거가 없는 듯하다.

그렇다면 왜 요나는 용서와 사랑의 하나님이 그렇게 불만스러웠던 것일까? 이에 대한 답은 당시의 '예언 현상'을 보다 일반적인 관점에서 이해할 때 얻어진다. 왕정 시대의 선지자들의 일차적 사명은 언약을 위반한 왕과 백성에게 하나님의 심판을 선포하는 것이었다. 그리고 이 심판 선포의 문맥에서 회개를 촉구하고 하나님의 용서와 사랑을 이야기한다. 그러나 선지자들이 이것만을 하는 것은 아니다. 평소에는 개인들을 대상으로 '목회' 활동을 했다. 개인이 자신의 문제를 들고 선지자에게 찾아오면 선지자는 예언과 기도, 때로는 기적으로 그들의 문제를 해결해 주었다. 문제를 해결받은 사람들은 선지자에게 꿀이나, 빵, 과일, 심지어 돈을 선물로 주곤 하였다. 왕에게 고용된 선지자를 제외한 대부분의 선지자들이 이런 '목회' 활동으로 생계를 유지했을 것이다. 따라서 선지자들에게 중요한 것은 말한 것이 하나도 땅에 떨어지지 않는다는 '명성'이었다. 좋은 명성은 많은 '교인'들을 만들어 주기 때문이다.

자, 이것을 본문에 적용시켜 보자. 요나는 지금 니느웨에서 그 성이 멸망할 것이라고 선포해야 한다. 그런데 그는 자비로우신 하나님이 뜻을 돌이켜 선포한 심판을 내리지 않을 가능성이 많음을 안다. 만약 니느웨라는 큰 도시에서 공개적으로 선포한 예언이 성취되지 않으면, 요나의 '명성'에는 금이 가는 것이다. 명성에 금이 가면 앞으로 선지자 '노릇' 하기가 쉽지 않을 것이다. 요나가 니느웨에 가기를 거부한 것은 하나님이 자비롭고 은혜로우시기 때문이 아니라, 결국은 요나가 하나님의 뜻보다 자신의 명성, 자신의 먹고사는 문제를 더 생각했기 때문이다. 하나님의 뜻보다 자신의 밥그릇을 챙기는 성직자의 이야기는 예나 지금이나 크게 다르지 않은 듯하다.[78]

요나 선지자에 대한 이런 해석이 좀 불편한가? 그러나 이것은 요나서의 또 하나의 주제와 연결된다. 요나서의 또 하나의

---

[78] 요나가 하나님의 명령에 거부한 이유를 선지자 명성의 훼손과 연결시킨 내용은 제임스 쿠걸의 《하버드 대학 유대인 학자가 쓴 구약 개론》(기독교문서선교회)의 33장을 참고하라.

주제는 이스라엘의 배타적 선민주의를 비판하는 것이다. 하나님이 이스라엘만을 사랑하시고 선택하신 것이 아니라, 이방인들도 동일하게 선택하고 동일하게 사랑하신다는 것이다. 요나서의 마지막 절은 여호수아의 진멸 전쟁의 언어를 완전히 뒤집는다. "하물며 이 큰 성읍 니느웨는 좌우를 분변하지 못하는 자가 십이만여 명이요 가축도 많이 있나니 내가 어찌 아끼지 아니하겠느냐?"(욘 4:11).

가나안 백성에 대해서는 하나도 '아끼지 말고' 아이와 가축까지 죽이라고 명령하신 하나님이지만, 니느웨 백성에 대해서는 가축까지 '아낀다'고 말씀하신다. 악인이라도 회개하고 돌아오기를 바라는 여호와의 자비가 크게 강조된다. 요나서 저자는 배타적 선민주의를 비판하기 위해 '풍자'라는 문학 기법을 사용한다. 성서 저자는 요나를 풍자적으로 그림으로써 이스라엘의 배타적 선민주의를 비판한다. 이런 점에서 요나라는 이름이 '이스라엘 민족'의 상징으로 자주 쓰이는 비둘기라는 점도 재미있다. 비둘기는 종종 '어리석음' 혹은 '방향 없는 방황'의 상징이 되기 때문이다. "에브라임은 어리석은 비둘기 같아서 지혜가 없어서 애굽을 향하여 부르짖으며 앗수르로 가는도다"(호 7:11).

배타적 선민주의에 대한 비판[79]

요나에 대한 풍자는 요나서에 등장하는 다른 등장인물 혹은 등장 동식물들과의 대조를 통해 더욱 분명해진다.

요나는 스스로를 창조주 여호와를 경외하는 자로 소개하지만(욘 1:9), 그 말과는 정반대의 행동을 한다. 창조주 하나님을 경외하는 자가 그분의 말씀으로부터 도망하려는 것이다. 즉 말과 행동이 일치하지 않는 선지자였다. 오히려 선원들이 하나님을 경외하는 자답게 행동하고, 후에는 실제로 하나님을 경외하는 자가 되어 서원 제사까지 드린다. 예를 들어, 큰 폭풍 가운데 배가 침몰할 위기에 놓였을 때, 선원들은 제비뽑기를 통해 그 원인이 요나에게 있음을 알게 된다. 요나가 자신을 바다에 던질 것을 허락했음에도 불구하고, 그는 끝까지 요나를 희생시키지 않고 모두가 살 수 있는 길을 모색한다. 그리고 배를 육지로 돌리기 위해 힘써 노를 젓는다(욘 1:13). 폭풍이 더 흉흉해져 더 이상 다른 대안이 없을 때에도, 그들은 요나를 바다에 던지지 않고 여호와께 기도하며 "무죄한 피"를 흘리게 된 것에 대해 가슴 아파한다. 보통 사람들 같았으면, 요나가 자신을 던지라 했을 때 바로 던졌을 텐데 그들은 인간의 생명을 끝까지 소중히 여겼다. 그들은 다른 사람의 약점을 자신의 유익을 위해 서둘

---

[79] 요나서를 풍자로 읽는 관점은 다음의 글에 설명되어 있다. Millar Burrows, "The Literary category of the Book of Jonah", in *Translating and Understanding the Old Testament*, ed. Frank and Reed(Nashville, TN: Abingdon Press, 1970): 80-107; John A. Miles, Jr. "Laughing at the Bible as Parody", *The Jewish Quarterly Review*, 65/3 (1973): 168-181.

러 사용하지 않았다. 이것이 바로 성경이 말하는 하나님을 경외함의 의미이다.

선원들 이외에도 요나서에 등장하는 다른 인물들, 특히 니느웨 왕과 백성들도 하나님의 말씀에 요나보다 더 잘 순종한다. 하나님의 뜻을 다양한 방식으로, 반복적으로, 그리고 감정을 실어 선포했던 선지자들과 대조적으로 요나는 매우 간결하게 메시지를 전한다. "40일이 지나면 니느웨가 무너지리라"(욘 3:4). 마치 그들이 듣고 회개하기를 원치 않는 것처럼 말이다. 그러나 놀라운 것은 니느웨 왕과 백성들의 반응이다. 그들은 금식을 선포하고, 지위 고하를 막론하고 굵은 베옷을 입고 하나님 앞에 회개하기 시작한다. 심지어 짐승까지 그 회개 운동에 동참한다. 그리고 하나님의 자비하심에 호소한다. 이스라엘 역사 가운데 선지자의 말씀에 그렇게 철저히 반응한 적이 없었다. 보통 이스라엘 사람들은 선지자들을 무시하거나 핍박하였다. 그러나 이방인이었던 니느웨 사람들은 선지자의 외마디 예언에 비현실적으로 보일 정도로 철저하게 반응하였다.

2장의 큰 고래, 4장의 박넝쿨도 하나님의 역사에 순종적 도구로 역할한다. 큰 고래는 하나님의 용서와 사랑을 부각시키는 소재로, 박넝쿨은 요나의 위선적 태도를 고발하는 소재로 사용된다. 요나가 큰 물고기 뱃속에 들어갔다 나온 것은 심판과 용서를 상징한다. 선지자 요나는 하나님의 말씀에 정면으로 불순종하는 죄를 범했다. 이에 대한 합당한 형벌은 죽음이다. 이에 요나는 하나님이 예비한 큰 물고기 뱃속에 들어간다. 저자가 고래라는 말 대신, "큰 물고기"를 사용한 것은 저자가 요나서 전체에서 사용한 문학적 어법과 잘 조화된다. 그는 "큰 폭풍", "큰 바람", "큰 두려움", "큰 도시", "큰 재앙"에서처럼 '큰, 위대한'이라는 형용사를 자주 사용한다. 그러나 독자들은 요나를 삼킨 큰 물고기가 고래라는 것을 잘 안다. 고래는 고대 근동에서 죽음의 신 모투(Motu)를 상징하는 동물이다. 따라서 고래에 의해 삼켜졌다는 것은 형벌적 죽음을 상징한다. 요나는 하나님의 말씀에 불순종함으로 죽음의 형벌을 경험한 것이다. 그러나 이 죽음이 요나에게 마지막이 아닌 것은 여호와가 용서와 사랑의 하나님이기 때문이다. 요나가 물고기 뱃속에서 보낸 3일은 죽음의 기간이기도 하지만 새생명의 움이 트는 시간이기도 했다.

3일 후 욥은 다시 육지로 나온다. 이것은 저자가 물고기를 의미하는 히브리어를 그것이 요나를 삼키는 문맥인 1장 17절에서는 남성 명사(dāg)로, 요나가 새생명의 기회를 얻는 문맥인 2장 1절에서는 여성명사(dāgāh, 여성 물고기의 뱃속=여성의 자궁)로 사용함으로써 보여 준다. 남성 명사는 개별 물고기를, 여성 명사는 집합 명사를 의미한다고 주장하며, 이 문학적 힌트를 무시하는 것은 성경 내러티브의 '문법'에 무지한 것이다. 만약 여성명사가 집합명사로 의도되었다면, 2장 1절에서 여성명사가 사용될 이유가 전혀 없다. 왜냐하면 2장 1절의 "물고기"는 복수의 물고기 혹은 물고기 일반이 아니라, 1장 17절에서 요나를 삼킨 바로 그 물고기이기 때문이다. 여하튼 물고기 뱃속에 들어갔다가 3일만에 살아서 나온 요나의 이야기는 하나님이 죄는 분명히 벌하시지만, 언제나 우리에게 제2의 기회를 주시는 분임을 가르쳐 준다. 물고기 뱃속(죽음)에서 살아나온 요나는 더 이상 하나님을 거역하는 선지자로서가 아니라, 하나님의 말씀에 순종하는 자로 살아야 할 것이다. 그러나 요나는 니느웨에게 하나님이 동일한 용서와 사랑을 베풀자, 화를 낸다.

박넝쿨을 통해 하나님이 마지막으로 요나에게 주신 교훈에도 요나를 향한 풍자가 들어 있다. "여호와께서 이르시되 네가 수고도 아니하였고 재배도 아니하였고 하룻밤에 났다가 하룻밤에 말라 버린 이 박넝쿨을 아꼈거든, 하물며 이 큰 성읍 니느웨에는 좌우를 분변하지 못하는 자가 십이만여 명이요 가축도 많이 있나니 내가 어찌 아끼지 아니하겠느냐 하시니라"(욘 4:10-11). 여기서 "아끼다"로 번역된 히브리어 '후스'(hūs)는 상대방에게 동정심을 가지는 것을 가리킨다. 아니러니한 것은 요나가 정말 아낀 것은 박넝쿨이 아니라, 자기 자신이라는 사실이다. 요나는 말라 버린 박넝쿨에게 동정심을 가진 것이 아니라, 자신에게 이익을 가져다주는 수단이 사라진 것을 안타깝게 여긴 것이다. 이것을 아신 하나님이 요나가 박넝쿨을 "아꼈다"고 표현하신 것은 요나의 위선적 태도를 풍자하시기 위한 것이다.

나가는 말

이처럼 요나서는 요나가 낮아지며 하나님이 높아지는 책이다. 죄인을 용서하시고 사랑하는 하나님이 찬양받으시는 책이다. 하나님의 용서와 사랑은 절대로 값싼 것이 아니다. 예수 그리스도의 죽음을 대가로 치른 것이다. 동시에 요나서는 이스라엘의 배타적 선민주의를 통렬히 비판한다. 나만 하나님을 경외하는 자이며, 하나님이 기뻐하는 사람이라고 생각하는 사람들에게 경종을 울리는 책이다. 그렇게 생각하는 사람일수록 자기 기만에 빠지며, 결국에는 위선적 삶을 살 수밖에 없다. 즉 하나님을 위한다고 겉으로 말하지만, 결국은 자기를 세우며 사는 사람이 된다. 그러나 진정으로 하나님을 경외하고, 하나님이 기뻐하는 자는 자신이 죄인임을 기억하고, 늘 하나님의 사랑을 갈구하는 사람들이다. 먼저 받은 용서와 사랑을 내 주변의 사람들에게 펼치는 사람들이다.

토론과 나눔을 위한 질문들

1. 요나는 하나님의 명령을 거부하고 니느웨로 가는 대신 정반대 방향인 다시스로 도망쳤습니다. 본문에서는 그 이유를 니느웨가 회개할 가능성을 요나가 알았기 때문이라고 설명합니다. 즉, 요나는 하나님의 자비와 용서를 원하지 않았습니다. 신앙인들은 때때로 하나님이 자신이 원하지 않는 방식으로 역사하실 때 이를 받아들이기 어려워합니다. 하나님의 뜻이 우리의 기대와 다를 때, 우리는 어떻게 신앙적으로 반응해야 할까요?

2. 요나는 하나님의 말씀을 거부했지만, 오히려 니느웨 사람들과 이방 선원들은 하나님을 경외하는 모습을 보였습니다. 이는 요나서가 배타적인

선민주의를 비판하고 있음을 보여 줍니다. 신앙 공동체 안에서 특정한 사람들만이 하나님의 은혜를 받을 자격이 있다고 여기는 태도는 어떤 문제를 초래할 수 있을까요? 오늘날 교회가 보다 포용적인 신앙 공동체가 되기 위해 무엇을 해야 할까요?

22. 요나서 다시 뒤집어 읽기

요나는 왜 도망쳤을까

요나가 하나님의 명령을 어기고 다시스로 가려 한 이유는 무엇일까? 앞서 우리는 요나가 예언이 성취되지 않았을 때 거짓 선지자로 오해되어 생계의 위험을 받을 것을 염려해 니느웨 사명을 거부했던 것이라 대답했다. 이것은 요나를 제사보다는 제삿밥에 관심 있는 선지자로 만드는 듯하다. 물론 이런 해석이 배타적 선민주의에 대한 비판으로 이해될 수 있지만, 완전히 다른 가정도 가능하지 않을까? 즉 요나의 투철한 정의감이 악한 도시 니느웨가 마땅한 벌을 받아야 한다고 생각하게 만들었을 가능성은 없을까? 즉 아브라함과 모세가 하나님이라도 정의를 행하지 않는 것 같을 때 과감히 항의했던 것과 같은 맥락에서 요나의 불순종을 볼 수 있을까?[80]

〈밀양〉과 요나서: 용서를 둘러싼 갈등

영화 〈밀양〉은 주인공 신애가 밀양으로 이주하면서 벌어지는 에피소드들을 다룬다. 신애가 밀양에 온 지 얼마 되지 않아 아들이 유괴되어 살해당한다. 범인은 아들의 웅변학원 원장으로 밝혀진다. 믿었던 사람에 의해 자식을 빼앗긴 신애는 슬픔의 나날을 보내다가 교회에 나가기 시작하면서 마음의 평안을 얻는다. 그리고 자식을 살해한 웅변학원 원장을 용서하려는 마음까지 먹는다. 그리고 그에게 용서를 선언하기 위해 교도소를 방문한다. 신애가 하나님의 사랑으로 용서하겠다고 어렵게 말을 꺼냈을 때, 그 학원 원장은 하나님이 자신을 이미 용서해 주었다고 말한다.

학원 원장 하나님이 이 죄 많은 자에게 손 내밀어 주시고 그 앞에 엎드려 회개하도록 하고 제 죄를 용서해 주셨습니다.
신애 하나님이 죄를 용서해 주셨다구요?
학원 원장 눈물로 회개하고 용서를 받았습니다.

[80] 요나는 여로보암 2세(기원전 786-746) 때에 활동한 선지자였다(왕하 14:25). 이때 아시리아는 국운의 쇠퇴기를 겪고 있었고, 이스라엘로 침공해 오지도 않았다. 여로보암이 죽는 해에 아시리아에 왕이 된 디글랏빌레셀 때부터 아시리아가 이스라엘의 생존에 직접적 위협이 된다. 따라서 일본에 대한 한국인의 감정을 요나 시대의 아시리아에 대한 유대인의 감정과 연결시키는 것은 역사적으로 오류에 가깝다. 하지만 요나서가 문서로 저작되었을 후대에는 이미 아시리아가 이스라엘을 멸망시킨 악한 국가로 인식되었을 가능성이 높다. 따라서 요나서를 해석할 때, 요나를 포함한 이스라엘 백성과 아시리아 사이에 민족적 적대감을 상정하는 것이 충분히 가능하다.

그 후 신애는 극심한 내적 갈등으로 신앙을 버리게 된다. "나는 용서하고 싶어도 용서를 할 수 없다. 그 인간 이미 하나님께 용서받았대… 내가 그 인간 용서하기도 전에 어떻게 하나님이 그를 용서할 수 있어요? … 그 인간은 하나님의 사랑으로 용서받고 평안을 얻었어요. 어떻게 그러실 수 있어요?"라고 따진다.

〈밀양〉이 비판하는 것은 일부 신앙인들의 위선이지만 요나서는 하나님의 정의 자체에 대해 의문을 제기한다. 〈밀양〉에서는 범인이 하나님의 용서를 주장할 뿐이지만 요나서에서 하나님이 직접 니느웨를 용서한 것이기 때문이다.

정의는 어디에 있는가

인간 법정에서 인간 판사가 잘못된 판단을 내린다면, 우리는 '그 판사는 올바르지 않아! 하늘에 계신 심판자는 정의롭게 심판하실 거야' 하며 스스로를 위로할 수 있을 것이다. 하지만 하늘에 계신 재판관도 인간 판사와 똑같은 판결을 내린다면 어떨까? 나에게 엄청난 고통을 준 범인에게 벌을 내리지 않고 용서한다면 어떨까?

아마 여러분은 정의 따위는 없다고 생각하게 될 것이다. 그리고 가능한 이 세상에서 멀리 도망가려 할 것이다. 부정의한 공간이 한국이라면 다른 나라로 이민 갈 것이다. 정의롭지 않은 사회에서 살고 싶지 않을 것이기 때문이다. 나아가 산다는 것 자체가 더 이상 의미 없게 느껴질 수 있다. 이것이 바로 요나의 심정이 아니었을까?

요나의 반항: 다시스로의 탈출[81]

요나서 1장에서 하나님이 선지자 요나에게 나타나 말씀하신다. "너 니느웨 사람들 알지, 이스라엘을 괴롭히는 저 나쁜 사람들, 이제 너는 그들에게 가서 복음을 전해라." 이 말은 요나에게 '하나님이 그들을 용서할 테니 너는 그들의 사과를 받아들여라'라는 뜻으로 받아들여졌을 것이다. 그때 요나가 속으로 대꾸했을 것이다. 그들이 이런 엄청난 나쁜 짓을 했는데, 복음을 전한다구요? 그들을 용서한다구요? 그들이 저지른 일을 잊어야 합니까? 그들은 왜 벌을 받지 않나요?

요나는 이제 정의롭지 않은 사명으로부터 되도록 멀리 달아나려 한다. 그는 단순히 사명으로부터 달아나는 것이 아니라, 정의롭지 않는 하나님과 그가 다스리는 세상으로부터 달아나려 한다.

하나님의 얼굴을 피하려고… 욘 1:3

요나는 항구 도시 욥바로 내려가 다시스로 가는 배에 오

---

[81] 이하의 요나서 해석은 한국에서 《출애굽 게임》으로 소개된 랍비 포먼의 '성서 속 요나 이야기의 비밀'의 동영상 시리즈를 참고한 것이다.

른다. 다시스가 목적지였다기보다는 무작정 승선한 배가 다시스로 가는 배였을 것이다. 하지만 하나님은 쉽게 놓아주지 않으신다.

태풍 속에서의 저항

요나는 왜 잠을 잤을까

배가 대양을 순항하고 있었을 때 갑자기 큰 폭풍이 발생했다. 이 장면에 대한 성경 본문은 매우 흥미롭다. 폭풍이 절정에 달했을 때, 요나는 배 밑으로 내려가 잠을 청한다.

> 여호와께서 큰 바람을 바다 위에 내리시매 바다 가운데에 큰 폭풍이 일어나 배가 거의 깨지게 된지라 사공들이 두려워하여 각각 자기의 신을 부르고 또 배를 가볍게 하려고 그 가운데 물건들을 바다에 던지니라 그러나 그 때 요나는 배 밑층에 내려가 누워 깊이 잠이 든지라 욘 1:4-5

상상해 보자. 여러분은 주전 8세기 지중해 한가운데에서 목선에 몸을 싣고 있다. 신이 일으킨 태풍, 즉 신풍이 거세어 파고는 30미터나 된다. 그때 여러분이라면 잠들 수 있겠는가? 하지만 요나는 파고를 보고 배 밑에 들어가 침대에 누워 버린다. 성경의 증언대로 폭풍은 하나님이 일으킨 것이다. 그리고 요나도 그 사실을 직감했을 것이다. 폭풍을 통해 하나님이 지금 "요나야, 우리 대화 좀 하자"라고 말씀하고 계시는데, 그때 요나는 침대 속으로 들어가 귀를 막아 버린다. 요나가 잠을 청한 것은 "하나님, 저는 당신께 더 이상 할 말이 없어요"라는 뜻이다. 악인을 너무 쉽게 용서하는 듯한 정의롭지 못한 재판관에게 요나는 정말 할 말이 없다.

그때 선장이 나아와 요나를 깨운다. "미쳤어요. 도대체 잠이 옵니까? 모든 사람들이 폭풍 때문에 기도하고 있는데, 당신도 어서 당신 신에게 기도하세요." 그러자 요나는 마지못해 갑판으로 올라간다. 하지만⋯ 그가 기도하는가? 성경에는 요나가 배 위에서 기도했다는 기록이 없다. 다른 사람도 아닌 하나님의 선지자가 기도하지 않는다. 왜? 그 이유는 하나님께 할 말이 없기 때문이다. '하나님, 당신이 세상의 악인들에 대해 아무것도 안 하는 신임을 내가 안 이상, 더 이상 당신에게 할 말이 없어요'라는 뜻이다.

폭풍이 잦아들지 않자, 선장은 고대 근동의 관습을 따라 제비를 뽑아 이 폭풍의 원인이 어디에 있는지 알려 한다. 그리고 요나가 뽑힌다. 그들은 묻는다. "우리가 너를 어떻게 하여야 바다가 잔잔해지겠느냐?" 요나는 나를 바다에 던지라고 말한다.

요나는 왜 자신을 바다에 던지라고 했을까

지금까지의 해석이 옳다면 요나가 갑자기 예수님이 되어 자기 희생의 말을 했을 것 같지는 않다. 또한 요나가 하나님이 물고기를 예비하셨음을 알았을 것 같지도 않다.

그렇다면 "나를 바다에 던지라"라는 말의 의미는 무엇인가? 그것은 요나가 바다에 빠져 죽겠다는 뜻이다. 이 말을 하는 요나의 심정은 어떠했을까? "하나님, 나는 당신을 피해 멀리 가려 합니다. 그런데 자꾸 나를 쫓아다니며 괴롭히십니까? 안 되겠습니다. 이제 죽으렵니다. 죽으면 모든 것이 끝나겠지요." 지금 요나는 하나님의 얼굴을 피하기 위해서라면 무엇이든지 할 각오가 되어 있다. 정의롭지 못한 하나님, 정의롭지 못한 세계에 더 이상 살고 싶지 않은 것이다.

요나를 삼킨 물고기가 두 마리?

잘 알려진 대로 물에 빠진 요나를 구할 큰 물고기가 기다리고 있다. 이 부분에 대한 유대인의 해석은 매우 특이하다. 유대인들은 바닷속에 두 마리의 고기가 있었다고 말한다. 실제 히브리어 본문을 보면, 물고기를 가리키는 단어가 한 번은 '남자 물고기' 또 한 번은 '여자 물고기'를 의미한다. 유대인 랍비들은 이것에 근거해 실제로 바다에 두 마리의 큰 물고기가 있었다고 생각한다.

이에 대한 유대인 랍비들의 해석에 따르면, 첫 번째 남자 큰 물고기가 요나를 삼킨 뒤 곧바로 뱉어 버린다. 그러자 큰 여자 물고기가 곧바로 따라와 요나를 다시 삼킨다. 심지어 그 여자 물고기는 당시 임신해 있었다고 주장한다. 왜 유대인들은 이런 황당한 해석을 만들어 냈을까? 이 해석은 지금까지 우리가 살핀 이야기의 주제를 한 번 더 강조하기 위한 것이다.

요나는 하나님의 얼굴을 피해, 필사적으로 도망하고 있다. 먼저, 니느웨가 아닌 다시스로 가는 배를 탔다. 또한 하나님의 큰 음성을 피해 배 밑 속 침대로 도망했다. 하나님이 대화 좀 하자고 크게 외치지만, 그는 못 들은 척 잠을 청한다. 이것도 여의치 않자, 이제는 죽음으로 도망하려 했다. 랍비는 그 이상한 이야기를 통해 요셉이 바닷속에 빠진 후에도 한 번 더 도망하려 했음을 말하고 있다. 즉 요나는 도망갈 틈만 있으면 도망가는 사람이다. 물속에서 남자 물고기가 요나를 삼켰을 때에도, 죽기 위해 다시 한번 바닷속으로 도망간 것이다. 요나는 더 이상 도망갈 물리적, 영적 틈이 없을 때까지 도망가려 했다. 그리고 임신한 여자 물고기가 그를 다시 삼켜 더 이상 도망갈 틈이 완전히 없어졌을 때, 하나님과 이야기하게 된다. 흥분하여 마구 날뛰는 어린아이의 집중을 다잡기 위해 부모가 두 손으로 그 아이의 양팔을 단단히 잡아 더 이상 움직이지 못한 후, 대화를 시작하는 것과 비슷하다.

물고기 뱃속에서의 고백: 진짜 회개인가?

요나는 물고기 뱃속에서 하나님에게 무슨 말을 했을까? 요나서 2장을 보자.

> 내가 받는 고난으로 말미암아 여호와께 불러 아뢰었더니 주께서

내게 대답하셨고 내가 스올의 뱃속에서 부르짖었더니 주께서 내 음성을 들으셨나이다 주께서 나를 깊음 속 바다 가운데에 던지셨으므로 큰 물이 나를 둘렀고 주의 파도와 큰 물결이 다 내 위에 넘쳤나이다 (그 때) 내가 말하기를 내가 주의 목전에서 쫓겨났을지라도 (주께서 나를 구원하셨습니다. 이제) 다시 주의 성전을 바라보겠다 하였나이다 욘 2:2-4

요나는 얼마 전 (철없는 아이처럼) 자기가 하나님 앞에서 문을 쾅 닫고 가출했음을 안다. 하나님과 관계를 끊으려 한 것이다. 그리고 그 때문에 하나님이 자신을 다시는 돌아보지 않을 것이라 생각했다. 이것을 "주의 목전에서 쫓겨났다"고 표현한다. 하지만 하나님은 가출한 10대 소년 같은 요나를 다시 품으셨다. 그리고 요나는 그에 대한 감사를 표한다.

5-7절에도 비슷한 내용이 반복된다. "물이 나를 영혼까지 둘렀사오며 깊음이 나를 에워싸고 바다 풀이 내 머리를 감쌌나이다. 내가 산의 뿌리까지 내려갔사오며 땅이 그 빗장으로 나를 오래도록 막았사오나, 여호와께서 내 생명을 구덩이에서 건지셨나이다."

이렇게 하나님이 생명을 살려 준 사실을 인정한 후, 다시 9절에서 감사를 표시한다. "나는 감사하는 목소리로 주께 제사를 드리며 나의 서원을 갚겠나이다. 구원은 여호와께 속하였다고 전하겠습니다."

요나의 기도는 분명, 하나님이 그의 생명을 구원한 것에 대한 감사이지만, 이 기도에서 요나가 끝까지 말하지 않는 것이 있다. 요나의 기도에 죄에 대한 고백이 빠져 있다. 요나는 구원해 준 것에 감사하고 있지만, 자신이 잘못했다고는 생각하지 않는다. 요나의 세계관은 여전히 바뀌지는 않았다. '잘못했습니다' '잘못 생각했습니다'는 말을 하지 않는다. 즉 '회개'가 없다. 그는 회개할 것이 없다고 여기는 것 같다. 문제는 자신이 아니라, 정의롭지 않는 세상, 정의롭지 않은 하나님인 것이다. 요나는 자신의 목숨을 살려 준 하나님께 감사하지만, 그렇다고 하나님과 세상에 대한 그의 생각이 바뀐 것은 아니다.

요나의 기도가 끝나자 물고기가 요나를 마른땅에 뱉어 낸다. 하나님은 다시 요나에게 니느웨로 가서 내가 네게 명한 것을 선포하라고 말씀하신다(욘 3:1-2). 다시 1장 1절 상황의 데자뷔이다. 이때 요나는 순종하고 니느웨로 간다. 하지만 마음속으로는 여전히 하나님이 주신 사명이 불만스럽다. 하나님이 정의롭다면, 니느웨 사람들이 심판을 받아야 한다고 생각한다. 그리고 이스라엘에 큰 고통을 준 니느웨 사람들이 사과 한 마디로 용서받을 상황이 싫다. 하지만 요나는 잠시 후 그가 그토록 싫어하던 상황을 맞이하게 된다.

니느웨의 회개와 요나의 분노

요나가 니느웨 사람들에게 "40일이 지나면 니느웨가 망하리라"(욘 3:4)라고 말했을 때, 니느웨 사람들이 회개하기 시작한다. 왕도 보좌에서 내려와 의복을 벗고 금식하며 회개한다. 그리고 요나의 바람과 달리 하지만 요나의 예상대로 하나님의 용서가 그 성에 임한다.

니느웨는 온갖 악한 죄를 저지르고도 지금까지 잘 먹고 잘 살아왔다. 드디어 심판의 날을 맞았지만, 며칠 금식하고 회개한 그들은 죄에 대한 벌을 받지 않고 평온한 일상을 이어 갈 기회를 얻는다. 아시리아 군인들에 의해 재산과 가족을 빼앗긴 이스라엘 사람들의 고통은 여전히 지속되고 있는데도 말이다! 설마 했지만, 실제 그런 일이 일어난 것을 본 요나는 매우 화가 난다. 4장 1절을 보라. "요나가 매우 싫어하고 성내며." 여기서 "매우 싫어하고"로 번역된 히브리어 구절(바예라 엘 요나 라아 그돌라)에는 "악"이라는 히브리어 단어 '라(아)'가 두 번이나 사용된다. 요나는 니느웨가 용서받은 일을 악한 것으로 생각한다. 그리고 그 악에 대해 화가 난다.

요나서에서 히브리어 '라(아)'는 정의의 개념과 연결되어 있다는 점에서 매우 중요한 단어이다. 그 히브리어 단어에는 두 가지 의미가 있다. 하나가 '악'이며 다른 하나가 '재앙'이다. 이런 이중적 의미를 가진 히브리어 '라아'는 요나가 생각하는 정의 개념을 잘 표현해 주는데, 요나에게 정의는 악인에게 재앙이 임하는 것이다.

그런데 요나는 하나님이 악한 니느웨에게 재앙을 내리지 않는 것을 본다. 그때 그것을 또 하나의 '악'으로 여긴다. 그래서 하나님께 말한다. 4장 2절을 보라. "하나님 내가 왜 처음에 다시스로 도망간지 아세요? 저는 이럴 줄 알았기 때문입니다. 당신은 은혜로우시며 자비로우시며 노하기를 더디하시며 인애가 크시사 뜻을 돌이켜 재앙을 내리지 아니하시는 하나님이신 줄을 내가 알았음이니이다."

요나의 이 말은 냉소적 풍자를 포함한다. 요나는 지금 하나님이 모세에게 자신을 소개할 때 사용한 말을 비틀고 있다. 출애굽기 34장 6절을 보라.

여호와께서 그의 앞으로 지나시며 선포하시되 여호와라 여호와라 자비롭고 은혜롭고 노하기를 더디하고 인자와 진리(개역개정역, "진실")**가 많은 하나님이라**

요나는 인용된 구절의 마지막 부분을 바꾸어 버린다. 하나님이 모세에게 자신을 소개할 때는 자신을 "진리[에메트]가 많은 하나님"이라고 말했지만, 요나는 그 부분을 "뜻을 돌이켜 재앙을 내리지 아니하는 하나님"으로 바꾼다.

왜 요나는 "진리가 많은"이라는 말을 빼 버렸을까? 무엇이 진리인가? 그것은 옳고 그름을 가리는 척도이다. 따라서 진리는 정의의 전제 조건이다. '진리를 아는 자만이 정의를 내릴 수 있다.' 솔로몬의 재판이 공정했던 이유도 솔로몬에게는 지혜 즉 진리가 있었기 때문이다. <u>진리의 하나님이라는 말은 '정의의 하나님'이라는 뜻을 포함한다.</u> 따라서 우리는 "인자와 진리가 많은 하나님"이라는 말을 사랑과 정의의 하나님이라는 의미로 이해할 수 있다.

하나님이 정의를 내리지 않는다고 생각한 요나는 하나님의 성품에 대한 고백에서 "진리의 하나님"이라는 말을 빼 버린다. 그 대신 "뜻을 돌이켜 재앙을 내리지 아니하는 하나님"이라는 말을 넣어, 하나님은 정의롭지 않음을 풍자하고 있다.

그리고 4장 3절에서 "여호와여 원하건대 이제 내 생명을 거두어 가소서 사는 것보다 죽는 것이 내게 나음이니이다"라고 말한다. 이전에도 요나는 배에서 자신을 밖으로 던지라고 한 적이 있다. 정의롭지 않는 세상은 살 가치가 없다는 뜻이다. 너무나 억울한 일을 당한 사람이 죽고 싶은 생각이 드는 것과 같다. 물고기를 통해 목숨 건짐을 받았지만, 여전히 바뀌지 않는 현실을 보고, 죽음으로 도망가려 한다. 엘리야 선지자가 갈멜 산에서 큰 하나님의 구원을 체험했지만, 바뀌지 않는 국가의 현실 때문에 광야로 도망가 죽으려 했던 심정과 유사하다.

박넝쿨 사건과 하나님의 교훈

그때 하나님은 요나에게 네가 "성내는 것이 옳은가?"라고 말하시면서 그에게 한 사건을 주신다. 그 사건을 통해 요나를 깨우쳐 주실 것이다.

> 요나가 성읍에서 나가서 그 성읍 동쪽에 앉아 거기서 자기를 위하여 초막을 짓고 그 성읍에 무슨 일이 일어나는가를 보려고 그 그늘 아래에 앉았더라 욘 4:5

그때, 하나님이 박넝쿨을 자라게 하셔서 요나의 머리를 덮어 그의 괴로움을 면하게 해주신다. 요나는 물론 그 박넝쿨을 좋아한다. 왜 좋아했을까? 박넝쿨은 자연적으로 자라는 식물이 아니다. 박넝쿨로 번역된 히브리어 '키카욘'(qîqāyôn)은 요나서의 이 문맥에서만 사용된 단어이다. 다른 곳에서는 사용된 적이 없는 단어다. 문맥상 그 식물은 자연 생물이 아니라 이 상황을 위해 하나님이 기적으로 창조한 식물이다. (박넝쿨이라는 번역은 대안이 없기 때문에 고안한 번역이다.) 그 기적의 식물 덕분에 요나는 초막이 제공하는 그늘 이외에 박넝쿨이 제공하는 추가적 그늘 속에서 정말 시원하게 그 날을 지낼 수 있었다.

하지만 하나님은 다음 날 새벽에 벌레를 예비하사 박넝쿨을 갉아먹게 하셨다. 그리고 해가 뜨고, 동풍이 불어 요나의 체감 온도가 확 올라갔을 때 요나가 괴로워하며 죽기를 소원한다. 앞서 죽기 원했을 때와는 좀 다른 이유에서이다. 앞선 문맥에서 이 세상에 정의가 없기 때문에 죽기 원했던 요나는 이번에는 어제 자라났던 박넝쿨이 시들자 죽기를 원한 것이다. 뭔가 좀 이상하다.

이것은 단순히 더위 때문은 아닐 것이다. 박넝쿨은 사라졌지만 여전히 초막이 있지 않은가. 그가 죽기 원한 것은 더위 때문이 아니라 박넝쿨 자체 때문이다. 요나가 죽기 원한 것은 자신이 아끼던 박넝쿨이 벌레 때문에 사라졌기 때문이다! 요나는 벌레가 박넝쿨을 갉아먹은 사건이 죽고 싶어질 만큼 나쁜 일이라 생각하는 듯하다.

이제 그 박넝쿨 사건의 은유적 의미를 살펴보자. 박넝쿨이 순식간에 자라난 일은 하나님의 은혜를 상징한다. 하나님이 요나를 사랑하셔서 박넝쿨을 주신 것이다. 잭의 콩나물처럼, 하루아침에 거대한 그늘을 만드는 식물이 생긴 것은 기적이다. 요나는 하나님의 기적적 은혜, 그 박넝쿨이 제공하는 그늘에 만족했다.

그렇다면 벌레는 무엇을 상징하는가? 그것은 정의의 구현자를 상징한다. 벌레가 박넝쿨을 죽인 것이 어떻게 정의의 구현이 된다는 말인가? 여기서 우리는 정의의 대원칙이 "뿌린 대로 거둔다"임을 이해할 필요가 있다. 모든 행위에는 그 결과가 있다. 어떤 것도 우연은 없다. 콩 심은 데 콩 나는 것이 정의이다. 일한 자에게 먹을 것을 주는 것이 정의이다. 이런 정의의 관점에서 박넝쿨은 있어서는 안 되는 존재이다. 정의로운 세계에서 식물은 씨로부터 시작해 오랜 시간을 거쳐 자라는 과정을 통해 존재하게 된다. 하지만 박넝쿨은 파종도 없이, 씨가 자라는 경작 과정도 없이 하룻밤만에 생겨난 것이다. 우리는 하나님의 기적이라 하지만, 기적을 믿지 않는 사람들에게는 "있을 수 없는 존재"인 것이다. 그래서 정의의 사도인 벌레는 박넝쿨을 심문하기 시작한다. 보아 하니 너는 식물 같은데, 너는 어디로부터 왔는가? 너의 씨는 무엇이냐? 누가 너를 심고, 수고하여 재배하였느냐? 그리고 그 기적의 식물을 '존재해서는 안 되는 존재'로 규정한다. 인과응보적 정의의 관점에서 그런 박넝쿨은 존재해서는 안 되는 존재이기 때문이다. 정의의 사도인 벌레는 그런 박넝쿨을 없앰으로써 정의를 구현한다.

박넝쿨이 사라졌을 때 요나는 어떻게 반응했는가? 죽고 싶을 만큼 화가 났다. 그 이유는 자신이 아끼던 박넝쿨이 사라졌기 때문이다. 정의에 의해 움직이는 세상을 원했던 요나는 왜 박넝쿨이 사라진 것에 대해 그토록 화가 났을까? 오히려 정의가 실현되었기 때문에 즐거워해야 하지 않을까? 하나님은 요나의 이런 모순적 반응을 통해 우리 모두가 원하는 참된 정의가 무엇인지 가르쳐 주려 한다.

지금 요나는 박넝쿨을 살리고 싶다. 여러분이 요나라면 어떤 논리로 박넝쿨이 계속 존재해야 한다고 변호할 수 있을까? 우선 박넝쿨이 존재할 아무런 자연적 원인이 없다는 것은 인정해야 할 것이다. '키카욘'은 요나서에서만 등장하는 기적의 식물이다. 요나가 박넝쿨을 살리기 위해 말할 수 있는 최선의 논리는 다음과 같다. 박넝쿨이 어디에서 왔는지는 모르지만, 이미 여기 우리와 함께 있는 존재가 아닌가? 그도 하나님의 아름다운 피조물로서, 우리 사회에 나름의 선한 역할을 하고 있지 않는가? 사람들에게 그늘을 제공하는 선한 일을 한다. 우리가 이해할 수 없는 방식으로 태어나 존재하게 되었다고 해서, 박넝쿨의 살 권리를 멸하는 것은 옳지 않다!

여러분과 30년 동안 한 형제로 한 집에서 살아왔던 동생이 알고 보니 친동생이 아니었다고 가정하자. 그가 누구 집 자식인지도 모른다. 그 사실을 안 순간 여러분은 그를 동생으로 인정하지 않을 것인가? 그가 나의 핏줄은 아니더라도 그는 이미 우리 가정에서 착하고 귀한 존재로 살아가고 있다면, 그가 계속해서 그렇게 살 권리를 인정해 주어야 하지 않을까?

아마 이것이 요나가 박넝쿨을 살릴 수 있는 최대의 변론이었을 것이다. 만약 요나가 이렇게 하나님께 변론했다면, 하나님은 기다렸다는 듯이 요나에게 이렇게 답변했을 것이다. 요나야, 이제야 네가 깨닫는구나. 먼저, 너는 방금까지 정의롭지 않은 세상에서는 살고 싶지 않다고 했지? 그래서 악을 행한 니느웨 사람들이 반드시 멸망해야 한다고 말했지? 니느웨 사람들이 용서받고 계속 살아가는 모습을 보았을 때 죽고 싶다고 말했지? 같은 생각이라면 네가 아끼던 박넝쿨도 당연히 없어져야 하지 않겠니? 하지만 지금은 네 생각이 바뀐 것 같구나? 네가 박넝쿨이 계속 살아 있기를 바라는 것을 보니, 너도 죄인이 용서받는 세상이 더 좋은 세상임을 인정하는 듯하구나.

이 말이 요나를 변화시켰는지는 성경이 말해 주진 않는다. 요나서는 하나님의 말씀으로 끝날 뿐, 그에 대한 요나의 대답은 기록하지 않는다. 하지만 요나서를 읽는 우리는 하늘의 재판관 하나님의 마음을 깨달을 필요가 있다. 이 세상 판사의 관심은 범죄자의 과거 행적이다. 왜냐하면 그 행적들에 상응하는 처분을 내리는 것이 정의이기 때문이다. 이 세상의 정의는 언제나 원인과 결과, 죄와 벌의 프레임에서 내려진다. 하지만 하나님의 관심은 우리의 과거 행적이 아니라 죄인의 변화 가능성이다. 하나님은 우리가 어제보다 오늘, 오늘보다 내일, 더 나은 사람이 되는 일에 관심이 있다.

죄인이 용서받는 것은 죄인에 대한 하나님의 은혜 때문이다. 그리고 그 은혜는 그리스도의 십자가와 부활만이 아니라 성령의 사역도 포함한다. 즉 회개한 사람을 하나님이 용서하는 이유는 그가 성령의 힘을 통해 분명 더 나은 사람이 될 가능성이 있기 때문이다. 영화 〈밀양〉에서 신애가 던진 질문이 우리를 무겁게 짓누르는 것은 기독교인들의 위선이지 하나님의 은혜가 아니다. 우리 모두는 하나님의 은혜가 통치하는 세계에 살기 원한다. 그러기 위해 하나님의 마음을 이해하고 성령 안에서 날마다 새로워지도록 노력하는 사람이 되자.

토론과 나눔을 위한 질문들

1. 요나는 하나님께 화가 나서 다시스로 도망쳤고, 심지어 죽음을 선택하면서까지 하나님과의 관계를 끊으려 했습니다. 하지만 하나님은 폭풍과 물고기를 통해 요나를 다시 불러 세우셨습니다. 이는 인간이 하나님을 떠나려 해도 하나님은 끝까지 붙드신다는 것을 보여 줍니다. 신앙인이 하나님을 거부하고 멀어지려 할 때, 하나님은 어떤 방식으로 우리를 다시 부르실까요? 우리가 하나님과 멀어졌다고 느낄 때, 다시 돌아가는 길은 무엇인가요?

2. 요나는 니느웨가 멸망해야 정의가 실현된다고 믿었지만, 하나님은 그들의 변화 가능성을 보셨습니다. 그리고 이를 통해 요나의 정의관을 교정하려 하셨습니다. 우리가 정의를 외칠 때, 과거의 죄에 집중하는 것과 미래의 변화 가능성을 고려하는 것 사이에서 어떤 균형을 유지해야 할까요? 하나님이 바라시는 정의는 무엇이며, 우리가 생각하는 정의와 어떻게 다를 수 있을까요?

3.　하나님은 요나를 깨닫게 하기 위해 박넝쿨 사건을 사용하셨습니다. 요나는 박넝쿨이 사라지자 극심한 분노를 느꼈지만, 정작 니느웨의 멸망에는 기뻐하려 했습니다. 하나님은 이를 통해 요나의 모순을 지적하셨습니다. 우리는 종종 자신의 이익이나 감정에 따라 정의를 선택적으로 적용하려 할 때가 있습니다. 신앙인은 정의를 실천할 때, 어떻게 자신의 감정을 객관화하고 하나님의 관점을 따를 수 있을까요?

구약, 다소 의외의 메시지
The Old Testament: Reversing the Perspective

지은이 김구원
펴낸곳 주식회사 홍성사
펴낸이 정애주
국효숙 김의연 박혜란 송민규 오민택 임영주 차길환

2025. 9. 10. 초판 1쇄 인쇄   2025. 9. 25. 초판 1쇄 발행

등록번호 제1-499호 1977. 8. 1.
주소 (04084) 서울시 마포구 양화진4길 3
전화 02) 333-5161   팩스 02) 333-5165
홈페이지 hongsungsa.com   이메일 hsbooks@hongsungsa.com
페이스북 facebook.com/hongsungsa
양화진책방 02) 333-5161

ⓒ 김구원, 2025

• 잘못된 책은 바꿔 드립니다. • 책값은 뒤표지에 있습니다.

ISBN 978-89-365-0398-7 (03230)